Théâtre Lyonnais de Guignol

LYON

Anc^{ne} LIBRAIRIE MÉRA. — Mme Vve MONAVON, Successʳ

15, RUE DE LA RÉPUBLIQUE, 15

1890

THÉATRE LYONNAIS

DE

GUIGNOL

ILLUSTRÉ

THÉATRE LYONNAIS
DE
GUIGNOL

NOUVELLE ÉDITION
REVUE, CORRIGÉE ET ANNOTÉE PAR L'AUTEUR.

ILLUSTRÉE
de dessins et culs-de-lampes, par ÉNAS D'ORLY.

LYON
Ancne LIBRAIRIE MÉRA. — Mme Ve MONAVON, Successr
15, rue de la République, 15

1890

IMPRIMERIE A. WALTENER ET Cie
14, Rue Belle-Cordière, Lyon

AVERTISSEMENT

Les amis des lettres lyonnaises demandaient depuis plusieurs années une nouvelle édition du *Théâtre lyonnais de Guignol*. Les deux volumes publiés en 1865 et 1870, devenus introuvables en librairie, atteignaient dans les ventes un prix fort élevé. C'est pour répondre à cette demande que la présente édition est publiée.

Les textes sont ceux des volumes de 1865 et de 1870, avec quelques corrections et l'addition de quelques notes.

L'introduction de 1865 rappelle les traditions lyonnaises les plus autorisées sur l'origine du Théatre Guignol à Lyon et sur Mourguet, grand-père, l'auteur des principales pièces de l'ancien répertoire de nos marionnettes. Elle indique sur quels documents et dans quel esprit les textes publiés ont été établis. Nous donnons cette introduction en tête de l'édition nouvelle.

INTRODUCTION

(DE L'ÉDITION DE 1865)

 Entre toutes les formes sous lesquelles l'art dramatique s'est manifesté dans le monde, il n'en est aucune qui ait été plus répandue, plus variée, plus goûtée que les marionnettes.

 Tous les peuples, tous ceux au moins qui ont approché leurs lèvres de la coupe enchantée des beaux-arts, ont eu des marionnettes. On les trouve dans l'antique Égypte, en Grèce et dans le monde romain. Elles font encore le divertissement le plus ordinaire des races sérieuses de l'Orient. Elles ont parcouru toute l'Europe moderne, l'Italie, l'Espagne, la France, l'Angleterre, l'Allemagne, la Scandinavie et les contrées habitées par les peuples slaves. Partout elles se sont établies et ont fait souche.

 Elles ont embrassé tous les genres, la comédie, la tragédie, le drame, l'opéra, le ballet; elles ont tout affronté et ont toujours réussi. La critique dédaigneuse et sévère pour les grands comédiens n'a eu pour elles que des tendresses.

 Elles ont charmé nos pères au Moyen Age et elles nous charment encore. Leur dernier historien en France, M. Ch. Magnin, commence et termine son livre (1) par une double énumération des hommes illustres qui se sont occupés d'elles, et ses listes sont loin d'être complètes. Aux grands noms de Platon, Aristote, Horace, Marc-Aurèle, Shakespeare, Cervantès, Euler, Molière, qu'il cite avec beaucoup d'autres, on en pourrait ajouter beaucoup encore parmi les anciens et les modernes.

Elles n'ont point obtenu de ces grands personnages une admiration froide et stérile. Plus d'un artiste éminent, plus d'un homme grave leur a prêté son bras et sa voix. Des écrivains d'un grand renom, Lesage, Voltaire, Fielding, Byron, Goethe, ont écrit des comédies à leur usage, et Haydn, dans tout l'éclat et la maturité de son talent, a composé pour elles cinq partitions.

La faveur qu'elles ont toujours conservée, au moins auprès de certains esprits d'élite, s'est encore accrue dans ces dernières années. Un roman moderne (2) les a célébrées avec un sentiment profond et vrai de leur poésie. Les théâtres de marionnettes se sont multipliés non-seulement en public, mais dans les salons; et, parmi ceux de cette dernière catégorie, il en est d'aussi recherchés que nos grandes scènes.

Dire les causes de cette vitalité toujours nouvelle des marionnettes n'est point dans notre dessein. Nous n'avons voulu que constater le fait, à l'honneur de l'un de ces petits personnages qui, après avoir fait son apparition première à Lyon, est devenu pour toute la France le type de la marionnette, ou tout au moins d'une espèce particulière de marionnettes. Nous ne devons nous occuper ici que de GUIGNOL.

Il est inutile de faire remarquer que, partout où s'établit cette Thalie populaire des comédiens de bois ou de carton, entre les personnages auxquels elle donne la vie, il ne tarde pas à s'en élever un qui domine tous les autres. Type des passions et des idées de son temps, type quelquefois des idées et des mœurs d'un passé qu'on ne voit pas s'effacer sans regret, cet enfant de la Muse réunit

---

(1) *Histoire des Marionnettes en Europe, depuis l'antiquité jusqu'à nos jours*; par Ch. Magnin, Paris, Lévy, 1852, gr, in 8°. — C'est un livre qui a de grandes prétentions et qui laisse beaucoup à désirer.

(2) *L'Homme de neige*, par George Sand.

toutes les sympathies du public, et il n'y a jamais de bonne pièce quand il n'y paraît pas. Il passe par tous les états, par toutes les conditions de la vie ; il se trouve mêlé aux actions les plus diverses. Les merveilles de la mythologie et de la féerie, les faits héroïques de l'histoire des peuples anciens et modernes, les compositions romanesques et les scènes vulgaires de la vie commune l'admettent également. Il se joue des anachronismes, conserve imperturbablement son individualité au travers de toutes les couleurs locales, et résume en lui seul ce mélange de réalisme et de fantaisie qui fait un des charmes de ce spectacle. C'est le représentant de l'humanité, en ce qu'elle a d'absolu, dans les diversités de temps et de lieux. C'est l'homme comme on le voit, ou comme on croit l'avoir vu, ou comme on voudrait le voir.

Chaque peuple a varié ce type suivant ses goûts, et lui a donné un nom. En Italie, Naples a fort popularisé son Pulcinella ; mais chaque ville y a aussi son personnage d'affection plus connu encore et plus fêté que le Napolitain. L'Angleterre a Punch, la Hollande Jan Klaassen, l'Autriche Casperle. Polichinelle, importé d'Italie à Paris par les Brioché, a longtemps régné en France ; il est aujourd'hui détrôné par Guignol. Presque tous les théâtres de marionnettes s'appellent maintenant en France des théâtres de Guignol. Ce nom est même devenu l'appellation générique des toutes les figurines qui, semblables aux Puppi et aux Pupazzi d'Italie, sont mues simplement par la main de l'artiste cachée sous leurs vêtements, sans addition de fils ou de ressorts, espèce de marionnettes, qui, soit dit en passant, par l'étrangeté et la vivacité de ses gestes, a plus de force comique et ouvre un champ plus vaste à l'imagination que les mécaniques plus savantes.

Quelle est donc l'origine de ce Guignol qui règne aujourd'hui en maître sur ce petit peuple de comédiens ? C'est de Lyon, cela est bien certain, que Guignol a pris son vol vers Paris et sur toute la France : mais comment et quand s'est-il manifesté à Lyon ? y est-il né ? y est-il arrivé d'ailleurs ? qui lui a donné son nom ?

J'ai longtemps cru, et je ne suis pas encore bien persuadé du contraire, que Guignol, comme la plupart de ses camarades de bois, avait une origine italienne. Que les marionnettes, dans leur forme actuelle, soient venues d'Italie en France, cela n'est pas douteux. Polichinelle, Arlequin, Pierrot (Pedrolino), sont Italiens. Le langage spécial de la profession est italien (1). *Les premiers joueurs de marionnettes dont on ait gardé le souvenir à Paris, les Brioché, avaient pour véritable nom* Briocci, *et étaient Italiens suivant toute apparence. D'autre part, on sait quels ont été dans les derniers siècles les rapports de Lyon avec l'Italie. Au XVI*ᵉ *siècle, on lui reprochait d'être une ville presque toute italienne* (2). *Les Piémontais, les Lombards, les Florentins, les Lucquois, y étaient très nombreux dans la banque, dans la joaillerie, dans l'imprimerie, dans plusieurs professions manuelles. Etienne Turquetti et Barthélemy Naris, qui sont considérés comme les véritables introducteurs à Lyon de l'industrie de la soie au XVI*ᵉ *siècle, étaient Piémontais.* Le Chasse Ennuy, *recueil d'anecdotes et de bons mots, publié par Louis Garon dans la première moitié du XVII*ᵉ *siècle* (3), *met en scène plusieurs Italiens habitant Lyon, et c'est à eux qu'il attribue les plus plaisantes facéties. Or, il y a en Lombardie une petite ville nommée* Chignolo; *et je me suis souvent demandé s'il n'avait pas existé jadis à Lyon un artisan, un ouvrier en soie peut-être, originaire de cette ville lombarde, qui se serait rendu célèbre par son caractère, par sa gaîté, par ses saillies, et qu'on aurait nommé ordinairement du nom de son pays, comme il est d'usage en France et en Italie, où les ouvriers s'appellent souvent entre eux Parisien, Bourguignon, Piémontais, au lieu d'employer le nom de famille* (4). *Ce qui me rendait cette conjecture*

---

(1) Le Castelet, *il castelletto*, pour désigner la baraque dans laquelle on joue. — A *gusto*, pour indiquer les scènes laissées à l'improvisation, — etc.

(2) « Combien ne s'en faut-il que la ville de Lyon ne soit colonie italienne : « car, outre ce que bonne partie des habitants sont italiens, les autres du pays « se conforment peu à peu à leurs mœurs, façon de faire, manière de vivre et « langage. Et à grand peine trouverez-vous dans icelle ville un notable artisan « qui ne s'adonne à parler le *messeresque* : parce que ces Messires ont cela qu'ils « ne font bon visage et n'oyent volontiers sinon ceux qui gazouillent avec leur « ramage, taschant par ce moyen d'acquérir vogue et crédit à eux et à leur lan-« gage. » Extrait d'un *Discours contre Nic. Machiavel*, par Innocent Gentillet, célèbre jurisconsulte de Vienne en Dauphiné, publié en 1571, en latin, et traduit en français, à Genève, en 1576. — Voy. les Notes et Documents sur Lyon, de M. *Péricaud*, année 1571.

(3) *Le Chasse Ennuy ou l'honneste Entretien des bonnes compagnies*, par Louis Garon. — Lyon, Cl. Larjot, t. I, 1628, t. II, 1631. — Et Paris, Cl. Griset, 1633, in-12. — V. les anecdotes relatives à Caussarara, Bernardin de Pistole, etc.

(4) Beaucoup d'artistes sont célèbres en Italie, sous le nom de leur ville natale ou de la ville dans laquelle ils ont le plus travaillé, tandis que leur nom de famille est à peu près inconnu. — Ainsi, l'architecte *Vignola*, dont le nom était Giacomo Barozzi; les peintres *Corrège*, Antonio Allegri; *Caravagio*, Polidoro Caldara; *Sassoferrato*, Giov.-Battista Salvi; etc.

plus probable encore, c'est que dans les anciennes pièces de son répertoire, les camarades de notre héros, tout en l'appelant Guignol, *ce qui est conforme à la prononciation italienne de* Chignolo, *l'appellent souvent aussi* Chignol, *ce qui est conforme à l'apparence écrite du même mot pour un Français.*

Toutefois, ce n'est là qu'une conjecture. Je viens d'en exposer les motifs ; je dois ajouter qu'elle est contredite par les traditions actuelles des interprètes les plus autorisés de Guignol. Il faut maintenant faire connaître ces traditions.

On n'a pas souvenir de l'existence de Guignol à Lyon avant les dernières années du XVIIIe siècle. C'est un Lyonnais, Laurent Mourguet, dont je parlerai plus amplement tout à l'heure, qui lui a donné toute sa célébrité. Mourguet, lorsqu'il avait monté son premier théâtre, avait, comme ses confrères d'alors, pris pour personnage principal, pour protagonista, *comme on dit en Italie, l'éternel Polichinelle. Mais Mourguet, qui était un homme de beaucoup d'esprit et de gaîté, avait pour voisin, dans le quartier Saint-Paul, un canut de la vieille roche, aussi gai, aussi spirituel que lui, qui était devenu son confident et son Égérie. Il ne lançait jamais une pochade sans en avoir fait l'essai sur ce censeur, et comme le compagnon était non-seulement un fin connaisseur, mais encore un esprit fécond en matière de facéties, Mourguet rapportait toujours de ces communications un bon conseil et quelque trait nouveau, qui n'était pas le moins original de la pièce. Quand le vieux canut avait bien ri, et qu'il donnait sa pleine approbation, il avait coutume de dire : « C'est guignolant ! » ce qui, en son langage, dans lequel il était souvent créateur, signifiait : C'est très drôle, c'est très amusant ! C'est à ce mot suprême que Mourguet reconnaissait son succès, et quand le jugement avait été ainsi formulé, il portait sans crainte son œuvre devant le public.*

Or, Mourguet, dans les pièces qu'il représentait à Lyon, avait été amené par la force des choses à introduire souvent un ouvrier en soie. Pour faire parler ce personnage, il était impossible que les idées, les facéties, l'accent de son vieil ami ne lui vinssent pas sans cesse à l'esprit et à la bouche. Le « C'est guignolant » se reproduisait plus d'une fois et était fort goûté. Un type aussi lyonnais et aussi gai devait bientôt avoir toute la faveur à une époque où les traditions locales étaient encore si vivaces. GUIGNOL, *c'est le public lui-même qui lui donna ce nom, devint bientôt pour Lyon le personnage indispensable de cette littérature, celui qu'on veut revoir toujours et partout à travers les trans-*

formations du drame. Polichinelle, jadis son supérieur, fut tout à fait délaissé et devint une sorte de régisseur qui annonçait la pièce, mais qui n'en était plus le héros. Il n'a pas même conservé cet emploi subalterne et a tout à fait disparu d'une scène où il avait cessé de régner.

Depuis ce temps, Mourguet a développé ce type de Guignol dans une longue série de pièces, en lui conservant toujours son costume, celui des ouvriers lyonnais de la fin du siècle dernier, son accent qui est aussi lyonnais de la même époque, sa bonne humeur et son originalité d'esprit. Le caractère de ce personnage est celui d'un homme du peuple : bon cœur, assez enclin à la bamboche, n'ayant pas trop de scrupules, mais toujours prêt à rendre service aux amis ; ignorant, mais fin et de bon sens ; qui ne s'étonne pas facilement ; qu'on dupe sans beaucoup d'efforts en flattant ses penchants, mais qui parvient presque toujours à se tirer d'affaire.

La carrière dramatique de Mourguet a été longue. Le premier théâtre permanent où il se soit montré paraît être celui qu'il ouvrit dans la rue Noire, qu'il vendit ensuite à un M. Verset, et qui a été longtemps une des Crèches (1) les plus appréciées de Lyon. Il joua ensuite dans la rue des Prêtres, dans la rue Juiverie, aux Brotteaux dans la Grande-Allée (2), près du lieu où l'on a vu plus tard le Café du Grand-Orient, et enfin, un peu plus loin, au Jardin Chinois. Il avait là pour aide et pour compagnon une autre célébrité des rues de Lyon, le père Thomas, dont le nom véritable était Ladray et dont le portrait se trouve avec quelques indications dans le Lyon vu de Fourvière *(3). Il transporta ensuite son théâtre dans différentes villes des départements voisins et fixa enfin son dernier établissement à Vienne, en Dauphiné, où il mourut en 1844, à l'âge de 99 ans, encore entouré de ses chères marionnettes. Il avait toujours eu l'amour de son art ; il l'avait inspiré aux siens, et l'inspiration est restée dans sa postérité.*

Son fils Jacques Mourguet a longtemps fait, à l'aide de Guignol, la fortune

---

(1) Les Crèches sont, à Lyon, des spectacles de marionnettes qui commencent ordinairement par la représentation de quelques scènes du Nouveau Testament et notamment de l'étable de Bethléem. C'est un reste de nos anciens mystères. Le père et la mère Coquard, qui parlent le langage lyonnais, y figurent indispensablement parmi les adorateurs de l'enfant Jésus, y chantent un couplet connu de tous les Lyonnais, dans lequel il est question de nos brouillards, et y adressent aux jeunes spectateurs une éloquente exhortation à se bien conduire, afin que leurs parents les ramènent à la crèche.

(2) Aujourd'hui le cours Morand.

(3) *Lyon vu de Fourvière*. — Lyon. Boitel, 183?, in-8º, p. 48.

du café du Caveau, sur la place des Célestins, à Lyon. Il a joué à Grenoble et à Marseille. Il a eu un fils qui a porté en Algérie notre marionnette lyonnaise.

Laurent Mourguet avait aussi une fille, Rosalie, qu'il avait mariée à un autre impresario, Louis Josserand, très habile comme lui dans l'art des marionnettes. Josserand a eu quelque célébrité à Paris, sur le boulevard du Temple. Il jouait au Théâtre des Pantagoniens, du sieur Maffay (1), et il a apporté aux ombres chinoises de notables perfectionnements. De son mariage avec Rosalie Mourguet, sont nés deux fils, Louis et Laurent, qui sont restés fidèles aux traditions et à l'art de leurs pères.

Louis, après avoir joué avec son frère, a tenu seul un des castelets de Lyon.

Laurent a épousé la fille de Victor-Napoléon Vuillerme-Dunand, qui a été, après Mourguet grand-père, le plus complet, le plus original, le plus fidèle interprète de Guignol; et il a su donner lui-même au personnage de GNAFRON, le joyeux compagnon de notre héros, une popularité presque égale à l'illustration de celui-ci. C'est par ces deux artistes, le beau-père et le gendre, que notre marionnette, un peu délaissée pendant quelques années, a retrouvé ses beaux jours et étendu sa réputation bien au-delà des limites de notre province. Qui n'a entendu au café Condamin de la rue Port-du-Temple (2) Guignol aux mains de Vuillerme et Gnafron aux mains de Josserand dans le Déménagement, dans un Dentiste, dans les Frères Coq, n'a qu'une idée incomplète de la verve, de la gaîté, de l'esprit qui se dépensent avec une intarissable prodigalité dans nos divertissements populaires.

Ces dignes successeurs de Mourguet ont beaucoup augmenté le répertoire du fondateur. Ce répertoire est fort étendu et se compose d'éléments très divers.

Il comprend d'abord, comme cela a toujours été en usage parmi les marionnettes, plusieurs parodies ou imitations de pièces jouées sur d'autres théâtres. Les parodies proprement dites, qui ont été très en faveur chez les marionnettes de Paris au siècle dernier (3), sont rares dans le répertoire lyonnais; mais il y existe un certain nombre d'imitations et de transformations de comédies anciennes ou de vaudevilles plus modernes. Elles présentent en général un

---

(1) V. *Histoire des Marionnettes*, de Ch. Magnin, p. 174.
(2) Jadis rue Ecorchebœuf.
(3) V. l'*Histoire des Marionnettes*, de Ch. Magnin, p. 156 et suiv.

intérêt médiocre : quelques-unes cependant ont retrouvé, en passant d'une scène à l'autre, une véritable originalité, et pourraient être conservées.

D'autres ont été empruntées au théâtre de la Foire, aux répertoires des marionnettes de Paris, à ceux d'Italie et d'Allemagne. Je lis dans le livre de Ch. Magnin (1) *qu'au commencement de ce siècle on jouait en Allemagne, avec un succès de vogue, un drame romanesque de Geisselbrecht, qui portait le titre bizarre de* la Princesse à la hure de porc. *Or, il y a au répertoire lyonnais une féerie intitulée,* la Tête de Cochon *ou* la Fée aux Fleurs, *dont le canevas est très probablement le même. A certaines indications de lieux et de choses, on reconnaît aussi dans plusieurs autres pièces une origine étrangère. Toute cette catégorie est riche en pièces amusantes, et il serait intéressant de comparer les manuscrits de nos impresarii avec les publications de cette nature qui ont été faites dans ces dernières années en Allemagne.*

Mais la partie de ce répertoire, incomparablement la plus précieuse pour nous, se compose des pièces vraiment lyonnaises, de celles qui appartiennent en propre à Laurent Mourguet et à ses successeurs. Il n'était pas rare jadis de rencontrer en France, comme on le voit encore en Italie, des artisans qui avaient reçu une véritable éducation littéraire et qui conservaient le goût des lettres au milieu de leurs occupations manuelles. C'est sans doute une telle éducation qu'avait reçue Mourguet. Suivant les traditions de la famille, il composait ses pièces lui-même, sans autre collaboration que celle du vieil ami auquel il communiquait ses canevas. Il empruntait souvent à quelque ouvrage déjà connu l'idée principale de son œuvre, mais ce n'était là qu'un thème sur lequel il tissait une action originale. Les pièces les plus populaires, celles qui ont encore aujourd'hui le plus de succès, viennent de lui, et, à travers les nombreuses transformations qu'elles ont subies, elles gardent un cachet qui les rend très reconnaissables.

C'est cette portion originale de la comédie guignolesque que nous voudrions sauver de l'oubli, en en publiant quelques échantillons, comme l'on fait nos voisins pour leurs marionnettes nationales. Ces petites productions, encore si goûtées aujourd'hui, sont cependant menacées d'une dispariton prochaine. Mourguet avait-il écrit ses pièces? On l'ignore, et il n'est point resté de manuscrits qui puissent lui être certainement attribués. Les théâtres de Guignol n'ont com-

---

(1) *Histoire des Marionnettes*, p. 313.

mencé à avoir de manuscrits proprement dits qu'au jour où l'administration municipale a exigé que les pièces lui fussent soumises avant la représentation. Ces manuscrits eux-mêmes ne contiennent que de simples canevas. Le répertoire de toutes les marionnettes du monde appartient au genre que les Italiens nomment Commedia dell'arte. Appelée à égayer le salon et la rue, la Muse légère qui préside aux burattini de toute espèce, ne peut leur tracer à l'avance qu'une voie large dans laquelle chaque récitateur aura, suivant le temps et le lieu, la plus grande liberté de mouvement. L'écriture ne conserve jamais de ces œuvres que le dessin général, avec une petite partie des facéties retenues par la tradition. La mémoire de l'artiste est chargée de les compléter, et son imagination ne manque pas d'improviser fréquemment des ornements nouveaux. Il n'en est pas autrement du répertoire de Guignol. Et encore les canevas de ce théâtre qui existent dans le domaine public se modifient-ils incessamment. Mourguet ne conservait pas ses pièces en propriétaire jaloux; il lui importait peu qu'un autre les jouât; il était bien sûr que personne ne les jouerait avec sa verve et son inimitable accent. Aussi, même de son vivant, étaient-elles jouées par d'autres artistes à qui il les avait communiquées ou qui lui avaient servi d'aides. Ses enfants et petits-enfants les ont jouées, sans s'en disputer la propriété, et d'après les traditions de la famille, chacun d'eux y mettant d'ailleurs son cachet. L'œuvre primitive a ainsi forcément subi des additions, des retranchements, des modifications sans nombre, et elle a reçu l'empreinte d'époques très différentes, ce qui, à la vérité, convient pleinement à ce genre dramatique où l'anachronisme égare doucement l'esprit du spectateur dans les domaines de la fantaisie.

A ce travail des marionnettistes de profession est venu se joindre celui des amateurs. A Lyon comme à Paris, comme en Italie, les marionnettes de société ont voulu vivre et ont vécu à côté des marionnettes de la rue et du café. Ce divertissement a le privilège d'appeler à lui tous les arts. Le peintre, le sculpteur, le musicien, l'improvisateur y trouvent leur plaisir et leur succès. Aussi plus d'une réunion d'artistes, plus d'un salon a eu son théâtre Guignol; et là encore ce sont les pièces de Mourguet qui ont été les plus fêtées. Mais là aussi, et il n'est pas besoin de dire pourquoi, elles ont subi d'innombrables modifications. Des additions parfois fort heureuses, des retranchements heureux aussi ont été motivés ou même nécessités par le milieu dans lequel on récitait. Au travers de tout cela, il a fallu choisir et les pièces et les leçons qui se prêtaient le mieux à une publication.

Parmi les pièces, nous avons élagué celles qui ne sont que l'adaptation pure et simple au théâtre Guignol d'ouvrages tirés d'un autre répertoire. Dans celles appartenant en propre aux marionnettes, nous nous sommes abstenu de reproduire les féeries, comme trop compliquées de machines pour être représentées dans les salons et comme moins jolies en général que les petites comédies.

Quant aux textes, nous avons dû nous préoccuper de la diversité du public auquel s'adresse une publication semblable. M. Vuillerme a mis ses manuscrits à la disposition de l'éditeur d'un théâtre qui lui a valu de si brillants succès. Nous avons consulté aussi ceux d'un salon très lyonnais, où la comédie guignolesque était, il y a quelques années, en grande faveur. La combinaison de ces documents a donné les textes qui sont aujourd'hui publiés. Sans sortir des bornes d'un canevas proprement dit, on a tâché d'y indiquer quelques-unes des facéties qui font encore rire aujourd'hui nos enfants, après avoir bien égayé leurs grands-pères.

Notre dessein principal a été de conserver des souvenirs lyonnais, de ne pas laisser périr, sans qu'il en reste quelque trace, un genre de littérature populaire qui, bien modeste en apparence, a exercé et peut exercer encore une bonne influence. Castigat ridendo mores, disait-on jadis de la grande comédie. Je ne sais pas bien ce que la comédie corrigeait à Athènes et à Rome ; je ne sais pas ce qu'elle corrige et ce qu'elle a la prétention de corriger aujourd'hui. Ce que je sais, c'est que j'aurais pour l'éducation du peuple encore plus de confiance à Guignol qu'à la plupart de nos grands auteurs dramatiques du jour.

Il nous reste à rassurer nos lecteurs sur un point délicat. Le sel de la vieille Gaule abonde, et en excellente qualité, dans les pièces de Mourguet. Mais il le prodiguait trop parfois, et, pour employer l'expression d'un fantaisiste moderne, il lui arrivait de renverser la salière. Cela lui arrivait rarement quand il représentait devant le peuple qui, à Lyon, est assez susceptible en pareille matière ; mais il recherchait plus souvent cette sorte de succès quand il avait pour spectateurs des lettrés, des hommes de professions libérales, beaucoup moins difficiles sur ce point, au moins au commencement de notre siècle. La mémoire des amateurs a retenu quelques traits de cette espèce. Il faut rendre cette justice à Mourguet, d'abord qu'il en faisait usage discrètement, et, de plus, qu'il savait les aiguiser d'une façon particulièrement fine, en leur ôtant toute grossièreté apparente. Nonobstant toutes ces qualités, il n'y a aucune bonne raison pour les conserver, et nous n'en avons conservé aucun.

LES COUVERTS VOLÉS

PIÈCE EN DEUX ACTES

LES COUVERTS VOLÉS

PIÈCE EN DEUX ACTES

CASSANDRE, riche propriétaire.
GUIGNOL, son domestique.
SCAPIN, ancien valet (*mauvais drôle*).
LE BAILLI.

LE BRIGADIER.
UN GENDARME.
LE GÉNIE DU BIEN.

ACTE PREMIER.

Un village: sur l'un des côtés, l'entrée du château de M. Cassandre.

SCÈNE PREMIÈRE.

CASSANDRE, *sortant de son château.*

Je suis dans un embarras mortel. Je donne aujourd'hui, pour l'anniversaire de ma naissance, un dîner de quarante couverts. J'ai invité toute la haute bourgeoisie des environs, et voici que mon cuisinier est malade depuis hier... impossible à lui de se mettre à ses fourneaux... Je ne vois qu'un moyen de me tirer d'affaire, c'est de prier mon ami Orgon de me prêter son chef pour aujourd'hui ; il ne doit pas être occupé puisque Orgon dîne chez moi. Je m'en vais y envoyer de suite mon domestique Guignol. (*Il appelle*). Guignol ! Guignol !

GUIGNOL, *de l'intérieur.*

Borgeois !

CASSANDRE.

Viens ici, viens vite.

GUIGNOL, *de même.*

J'y vas, borgeois. Je choisis la salade ; j'y sors les petites limaces.

CASSANDRE.

Arrive donc, lambin.

SCÈNE II.

CASSANDRE, GUIGNOL.

GUIGNOL, *entrant.*

Me voilà, borgeois.

CASSANDRE.

Je t'ai dit plusieurs fois de ne pas m'appeler comme cela : borgeois !... c'est d'un commun qui ne convient pas à une maison comme la mienne. Appelle-moi : Monsieur... Oui, Monsieur ! Non, Monsieur !... Je veux faire de toi un domestique comme il faut ; mais j'ai bien de la peine. Fais au moins attention à ce que je te dis.

GUIGNOL.

Oui, borgeois... (*se reprenant*), oui, M'sieu.

CASSANDRE.

Tu sais que j'ai aujourd'hui un dîner de quarante couverts et que Laridon est malade.

GUIGNOL.

Oui... Ah ! je vous vois venir ; vous voulez que je le remplace... c'est moi qui va tourner la broche.

CASSANDRE.

Toi! ce serait joli. Tu es bon à faire la cuisine aux bêtes.

GUIGNOL.

Ah!... je vous ai bien fait l'autre jour une bonne soupe mitonnée.

CASSANDRE.

Uns soupe et un dîner de quarante couverts, c'est différent!... Tu connais bien mon ami Orgon?

GUIGNOL.

M'sieu Ogron?

CASSANDRE.

Orgon.

GUIGNOL.

Oui, oui, je le connais! un gros pâté qui a un petit nez!

CASSANDRE.

Tu vas aller chez lui, et tu le prieras de me prêter son cuisinier pour mon dîner d'aujourd'hui.

GUIGNOL.

Faudra-t-il l'apporter?

CASSANDRE.

Je présume qu'il aura bien l'esprit de marcher tout seul.

GUIGNOL.

Ah! c'est que l'autre jour vous m'avez envoyé chercher une cuisinière qui était en ferblanc, j'ai cru que c'était de même.

CASSANDRE.

Tu es bien bouché, mon pauvre Guignol. Ce que je t'ai envoyé chercher l'autre jour, c'est un instrument de cuisine. Aujourd'hui il s'agit de François, le cuisinier d'Orgon... Puis, comme je veux simplifier l'ouvrage de la maison, il me faudra prendre quelques plats tout faits. Tu sais bien le pâtissier qui est sur la grande place, à droite. (*Il fait un geste de la main droite*).

GUIGNOL, *qui se trouve en face de lui, fait un geste du même côté avec la main gauche.*

A droite!... Non, à gauche!

CASSANDRE, *répétition du geste.*

Mais non, à droite.

GUIGNOL, *idem.*

Mais, borgeois, c'est à gauche. — Voilà bien ma main gauche? c'est de ce côté.

CASSANDRE, *le faisant tourner et lui prenant la main droite.*

Tourne-toi... C'est de ce côté, n'est-ce pas? Eh bien, c'est à droite.

GUIGNOL.

Ah, oui, à droite. (*Se retournant*). Mais à présent, c'est à gauche.

CASSANDRE.

Enfin, chez le pâtissier de la grande place... Tu le connais?

GUIGNOL.

Oui, borgeois... Oui, M'sieu.

CASSANDRE.

Tu lui diras de m'apporter, pour cinq heures précises, tout ce que je vais te détailler... Fais bien attention... 1° Un gâteau de Savoie.

GUIGNOL.

Il fait donc des gâteaux avec sa voix, le pâtissier!... Je croyais qu'il les faisait avec de la pâte.

CASSANDRE.

Tu es bête!.. un gâteau de la Savoie.

GUIGNOL.

Mais, borgeois, n'y a plus de Savoie à présent : ils sont greffés, les Savoyards.

CASSANDRE.

Qu'importe! c'est un nom qu'on donne à une espèce de gâteau, il saura ce que cela veut dire. — 2° Un pâté de Chartres.

GUIGNOL.

Un pâté de Chatte!... Oh! je pourrai pas manger de chat, j'aime trop les petits mirons.

CASSANDRE.

Ce n'est pas de chatte, c'est de Chartres : c'est le nom d'une ville de France. Tu lui demanderas un grand pâté avec une cheminée.

GUIGNOL.

Faudra bien qui soye grand pour qu'il y mette une cheminée... faudra qui soye grand comme une maison.

CASSANDRE.

La cheminée, c'est cette carte qu'on met au milieu du pâté.

GUIGNOL.

Une cheminée de carte! elle prendra feu tout de suite.

CASSANDRE.

3° Des œufs à la neige... chauds.

GUIGNOL.

Allons, bon! voilà le borgeois que perd la boule... je vas chercher un fiacre pour lui faire monter le Chemin-Neuf (1).

CASSANDRE.

Qu'est-ce que tu dis?

---

(1) C'est-à-dire pour le conduire à l'Antiquaille, à l'hospice des aliénés.

GUIGNOL.

Vous y pensez pas, borgeois! vous dites des œufs à la neige chauds. Si il fait chauffer la neige, elle fondra, et vous n'aurez plus que de bullion.

CASSANDRE.

Mais ce n'est pas de la neige véritable... des œufs à la neige sont des œufs que l'on bat... (*Il fait le geste de battre les œufs*) jusqu'à ce qu'ils ressemblent à de la neige.

GUIGNOL.

Ah!

CASSANDRE.

4° Des biscuits de Reims.

GUIGNOL.

Des biscuits qui aient été à la platte (1)?

CASSANDRE.

Mais non; Reims, c'est encore le nom d'une ville de France.

GUIGNOL.

Une ville où on se fiche des rincées.

CASSANDRE.

Tu lui demanderas : 5° quatre mendiants.

GUIGNOL.

Si vous vouliez quatre mendiants, fallait donc le dire cé matin : n'y aurait pas eu besoin d'aller chez le pâtissier... y en a plus de vingt qui ont sigrolé (2) la sonnette.

CASSANDRE.

On appelle quatre mendiants : les noix, les noisettes, les amandes, les raisins secs. On les appelle mendiants, parce que cela demande à boire.

---

(1) *Platte;* bateau à laver.
(2) *Sigroler;* agiter, ébranler.

GUIGNOL.

Ah! ben, moi, je ferais ben un bon mendiant, parce que je demande souvent aussi à boire.

CASSANDRE.

Enfin, tu lui commanderas : 6° huit douzaines de pâtisseries assorties... mais des pâtisseries cuites du jour.

GUIGNOL.

Si elles ont été cuites de nuit, vous n'en voulez pas.

CASSANDRE.

Ce n'est pas cela que je veux dire... des pâtisseries fraîches, qui n'aient pas été dans sa montre.

GUIGNOL.

Faudrait ben qu'elle soye grande sa montre, pour qu'il y mette ses pâtisseries dedans.

CASSANDRE.

Mais, ignorant, tu ne sais donc pas ce que c'est que la montre d'un pâtissier?

GUIGNOL.

La montre d'un pâtissier, c'est comme celle d'un perruquier... c'est ce que vous mettez dans votre gousset et qui fait tic toc, tic toc.

CASSANDRE.

On appelle cela une montre en effet; mais on appelle aussi une montre l'endroit où les pâtissiers exposent leur marchandise. Tu sais bien quand tu passes dans la rue Saint-Dominique, quand tu regardes toutes les gourmandises derrière une vitre? c'est une montre.

GUIGNOL.

C'est une montre qu'on ne met pas dans son gousset, mais dans sa corniole (1)

---

(1) Dans son gosier.

CASSANDRE.

Tu lui demanderas tout cela pour 40 personnes.

GUIGNOL, *à part.*

Je demanderai pour cinquante ; y m'en restera davantage.

CASSANDRE.

Te souviendras-tu bien de tout ?

GUIGNOL.

Oui, oui.

CASSANDRE.

Allons, répète un peu ta leçon.

GUIGNOL.

Ma leçon !... yz, a, za ; yz, é, zé ; yz, i, zi.....

CASSANDRE.

Qu'est-ce que tu dis-là ?

GUIGNOL.

Je dis la leçon que vous m'avez fait apprendre ce matin.

CASSANDRE.

Ce n'est pas cela... répète-moi ce que je viens de te dire, ce que tu dois demander au pâtissier.

GUIGNOL.

Ah ! tout de suite !... un gâteau de Savoyard annexé, avec une cheminée... des œufs de chatte dans de la neige.

CASSANDRE.

Mais non, mais non !... (*Guignol répète ainsi ridiculement plusieurs des objets commandés par Cassandre et est repris par lui*) (1). Tiens, vois-

---

(1) Cette énumération du menu de M. Cassandre est une de ces scènes *ad libitum* qu'on peut prolonger et varier indéfiniment. Les quolibets ci-dessus ne sont cités que comme exemples parmi ceux que Guignol improvise à chaque représentation, suivant le temps et le lieu.

tu, j'y renonce; tu es incorrigible. Je te donnerai cela par écrit... Le plus pressé est d'aller demander à Orgon son cuisinier.

CASSANDRE.

GUIGNOL.

J'y vais... Mais, dites donc, not'maître, prêtez-moi cent sous, s'il vous plaît.

CASSANDRE.

Pourquoi ?

GUIGNOL.

C'est que je dois quatre francs dix sous au marchand de tabac sur la place; je n'ose plus passer devant sans le payer... ça me fait faire un grand détour.

CASSANDRE.

Mais, je t'ai donné vingt francs l'autre jour sur tes gages.

GUIGNOL.

Je les ai mis à la caisse d'épargne. *(A part)*. Seulement ce jour-là le bureau de la caisse d'épargne était établi chez le cabaretier.

CASSANDRE.

Je vois avec plaisir que tu deviens économe. Tiens *(il lui donne de l'argent)*, et reviens vite.

GUIGNOL.

Oui, borgeois... oui, M'sieu. *(Il s'en va en répétant)* : Des œufs chauds comme la neige... des pâtisseries dans une horloge, etc. ..

SCÈNE III.

CASSANDRE, *seul*.

Je crois que je finirai par faire quelque chose de ce pauvre Guignol... Mais il y a encore bien à faire... Allons vite donner mes ordres pour mon dîner; ma maison est aujourd'hui fort désorganisée. *(Il rentre)*.

SCÈNE IV.

SCAPIN, *entrant précipitamment du côté par lequel Guignol est sorti.*

Je viens de voir passer là tout près le nommé Guignol, celui qui servait avec moi chez M. Mont-d'Or, et dont la déposition m'a fait condamner il y a cinq ans. Est-ce qu'il est placé dans ce village ?... Ah ! par exemple, celui-là, si je puis lui jouer un tour, aussi vrai que je m'appelle Scapin, je ne le manquerai pas... Mais il faut vivre en attendant. Je viens d'apprendre que M. Cassandre cherche un cuisinier pour aujourd'hui... Je ne suis pas bien fort en cuisine, mais avec de l'esprit... Je vais me présenter. *(Il sonne).*

SCÈNE V.

SCAPIN, CASSANDRE.

CASSANDRE, *entrant.*

Que demandez-vous, Monsieur ?

SCAPIN.

C'est à Monsieur de Cassandre que j'ai l'honneur de parler ?

CASSANDRE.

A lui-même. Que puis-je pour vous ?

SCAPIN.

On m'a dit, Monsieur, que vous aviez besoin d'un chef et je venais vous offrir mes services.

CASSANDRE.

Vous êtes bien instruit. J'ai en effet aujourd'hui un dîner de quarante couverts, et mon cuisinier est malade. Vous savez faire la cuisine ? Où avez-vous servi ?

SCAPIN.

Je puis présenter à Monsieur les plus belles références. J'ai travaillé chez M. de Montmorency et chez M. de Talleyrand, et j'ai dirigé quelques dîners au congrès de Vienne en 1815.

CASSANDRE.

Quelle trouvaille!... Vous savez apprêter une sole normande, un plum-poudding anglais ?

SCAPIN.

Oh! Monsieur, ce sont là des enfantillages. Je vous servirai une charlotte norwégienne, des écrevisses à la japonaise, et des artichauts sauce grenouille... Je me recommande à Monsieur pour la cuisine à la broche, dont Monsieur apprécie sans doute l'immense supériorité sur la cuisine au fourneau. Le petit four est aussi un de mes triomphes.

CASSANDRE.

Oh! c'est délicieux! Quels gages me demandez-vous ?

SCAPIN.

Pour avoir l'honneur de travailler chez Monsieur, je ne lui demanderai que douze cents francs.

CASSANDRE.

C'est beaucoup.

SCAPIN.

Oh! Monsieur verra mes talents. Si Monsieur veut d'ailleurs m'employer pour son dîner d'aujourd'hui, je suis certain que nous nous arrangerons ensuite.

CASSANDRE.

Comment vous appelez-vous ?

SCAPIN.

Brochemar.

CASSANDRE.

(*A part*). Il est vraiment très-bien ce Brochemar, il s'exprime avec beaucoup d'élégance : il doit avoir servi dans de grandes maisons... (*Haut*). Allons ! c'est entendu ! je vous retiens pour mon dîner, et si je suis content de vous, je vous engage... Venez, nous n'avons point de temps à perdre, je vais vous installer à vos fourneaux. (*Ils entrent au château*).

SCÈNE VI.

GUIGNOL, *seul*.

(*A la cantonnade*). Adieu, Mam'selle Benoîte ! au revoir Mam'selle Benoîte ! Est-elle cannante (1), est-elle cannante, Mam'selle Benoîte ! Elle a deux yeux bleus qui sont ouverts, qui brillent comme un ver luisant, et grands comme ça... (*Il montre avec ses mains la grandeur des yeux de Mlle Benoîte.*) Oh ! je n'ai jamais vu deux yeux aussi jolis que ceux-là... Oh ! si, si : j'en ai vu un à Brindas, et l'autre à Margnoles... Mais je m'amuse ici... Le borgeois va me gronder, d'autant plus que je lui amène pas le cuisinier de M. Ogron ; il s'est fait une entorse.

SCÈNE VII.

SCAPIN, GUIGNOL.

SCAPIN, *à la cantonnade*.

Oui, Monsieur, je vais acheter les épices qui me sont nécessaires. Je réponds à Monsieur d'être prêt pour l'heure fixée.

GUIGNOL.

Qu'est-ce donc que ce particulier qui sort de chez le borgeois ?... J'ai vu cette tête sur les épaules de quéqu'un... il marque mal... je me trompe pas ;... c'est ce nommé Escarpin qui était avec moi

---

(1) *Cannant, cannante* ; agréable.

chez M. Mont-d'Or et qui a marché sur son argenterie... Est-ce qu'il vient faire quelque escamotage chez le papa Cassandre ?... Ah ben! par exemple! Je vais le dégraboter d'ici. *(Il le saisit et l'amène vers la bande).* Viens voir ici, beau merle!

SCAPIN, *cherchant à l'éviter.*

Que voulez-vous ? je ne vous connais pas.

GUIGNOL.

Moi je te connais... je me souviens quand on t'a arrangé comme une bardoire (1); on t'avait attaché par la patte... Te viens voir par ici s'y a quéque chose à soupeser... On t'a donc lâché, vieux?

SCAPIN.

Je ne sais ce que vous voulez dire. Laissez-moi.

GUIGNOL.

Non, non; te parlais tout à l'heure avec le papa Cassandre... je ne veux pas que tu fasses la barbe... je vais l'avertir. *(Il se dirige vers le château).*

SCAPIN, *vivement.*

Guignol!

GUIGNOL.

Ah! ah! te ne me connais pas, et te sais comme je m'appelle!

SCAPIN.

Guignol, ne me perds pas, je t'en supplie... j'ai été plus malheureux que coupable... tu le sais.

GUIGNOL.

Oui! et ces couverts que t'avais dans ta poche, ils y étaient donc venus tout seuls ?

SCAPIN.

Un hasard fatal !

---

(1) *Bardoire;* hanneton.

GUIGNOL.

Oui, te les as pris par hasard, et te les as gardés par occasion.

SCAPIN.

Je t'assure que j'ai le plus grand regret de ce qui est arrivé, et que j'ai changé complètement de conduite. Garde-moi le secret du passé, et ne me fais pas perdre la place que je viens d'obtenir chez M. Cassandre.

GUIGNOL.

(*A part*). Au fait, il a p't-être changé. Faut avoir pitié du pauvre monde. (*Haut*). Te me promets que tu ne mettras pas la patte sur les pistoles du papa Cassandre ?

SCAPIN.

Je te le jure. Tiens, voilà ma main.

GUIGNOL.

Ah ! non, non, me touche pas. T'as eu la fièvre de *rapiamus* ; ça se prend pt'être, ça. Ecoute, je dirai rien ; mais je te promets que je te soignerai, et si je vois quéque chose de louche, je te fais flanquer à la porte. (*A part*). Voilà un gone (1) que je vais lui veiller plus les mains que les pieds.

SCAPIN.

Merci, Guignol, M. Cassandre m'a pris pour cuisinier ; je te promets de te bien traiter. (*A part*). Si je peux te faire pendre !... (*Il sort du côté du village*).

SCÈNE VIII.

GUIGNOL, CASSANDRE.

GUIGNOL.

J'ai p't-être tort ; mais c'est un pauvre diable tout de même, et ça me ferait de peine de lui empêcher de travailler.

---

(1) *Gone* ; garçon, fils. — *Un gone* ; un particulier, un gaillard.

CASSANDRE, *entrant.*

Eh bien! Guignol, le cuisinier d'Orgon ?

GUIGNOL.

M. Ogron m'a dit qu'il était bien fâché, mais que son cuisinier avait une entorse et qu'il pouvait pas venir.

CASSANDRE.

Allons! ce n'est qu'un demi-malheur. J'ai trouvé quelqu'un qui fera, je crois, parfaitement mon affaire. (*Scapin traverse le théâtre dans le fond et rentre au château*). Tu vas aller maintenant chez le pâtissier. Voici la commande que j'ai mise par écrit. Tu lui diras d'être chez moi à cinq heures moins un quart. Reviens vite ; je te donnerai un bon verre de vin de Bourgogne à ton retour.

GUIGNOL.

Deux, si vous voulez, not' borgeois. (*Il sort*).

SCÈNE IX.

CASSANDRE, puis SCAPIN.

CASSANDRE.

C'est le ciel qui m'a envoyé ce cuisinier étranger : sans lui je ne sais comment je me serais tiré d'affaire.

SCAPIN, *entrant.*

Monsieur, je suis désolé de vous laisser dans l'embarras ; mais je vous demande la permission de me retirer.

CASSANDRE.

Qu'est-ce que cela veut dire ?

SCAPIN.

Je croyais être entré dans une maison sûre... je ne veux pas vivre entouré de domestiques infidèles, qui mettent une maison au pillage.

CASSANDRE.

Expliquez-vous enfin !

SCAPIN.

J'étais allé, comme vous me l'aviez ordonné, dans la chambre de votre domestique Guignol, pour y prendre des casseroles de cuivre. Que vois-je en entrant ? D'abord sous son lit plusieurs bouteilles de vin fin. Cela attire mon attention ; je remarque bientôt le cou d'un dindon qui sortait de la paillasse... Tout cela était peu de chose ; mais en fouillant dans cette paillasse, j'y trouve douze couverts et une poche en argent.

CASSANDRE.

Savez-vous, Monsieur, que vous portez une accusation terrible contre un ancien et fidèle serviteur de ma maison ?

SCAPIN.

Monsieur peut y aller voir lui-même. J'ai laissé les choses dans l'état.

CASSANDRE.

J'y vais de ce pas. (*Il sort*).

SCAPIN, *seul*.

Guignol, tu me paieras cher ta déposition d'il y a cinq ans. Mes mesures sont bien prises : et si tu n'es pas pendu, il n'y aura pas de ma faute.

CASSANDRE, *rentrant*.

Cela est malheureusement trop vrai ! Qui l'aurait jamais cru de Guignol ?... Sa simplicité même me paraissait une garantie de sa fidélité... A qui se fier désormais ? (*A Scapin*). Retournez à vos fourneaux, Monsieur Brochemar. Je mettrai ordre à cela, Ne vous inquiétez de rien. (*Scapin sort*.)

SCÈNE X.

CASSANDRE, puis GUIGNOL.

On entend Guignol chanter.

Air *du Juif errant.*

Est-il rien sur la terre
Qui soye plus cannant
Que de siffler un verre
De bon vin de Mornant?
Mais c'est encor bien mieux
Quand on en siffle deux !

Ou tout autre refrain populaire.

CASSANDRE.

Il chante, le misérable ! Quelle audace !

GUIGNOL, *entrant.*

Borgeois, le pâtissier sera là, avec tout son bataclan, à quatre heures et demie.

CASSANDRE.

Monsieur Guignol, regardez-moi en face.

GUIGNOL.

Pourquoi faire ? Je vous vois ben assez.

CASSANDRE.

Regardez-moi en face.

GUIGNOL.

Allons, je vous arregarde. Hé ben !

CASSANDRE.

Qu'est-ce que vous voyez quand vous me regardez ?

GUIGNOL.

Tiens ! Je vois un ben brave homme ! *(à part)* un peu melon, par exemple !

CASSANDRE.

Faites-moi la même question.

GUIGNOL.

Pourquoi donc?... Nom d'un rat! Y veut me faire poser, le borgeois!

CASSANDRE.

Faites-moi la même question. Demandez-moi ce que je vois quand je vous regarde.

GUIGNOL.

Pardi, vous voyez un bon enfant, un domestique comme y n'y en a pas beaucoup.

CASSANDRE.

Ce n'est pas cela; c'est moi qui dois répondre à cette question : Qu'est-ce que vous voyez quand vous me regardez?

GUIGNOL.

Qu'est-ce que je vois quand vous m'arregardez? Non... Qu'est-ce que vous voyez quand je vous arregarde? Ah ben! faites comme si je l'avais dit.

CASSANDRE.

Monsieur Guignol, je vois devant moi un voleur!

GUIGNOL.

Un voleur! redites-le donc.

CASSANDRE.

Oui; un voleur! un voleur!

GUIGNOL.

Il l'a dit trois fois! Vous n'êtes qu'une vieille bugne (1)! vous ne prouverez pas c'te bêtise!

CASSANDRE.

Qu'avez-vous dans votre paillasse?

---

(1) *Bugne*; espèce de gâteau : — *une vieille bugne*; un vieil imbécile.

GUIGNOL.

Pardi, j'ai de puces, j'ai de punaises, et quéques cafards.

CASSANDRE.

Ce n'est pas de cela qu'il s'agit. C'est de mon vin et de mes couverts d'argent. Je les ai vus et ils y sont encore ! Vous ne répondez rien ?

GUIGNOL.

Ah ! vous n'y voyez pas si long que votre nez ; il est trop grand ; il vous gêne.

CASSANDRE.

Allez-y voir !

GUIGNOL.

Tout de suite. (*Il sort*).

CASSANDRE, *seul*.

Le drôle a un aplomb qui me confond... Quel scélérat ! Il cache sous une apparence de bonhomie la nature la plus perverse... Je serai pour lui sans pitié.

GUIGNOL, *pleurant dans la coulisse*.

Ah ! ah ! ah ! Je suis perdu. (*Rentrant*). Not' borgeois, ce n'est pas vrai.., bien sûr, ce n'est pas moi.

CASSANDRE.

Comment expliquez-vous la présence de ces objets dans votre paillasse ?

GUIGNOL.

Ça fera une histoire comme celle de la pie voleuse. Je crois que c'est votre chatte qui a apporté ça dans ma paillasse. L'autre jour, elle y a bien apporté quatre petits chats.

CASSANDRE.

Votre excuse est trop grossière... Monsieur Guignol, j'ai pu supporter votre bêtise et votre maladresse ; mais je ne garde pas les voleurs dans ma maison... les voleurs, je les chasse... Sortez de chez moi sur-le-champ.

GUIGNOL, *pleurant*.

Mais, M'sieu...

CASSANDRE.

Je ne me laisse pas toucher par vos larmes; elles sont feintes... Allez-vous faire pendre ailleurs.

GUIGNOL.

Eh ben, non ! Comme je suis-t-innocent, je m'en irai pas, na !... C'est trop bête aussi !

CASSANDRE.

Ah ! vous le prenez sur ce ton ; vous m'injuriez !... Je vais avertir M. le Bailli et la maréchaussée, et nous verrons si vous resterez dans ma maison malgré moi, malheureux ! (*Il sort*).

GUIGNOL, *seul*.

Ah ! mon Dieu ! il le fera comme il le dit !... Que devenir ? J'ai pas d'autre parti à prendre que de m'ensauver dans la forêt... Adieu, borgeois : je vous aime tout de même, quoique vous vous comportiez à mon égard comme un vieux cocombre. Adieu ! vous viendrez quéque jour pleurer sur ma tombe, vous y jetterez des fleurs, et vous direz en vous arrachant la perruque : Pauvre Guignol ! C'est pourtant moi, ganache, que je suis cause qu'il est là dedans !... Mais y sera trop tard pour m'en sortir... Adieu les amis ! Adieu la maison ! Adieu Mam'selle Benoîte !... Ah ! ah ! ah ! (*Il sort en pleurant*).

SCÈNE XI.

LE BAILLI, LE BRIGADIER et UN GENDARME, SCAPIN, puis CASSANDRE.

SCAPIN.

Par ici, Monsieur le Bailli. Le crime est flagrant ; on a trouvé les objets volés dans la paillasse de son lit : du vin, un dindon, douze couverts d'argent.

LE BAILLI.

Il faut saisir le dindon comme pièce à conviction.

SCAPIN.

Voici M. Cassandre, qui va vous expliquer cela comme moi.

CASSANDRE, *entrant*.

Oui, Monsieur le Bailli, un domestique en qui j'avais la plus grande confiance... Cela me dérange beaucoup; j'ai aujourd'hui un dîner de quarante couverts.

LE BAILLI.

Où est le coupable ?

CASSANDRE.

Il a pris la fuite quand son crime a été connu.

LE BRIGADIER.

Quand les couverts ont été découverts !

SCAPIN.

C'est cela. J'apprends à l'instant qu'on lui a vu prendre le chemin de la forêt.

LE BAILLI.

Mettons-nous à sa poursuite.

SCAPIN.

Je vous servirai de guide.

LE BAILLI.

Nous le ramènerons... et dans tous les cas, Monsieur Cassandre, nous reviendrons dîner ici.

LE BRIGADIER, *à Scapin*.

Monsieur Brochemar, marchez en éclaireur.

LE BAILLI.

Cavaliers, prenez vos distances. En avant !
(*Ils marchent vers la forêt. — Cassandre rentre au château. — Le rideau tombe.*)

ACTE II.
Une forêt.

SCÈNE PREMIÈRE.

GUIGNOL, seul.

Du depuis trois jours que je suis dans c'te forêt, je me mets à table que devant les buissons... J'ai encore mangé que de pelosses, de mûrons, de ratabouts et de poires d'iziau.... Mon ventre est mou comme une poire blette, et mon estomac me gargouille comme la fontaine des Trois-Cornets (1)... Que vas-tu devenir, pauvre Guignol ?.... Je n'ose pas buger, les malchaussés tournent par là pour me prendre... Je suis perdu si je sors de la forêt... Avec ça, y a des mauvaises bêtes par ici, de loups, de serpents que me donnent la chair de poule... Je peux plus me traîner ; y faut que je dorme un instant. *(Il se couche sur la bande).*
— Ah! ma pauv' m'man ! Si elle me savait ici, elle m'apporterait une soupe de farine jaune ; elle sait que je l'aime bien. .. Pauvre m'man ! elle venait tous les soirs me border dans mon lit. *(Il s'endort et est bientôt éveillé par des hurlements et par l'approche d'un serpent).* Ah ! qué grosse larmise (2) ! *(Il s'enfuit et revient quand le serpent a*

---

(1) Fontaine du quartier Saint-Georges, à Lyon.
(2) *Larmise*, lézard gris.

quitté la scène). Ah ! je suis trop malheureux ! je peux plus y tenir. Avoir rien à manger, et être mangé soi-même par des vilaines bêtes comme çà ! C'est trop terrible ! Je vais me parcipiter dans le grand étang.

SCÈNE II.

GUIGNOL, LE GÉNIE DU BIEN.

LE GÉNIE.

Guignol, où vas-tu ?

GUIGNOL.

(*A part*). Tiens ! voilà un particulier qui ressemble au tambour-major de la vogue de la Guillotière. — (*Haut*). M'sieu, je vais pas à la noce, je vais me noyer.

LE GÉNIE.

As-tu le droit de disposer de ton existence ? Tu n'as donc aucune confiance dans Celui qui t'a créé ? C'est un crime que tu vas commettre.

GUIGNOL.

Je suis trop malheureux ; je peux plus y tenir.

LE GÉNIE.

Guignol, je connais tes malheurs ; je m'intéresse à toi. Reprends courage : je suis le Génie du bien ; je veux te sauver.

GUIGNOL.

Tiens ! c'est un soldat du génie. Il a une drôle d'uniforme... On m'accuse d'être un voleur ; mais c'est bien à faux, M'sieu du génie.

LE GÉNIE.

Je connais ton accusateur, et je veux le confondre. Attends-moi ici. (*Il disparait.* — *Flamme*).

GUIGNOL.

Qu'est-ce qu'il fait donc là-bas ? Je crois qu'il allume sa pipe. (*Flamme*).

LE GÉNIE, *reparaissant.*

Voici une baguette qui sera pour toi un talisman. (*Il la lui donne*). Je vais l'enchanter. (*Il la touche en disant :*) Abracadabra! Furibundus! Salamalec!

GUIGNOL, *à part.*

Il parle d'omelette!

LE GÉNIE.

Il te faut maintenant deux mots du grimoire.... Lorsque tu verras tes persécuteurs, oppose-leur cette baguette. Si tu dis *berlique*, elle les frappera d'enchantement; si tu dis *berloque*, l'enchantement cessera. Souviens-toi bien : berlique et berloque... Ne te sers de cette baguette que pour le bien, car elle est impuissante pour le mal, et si tu en faisais un mauvais usage, elle tournerait sa force contre toi. Adieu! Guignol, je vais travailler à ta justification, et je reviens. (*Il disparaît. — Flamme*).

SCÈNE III.

GUIGNOL, *seul.*

Il appelle ça une baguette, l'officier du génie! c'est ben une trique pour assommer les bœufs à la boucherie de Saint-Paul! Quel archet!... Soyez tranquille, M'sieu du génie, je cognerai de bon courage... Mais qu'est-ce que je vois là-bas? les malchaussés qui arrivent avec Escarpin : ils causent avec un bûcheron.... Ah! je devine l'affaire à présent : je parie que c'est ce gueusard d'Escarpin qui m'aura mis ces couverts sur le casaquin pour se venger d'il y a cinq ans, et qui veut à présent me faire pendre. Atatends, vieux; je vais t'arranger le cotivet (1) avec mon tablisman. Cachons-nous un peu desdelà. (*Il se cache*).

---

(1) La nuque.

SCÈNE IV.

SCAPIN, LE BAILLI, LA MARÉCHAUSSÉE, GUIGNOL caché.

SCAPIN.

Venez, Monsieur le Bailli... on l'a vu, il y a un instant, vers le Grand Rocher, et nous en sommes à quelques pas. (*Guignol paraît*). Ah ! le voici !

LE BAILLI.

Cavaliers, saisissez cet homme. Monsieur Brochemar, en avant !

GUIGNOL.

Bonjour, Messieurs, la compagnie. (*Les gendarmes s'avancent*). Berlique ! (*Tous restent immobiles devant la rampe*). Ah ! ah ! comment ça va-t-il ? Eh ben ! on ne buge donc plus, mes gones ! Les v'là comme des estatues. Mais saluez donc la société, malhonnêtes ! Berlique ! (*Ils saluent*). Encore ! (*Ils saluent encore*). C'est bien, petits ; mais vous ne dites donc rien. Poque ! (*Il les pousse avec la baguette les fait heurter l'un contre l'autre et contre le montant*). Ils ont le sommeil dur ! (*Il les frappe successivement avec le bâton en chantant*). Voilà comme on bat le blé à Venissieux, vieux !... Voyons, assez dormi comme ça... Berloque ! (*Ils se réveillent*).

LE BAILLI.

Mais, cavaliers, que faites-vous donc ? Qu'attendez-vous pour vous saisir de ce drôle.

LE BRIGADIER.

Je me sens une démangeaison derrière la nuque du cou.

LE GENDARME.

Et moi aussi sur le crâne de la tête.

SCAPIN.

Et moi aussi.

LE BAILLI.

Et moi aussi.

GUIGNOL.

Berlique! (*Ils redeviennent immobiles*). Allons, ça va à la baguette. Voyons encore! Etes-vous toujours bien obéissants? Dansez-moi un petit air de rigodon, pour vous dégourdir. (*Ils dansent pendant que Guignol chante*) :

Allons aux Brettiaux, ma mia Jeanne!

Plus vite! (*Ils dansent plus vite*). Allons, vous êtes bien sages... Mais tout ça, c'est les bagatelles de la porte, et il faut me tirer d'ici. (*Il donne un coup de bâton à Scapin en disant :* Berlique pour toi, *et le conduit au fond du théâtre. Puis il s'approche du Bailli et des gendarmes et dit :* Berloque pour vous ; *ils se réveillent*).

LE BAILLI.

Mais, cavaliers, que veut dire tout cela? Pourquoi cet homme n'est-il pas encore pris?

GUIGNOL.

Ça veut dire, M'sieu le Bailli, que vous y voyez clair comme une taupe... Ce gone-là s'appelle pas Brochemar, mais Escarpin. C'est un gueusard qui vous a mis dedans, et mois je suis innocent comme un petit chardonneret qui tette sa maman.

LE BRIGADIER.

Serait-ce ce Scapin qui s'est évadé et que nous cherchons depuis huit jours?

GUIGNOL.

Si vous voulez vous cacher un moment dernier ces arbres et écouter, vous saurez la vérité.

LE BAILLI.

Il faut d'abord venir en prison! vous vous expliquerez ensuite.

GUIGNOL.

En prison, si vous pouvez m'y mener, papa! et c'te baguette! Vous voulez donc encore vous faire rafraîchir le cotivet? C'est un tablisman.

LE BRIGADIER.

Il a peut-être raison, Monsieur le Bailli. Son langage paraît sincère, et j'ai toujours cette démangeaison derrière la nuque du cou.

LE GENDARME.

Et moi aussi.

LE BAILLI.

Et moi aussi. Allons, Messieurs, plaçons-nous à portée, et écoutons.

GUIGNOL *ramène Scapin sur le devant du théâtre.*

Berloque pour toi.

SCAPIN, *se réveillant.*

Où suis-je?... ah! c'est Guignol.

GUIGNOL.

Avance donc, petit! avance donc! N'aie donc pas peur de c'te petite canne, capon!... Ah! t'as voulu te revenger de ce que j'avais dit la vérité sur ton compte y a cinq ans! T'as voulu me faire passer pour un voleur comme toi!... Viens donc me pincer!

SCAPIN.

Qu'est devenue la maréchaussée?

GUIGNOL.

Par la vertu de ma baguette, pst! je les ai escamotés.

SCAPIN.

Guignol! je vois que tu as un pouvoir supérieur au mien... Sois généreux, pardonne-moi. Oui, j'ai voulu me venger, et c'est moi qui ai caché dans ton lit les couverts de M. Cassandre... Je suis malheureux, ne m'accable pas.

GUIGNOL.

T'n'es qu'une canaille!... débarrasse-moi le plancher. (*Scapin en voulant fuir est saisi par les gendarmes qui l'entraînent*). Tenez-le bien:

le lâchez pas ; ferrez-lui les pattes ; il n'a que ce qu'il mérite. *Bruit de tonnerre. — Flamme.*

SCÈNE V.
GUIGNOL, LE GÉNIE.

GUIGNOL.

C'est l'officier du génie qui revient ! il paraît qu'il fait la soupe à présent.

LE GÉNIE.

Es-tu content, Guignol ?

GUIGNOL.

Oh ! M'sieu du génie, je serais ben déjà allé vous remercier ; mais je savais pas votre adresse... Sans vous j'étais perdu... Vous avez là une fameuse baguette tout de même !... Si jamais vous avez besoin de Guignol pour un coup de main, vous pouvez compter sur lui.

LE GÉNIE.

Cette baguette ne t'est plus utile à présent ; rends-la moi. (*Il la reprend*). Que ce qui t'arrive te serve de leçon ; sois toujours vertueux ; ne donne jamais ta confiance et ton amitié à de mauvais sujets comme ce Scapin, et que son exemple t'apprenne à rester fidèle à ton devoir... Je te quitte ; mais je ne t'oublierai pas... Je t'ai dit que je suis le Génie du bien. Appelle-moi quand tu auras à faire une bonne action. Adieu ! je rentre dans ma grotte profonde, où l'on ne voit ni ciel ni monde. (*Il disparaît. — Flamme*).

GUIGNOL.

Oui, M'sieu du génie, je serai toujours bien sage... Mes compliments à votre famille... Il va dîner.... je voudrais bien n'en faire autant.

SCÈNE VI.
GUIGNOL, CASSANDRE.

CASSANDRE, *accourant*.

Qu'ai-je appris, mon pauvre Guignol! Combien je suis fâché d'avoir aveuglément cru aux accusations de ce scélérat! Excuse-moi, je t'en prie.

GUIGNOL.

Vous auriez bien dû le deviner à sa mine; il a une figure à faire tourner une sauce blanche... Mais ne vous tourmentez pas, borgeois! Tout le monde fait des bêtises; vous n'êtes pas le premier. Moi qui vous parle...

CASSANDRE.

Que puis-je faire pour toi, mon garçon?

GUIGNOL.

Ah! borgeois, franchement, j'ai ici depuis trois jours une fichue cuisine. Si vous pouviez me donner un verre de vin et une rôtie de fromage fort, ça me remettrait joliment.

CASSANDRE.

Viens, mon garçon, je vais te faire servir à dîner... Désormais, tu ne me quitteras plus, et à dater d'aujourd'hui je double tes gages. Viens!... Mais tu ne peux pas partir d'ici sans adresser un mot aux personnes qui nous écoutent et qui se sont intéressées à tes malheurs!... Allons, en avant le petit couplet!

GUIGNOL.

Ah! borgeois, mon estomac crie, et la soif me coupe le sifflet. (*Au public*).

AIR : *Patrie, honneur.*

Vraiment, Messieurs, si j' n'avais pas si faim,
Je vous chant'rais tout de suite une ariette;
Mais mon gosier réclame un verre de vin,
Et j' craindrais pas d' siffler une omelette.
Permettez-moi d' m'arroser le fanal
Et j' reviendrai chanter l' couplet final.

(Parlé.) Rien que deux ou trois bouteilles du vieux bourgogne du papa Cassandre... puis je dirai deux mots à son dîner de quarante couverts... y a des restes... au pâté de chatte, au gâteau annexé, etc... (*Il répète les plats indiqués pendant la première scène, et est repris par Cassandre...*)

Tout ça, messieurs, me r'mettra le fanal,
Et je chant'rai gaîment le couplet final.

FIN DES COUVERTS VOLÉS (1).

---

(1) Je crois que les *Couverts volés* ont été empruntés d'un théâtre de marionnettes d'Allemagne. On y reconnaît, malgré de notables modifications, le caractère d'une féerie allemande du siècle dernier. Dans les manuscrits qui ont passé sous mes yeux, il en est un où Cassandre parle de son château de *Renspach*, et la plupart des versions de la pièce de marionnettes, *le Docteur Faust*, a une scène où le *berlique, berloque* est employé comme mot du grimoire, par le personnage comique.

LE POT DE CONFITURES

PIÈCE EN UN ACTE

LE POT DE CONFITURES
PIÈCE EN UN ACTE

| CASSANDRE. | GUIGNOL, son domestique. |
| OCTAVE, son fils. | Mlle ÉMILIE. |

Un Jardin

※

SCÈNE PREMIÈRE.

CASSANDRE, puis OCTAVE.

CASSANDRE entre et appelle son fils.

Octave! mon fils! venez ici. *(Octave entre).* Savez-vous que je suis dans une grande colère?

OCTAVE.

Contre moi, mon père?

CASSANDRE.

Non pas contre vous, mon ami; mais contre ce domestique que vous m'avez fait prendre il y a quelques semaines. C'est un gourmand fieffé... Rien ne lui échapppe... le vin... le sucre... les fruits, tout est au pillage chez moi. Hier encore, nos voisines Mesdames de Saint-Rémi sont venues faire une visite au château : j'ai voulu leur offrir des confitures ; il n'y avait pas un pot entier ; et qui les avait entamées? C'était lui, c'était M. Guignol.

OCTAVE.

Cela n'est pas possible, mon père.

CASSANDRE.

Cela est certain... Je suis sûr de mes autres domestiques, et je l'ai déjà pris sur le fait... C'est affreux... je ne veux plus d'un pareil drôle.

OCTAVE.

Mon père, votre sévérité m'afflige beaucoup... Vous savez que ce pauvre Guignol a été placé chez vous par Mademoiselle Emilie, la fille de votre ami, de votre voisin, M. Desessarts. Avec votre permission, j'ai demandé il y a peu de temps la main de Mademoiselle Emilie, j'espère une réponse favorable ; mais enfin elle ne m'est pas encore donnée... Si vous renvoyez dans un pareil moment le protégé de Mademoiselle Emilie, elle se fâchera, elle me repoussera, mon mariage sera manqué et je serai au désespoir.

CASSANDRE.

Certainement j'approuve beaucoup ton projet de mariage avec Mademoiselle Emilie, qui est charmante... mais je n'y vois pas une raison pour que ma maison soit au pillage... Je veux des domestiques fidèles. Ton Guignol est intolérable.

OCTAVE.

Mon père, encore un peu de patience !

CASSANDRE.

Ma patience est à bout... Je vais faire des visites dans le voisinage, je rentrerai ce soir. Il faut que Guignol parte... Si je le retrouve à mon retour, je le chasserai moi-même, et avec un bon bâton, quand Mademoiselle Emilie et toute sa famille devraient en être furieuses. (*Il sort*).

SCÈNE II.

OCTAVE, *seul*.

Mon père est fort irrité, je crois bien qu'il n'a pas tout à fait tort.. Je me suis plus d'une fois aperçu de la gourmandise de Guignol... Mais comment faire accepter son renvoi par Mademoiselle Emilie ? Appelons-le et donnons-lui une bonne semonce... peut-être cela suffira-t-il. (*Il appelle*) : Guignol ! Guignol !

SCÈNE III.

OCTAVE, puis GUIGNOL.

GUIGNOL, *dans la coulisse*.

Maître, je suis t'à la cave.

OCTAVE.

A la cave ! qu'y fais-tu ?

GUIGNOL.

Je mets du vin en bouteilles.

OCTAVE, *à part*.

C'est-à-dire que c'est à présent le tour du vieux bourgogne de mon père. (*Haut*). Monte tout de suite, j'ai à te parler.

GUIGNOL

Je viens... Mais je ne peux pas fermer le robinet... Ces robinets de Saint-Claude sont durs comme du fer... Ils perdent beaucoup.

OCTAVE.

Monte donc !

GUIGNOL.

Je suis obligé de le fermer avec les dents.

OCTAVE.

Ah ! je vais te faire monter.

GUIGNOL *entre vivement et salue plusieurs fois.*

Voilà ! voilà ! petit maître... Je me rends t'à vos ordres... qué qu'y a ?

OCTAVE.

Voilà près d'une heure, Monsieur, que je vous appelle.

GUIGNOL.

Y fallait ben le temps de monter les édegrés.

OCTAVE.

Vous avez eu le temps de les compter.

GUIGNOL.

Y en a trente-deux et demie, en comptant la petiote.

OCTAVE.

C'est bien !... Veuillez, Monsieur, me regarder en face.

GUIGNOL.

Je peux pas vous regarder de travers, je suis pas louche.

OCTAVE.

Que voyez-vous sur mon visage ?

GUIGNOL.

Je vois un joli garçon avec de jolies petites mustaches.

OCTAVE.

Ce n'est pas cela que je vous demande. Vous devez voir sur mon visage la colère et l'indignation.

GUIGNOL.

Je connais pas ces personnes-là.

OCTAVE.

Je vais me faire comprendre. Mon père m'a chargé de vous mettre à la porte.

GUIGNOL.

Oh! je crains les courants d'air; puis j'ai pas de goût pour être portier, on est trop esclave.

OCTAVE.

Mon père te chasse.

GUIGNOL.

Il me prend donc pour un lièvre... Puis il peut pas, la chasse est pas ouverte.

OCTAVE.

Il ne veut plus de toi.

GUIGNOL.

Il veut plus de toit! C'est ben facile de le contenter! Donnez-moi un m'ment; je grimpe en haut, et dans une heure y aura plus une tuile sur la maison.

OCTAVE.

Tu fais le plaisant, mais cela est sérieux. Mon père est très mécontent de ton service, et il n'en veut plus.

GUIGNOL.

Et pourquoi donc ça, petit maître?

OCTAVE.

Parce que tu es le plus fieffé gourmand que la terre ait jamais porté.

GUIGNOL.

Oh! Monsieur! pas gourmand, Guignol... j'aime que la soupe de farine jaune et le fromage fort.

OCTAVE.

Tu ne bois pas non plus?

GUIGNOL.

Rien que de l'eau... comme une petite grenouille...

OCTAVE.

Nous avons malheureusement la preuve de ta gourmandise. Hier, des dames sont venues faire visite au château ; mon père a voulu leur faire offrir des confitures... il n'y avait pas un pot entier.

GUIGNOL.

Le confiseur les avait pas remplis. Y a si peu de bonne foi dans le commerce à présent.

OCTAVE.

N'accuse pas le confiseur... Le coupable s'était trahi ; on voyait la trace de ses doigts.

GUIGNOL.

Par exemple !... Je les avais touchées qu'avec la langue.

OCTAVE.

Tu l'avoues donc, malheureux !

GUIGNOL, *à part.*

Gredine de langue, scélérate, va ! je te loge, je te nourris et te parles contre moi ! sois tranquille ! *(Il se soufflette fort et se cogne contre le montant).*

OCTAVE.

Drôle ! je te ferai périr sous le bâton.

GUIGNOL.

Petit maître, j'y retournerai plus... J'en ai mangé un petit peu, si petit... si petit... Puis, que je mange des confitures ou du fromage, c'est bien toujours la même chose.

OCTAVE.

Je ne sais qui me retient...

GUIGNOL.

Tapez, maître, tapez, j'ai bon dos ; mais ne me renvoyez pas, Mam'selle Emilie vous priera pour moi.

OCTAVE.

Mon père veut que je te chasse.

GUIGNOL.

Oui, mais Mam'selle Emilie veut que vous me gardiez.

OCTAVE.

Si au moins j'avais l'espoir de te voir corrigé!...

GUIGNOL.

Oh! Monsieur, à présent c'est sacré; je veux être battu comme plâtre si jamais...

OCTAVE.

Allons, rentrez... allez brosser mon habit... j'ai à sortir.

GUIGNOL.

Y a-t-il quéque commission à faire, quéque chose à porter?

OCTAVE.

Impertinent! portez donc cela. (*Il lui donne un soufflet*).

GUIGNOL.

Merci, petit maître. La lettre est affranchie : faudra-t-il vous rapporter la monnaie? (*Il s'enfuit*).

SCÈNE IV.

OCTAVE, puis Mlle EMILIE.

OCTAVE, *seul*.

Le drôle est amusant; quel dommage qu'il ait un pareil défaut!.. Comment le garder sans irriter mon père, et comment le renvoyer sans déplaire mortellement à Mademoiselle Emilie? Mais la voici ; il faut bien lui raconter cette malheureuse histoire.

ÉMILIE, *entrant avec gaieté.*

Bonjour, Monsieur Octave.

OCTAVE, *tristement.*

Mademoiselle. (*Il salue*).

ÉMILIE.

Vous êtes bien soucieux, bien maussade aujourd'hui.

OCTAVE.

Je suis fort triste, Mademoiselle.

ÉMILIE.

Il me semble que vous devriez recevoir un peu plus gracieusement la visite qu'on vous fait, Monsieur. Où est Guignol ?

OCTAVE.

C'est précisément votre protégé qui me donne du souci.

ÉMILIE.

Qu'a-t-il donc fait ce pauvre garçon ?

OCTAVE.

Je vous conseille de le plaindre : gourmand, menteur,... tous les vices! Si vous ne vous intéressiez pas à lui...

ÉMILIE.

Ne vous gênez pas, Monsieur. Renvoyez-le ; mais je suis certaine qu'il n'est pas coupable.

OCTAVE.

Il dévore tout : fruits, sucre, vins d'Espagne ; rien n'échappe à sa gourmandise. Hier, mon père a voulu faire servir des confitures à des dames ; tous les pots avaient été goûtés par Guignol.

ÉMILIE.

Cela n'est pas possible.

OCTAVE.

Il vient de me l'avouer.

ÉMILIE.

Je n'en crois rien. Avec la menace on fait avouer tout ce qu'on veut à un garçon simple comme lui... Je vois bien que vous voulez me faire de la peine... Vous n'avez aucune affection pour moi... C'est bien mal de vous venger sur un pauvre garçon parce que je le protège.

OCTAVE.

Mademoiselle !

ÉMILIE.

Je venais pour vous donner une bonne nouvelle... je ne vous la dirai pas.

OCTAVE.

Oh ! dites-la moi, Mademoiselle, je vous en supplie.

ÉMILIE.

Non, certainement... Accuser injustement un pauvre domestique !

OCTAVE.

Injustement ?... Et si je vous prouve sa gourmandise ?... Si je vous le fais prendre sur le fait avant la fin du jour ?...

ÉMILIE.

Oh ! alors...

OCTAVE.

Alors me direz-vous votre nouvelle ?

ÉMILIE.

Oui, Monsieur; je suis sûre de gagner... et si vous ne réussissez pas ?

OCTAVE.

Je me soumettrai à tout ce que vous ordonnerez... je subirai la peine que vous daignerez m'infliger.

ÉMILIE.

C'est convenu.

OCTAVE.

Convenu !

ÉMILIE.

Adieu, Monsieur, préparez vos stratagèmes ;... mais souvenez-vous bien que, si vous ne réussissez pas, non-seulement je ne vous dis pas le motif de ma visite, mais je vous défends de jamais vous représenter devant mes yeux.

SCÈNE V.

OCTAVE, PUIS GUIGNOL.

OCTAVE, *seul*.

Je crois que je n'aurais pas grand'peine à gagner mon pari. (*Il appelle.*) Guignol ! Guignol !

GUIGNOL, *dans la coulisse, d'une voix étouffée*.

V'là, maître, je viens.

OCTAVE.

Allons, il a la bouche pleine. Viendras-tu ?... Il étouffe, le malheureux !

GUIGNOL, *arrivant*.

Voilà, voilà, borgeois. (*Il tousse et crache*).

OCTAVE.

Qu'as-tu donc ?

GUIGNOL.

C'est la poussière. En battant votre habit, il est tombé dans les équevilles (1)... quand j'ai voulu le brosser, la poussière m'a rempli la corniôle.

OCTAVE.

Elle paraît fort épaisse cette poussière.

---

(1) *Equesvilles ;* balayures.

GUIGNOL.

C'est fini. (*A part*). J'avais attrapé un pâté aux quenelles; y a une patte d'écrevisse qui s'est mise en travers et qui ne voulait plus descendre la Grand'Côte Si j'avais pas avalé quéques cornichons, je tournais l'œil.

OCTAVE.

J'ai une commission à te faire faire.

GUIGNOL.

J'y vais, petit maître.

OCTAVE.

Où vas-tu ?

GUIGNOL.

Faire votre commission.

OCTAVE.

Et où ?

GUIGNOL.

Ah ! je sais pas.

OCTAVE.

Tu es aussi étourdi que gourmand ; attends-moi là un instant. (*Il sort*).

GUIGNOL, *seul*.

Oh ! que les maîtres sont difficiles à contenter ! Si on leur demande des explications, ils disent qu'on est bête ; si on leur en demande pas, ils disent qu'on est étourdi ; je sais plus comment les prendre... Après çà ils ont bien leurs peines... Moi, si j'étais maître, je voudrais point de domestiques.

OCTAVE, *revenant avec un pot qu'il pose sur la bande*.

Tu vas porter cela à Mademoiselle Émilie... Aie bien soin de ce pot; il contient des confitures, mais des confitures de l'Inde, au bambou et à l'ananas... elles valent trois cents francs le pot... Va et reviens au plus vite.

SCÈNE VI.

GUIGNOL seul.

Des confitures de dinde et de trois cents francs le pot !... ça doit être un peu chenu... ça me fait la chair de poule de porter quelque chose de si bon... Oh ! je veux pas en goûter, j'ai promis... c'est sacré... Mais je peux ben les sentir... Si j'ai un nez, c'est pas pour en faire un tuyau de poêle... (*Il met le nez sur le pot*). Oh ! qu'elles sentent bonnes ! qu'elles sentent bonnes ! ça sent la violette, la rose, le jasmin et le jus de saucisse !... Allons, allons ! emportons-les... (*Il prend le pot*). Oh ! cette odeur me prend le nez; ça me met sens dessus dessous. Elles doivent être bien jolies... si je les regardais !... ça n'en ôtera pas; et si on a des quinquets, c'est ben pour s'en servir. (*Il ôte le papier*). Oh ! quelle jolie couleur ! couleur de pomme, couleur de vin... Elles me donnent dans l'œil; ça me fait comme un rayon de soleil dans un siau d'eau... allons, allons, pas de bêtises, emportons-les... (*Il prend le pot*) Tiens, mon pouce qui y a touché ! mon pouce en a ! si je le lichais... (*Il suce son doigt*). Oh ! que c'est bon ! que c'est bon ! qué velours dans la corniôle ! Bah ! j'y mets les doigts. (*Il goûte encore*)..., Oh ! j'y tiens plus, j'y tiens plus. (*Il met la tête dans le pot*).,.. Ah ! malheureux, qu'ai-je fait ?... y en a-t-il encore ? (*Il regarde*). N'y a plus rien... Ah ! gredin, te manges pour trois cents francs de confitures ! c'est plus que te ne vaux... Que faire du pot à présent ?... Je vais tout de même le porter... on croira que c'est le chat qui les a mangées. (*Il sort*).

SCÈNE VII.

OCTAVE, puis GUIGNOL,

OCTAVE, *qui a paru vers la fin de la scène précédente : il rit.*

J'espère que mon pari est gagné à présent... Ah ! Monsieur le gourmand, après le péché la pénitence... à nous deux maintenant... Le voici ! il a été leste.

GUIGNOL, *arrivant, à part.*

J'ai laissé le pot à la salle à manger; personne m'a vu.

OCTAVE.

As-tu fait ma commission?

GUIGNOL

Oui, maître.

OCTAVE.

Mademoiselle Emilie était-elle chez elle?

GUIGNOL.

Oui, maître.

OCTAVE.

A-t-elle regardé ce que tu lui apportais?

GUIGNOL.

(*A part*). Faut que je mente à présent. Allons, un de plus. (*Haut*). Oui, maître. (*Il s'aperçoit qu'il a laissé sur la bande la couverture du pot et cherche à la faire tomber*).

OCTAVE.

En a-t-elle goûté?

GUIGNOL.

Oui, maître; oui, maître; elle les a trouvées très bonnes. (*A part*). Je mens avec un aplomb...

OCTAVE.

Ah! malheureux, qu'ai-je fait?

GUIGNOL.

Quoi donc, borgeois?

OCTAVE.

Cours vite, mon cher Guignol; cours, empêche qu'elle n'en mange encore!

GUIGNOL.

N'y a pas de risque; mais quoi donc qu'y a?

OCTAVE.

J'étais fou, vois-tu ! Ce matin, j'ai eu une querelle avec Mademoiselle Emilie ; elle m'a défendu de la revoir. J'ai cru qu'elle voulait en épouser un autre.... La jalousie... la colère m'ont égaré.., j'ai voulu me tuer... mais j'ai voulu me venger aussi.... Ces confitures que je lui ai envoyées... elles étaient empoisonnées.

GUIGNOL.

Empoisonnées ! ah ! (*Il pousse un cri et se laisse tomber sur la bande*). Je suis mort.

OCTAVE.

Comment, mort ?... Est-ce que tu en aurais mangé ?

GUIGNOL.

J'en ai goûté une petite braise (1)... Ah ! maître, ça me brûle !

OCTAVE.

Je vais te faire faire du contre-poison.

GUIGNOL.

Ah ! maître, faites-en faire un plein chaudron.... Que je souffre ! que je souffre !

SCÈNE VIII.

Les Mêmes, CASSANDRE, EMILIE.

EMILIE.

Mais qu'y a-t-il donc ?

CASSANDRE.

Qu'a donc ce maraud à hurler ainsi ?

GUIGNOL.

Y a que je suis mort : pas plus que ça !

---

(1) *Une braise* ; un brin, une miette.

ÉMILIE.

Comment tu es mort, et tu parles ?

GUIGNOL.

Je me suis conservé la parole... mais il ne me reste plus que ça.

CASSANDRE.

Voilà un nouveau genre de mort. Mais qu'est-ce qui t'a tué ?

GUIGNOL.

J'ai pris le bocon... j'ai mangé de la poison.

OCTAVE.

Mademoiselle, je l'avais chargé de vous porter des confitures ; il les a mangées en route, et pour le punir je lui ai fait croire qu'elles étaient empoisonnées.

ÉMILIE.

Ah ! vilain gourmand ! tu m'as fait perdre ma gageure.

CASSANDRE.

Allons, drôle, relève-toi ! Tu n'es pas mort du tout.

GUIGNOL.

Vous croyez ?... Non, vrai, si je suis mort, vaut mieux le dire.

OCTAVE.

Relève-toi donc : il n'y a de vrai dans tout cela que ta gourmandise.

GUIGNOL, *se relevant.*

Ah ! j'ai eu une fière favette, tout de même.

OCTAVE.

Mademoiselle, puisque j'ai gagné ma gageure, ne me direz-vous pas la nouvelle que vous m'apportiez ce matin ?

ÉMILIE.

Il le faut bien, Monsieur ; je venais vous annoncer que mon père consent à notre mariage.

OCTAVE.

Quel bonheur ! mon père !

CASSANDRE.

Je suis très-heureux de cette union. Ma bru, embrassez-moi... (*Il l'embrasse*). Et ce drôle ?

OCTAVE.

Mon père, il faut lui pardonner, puisque sa sottise vient d'être l'occasion d'une telle joie pour votre fils.

CASSANDRE.

Eh bien ! je vous le donne. Il entrera à votre service le jour de votre mariage.

OCTAVE, *à Guignol*.

Te voilà corrigé, je l'espère.

GUIGNOL.

Oui, not' maître. Cependant le jour de la noce je pourrai ben faire bombance ? Ça sera la dernière fois.

OCTAVE.

Ah ! mes pauvres confitures !

GUIGNOL, *au public*.

Air : *Je suis un enfant gâté*

Mon amour pour le pâté
    Et la confiture
M'a plus d'une fois jeté
    En triste aventure.
Tout d' mêm' si vous en riez,
Aujord'hui je chanterai :
    La bonne aventure, oh gué !
    La bonne aventure !

FIN DU POT DE CONFITURES. (1)

---

(1) La donnée principale de ce petit tableau est la même que celle d'une pièce bien connue de Dorvigny, *le Désespoir de Jocrisse*. Mais il n'y a de commun entre les deux ouvrages que cette donnée ; l'exécution et les détails sont tout différents. Au reste, à quelques traits qui ont disparu dans la rédaction actuelle, mais qu'on trouve dans d'anciens manuscrits, je ne serais pas éloigné de croire que *le Pot de confitures* est au moins contemporain du *Désespoir de Jocrisse*, et qu'il a été emprunté à un répertoire de marionnettes étranger.

LES FRÈRES COQ

PIÈCE EN UN ACTE

LES FRÈRES COQ

PIÈCE EN UN ACTE

GASPARD COQ, notaire.
CLAUDE COQ, dit GUIGNOL, savetier, son frère.
JÉROME COQ, planteur, autre frère.

LOUISON, fille de Guignol.
GNAFRON, savetier, ami de Guignol.
VICTOR, ami de Jérôme.

Une place publique, à Lyon.

SCÈNE PREMIÈRE

GUIGNOL, *seul.*

Enfin, j'ai de la chance une fois en ma vie. Mon ami Laramée, qui est brigadier dans la cavalerie à cheval, vient de me faire avoir la place de maître bottier dans son régiment. Voilà qui est cannant (1)! Maître bottier! moi que ne fais que de regrolages (2), me voir à la tête d'un régiment de paires de bottes! C'est un petit peu joli, et j'ai envie d'aller boire bouteille avec le père Gnafron

---

(1) *Cannant*; amusant, agréable.
(2) *Regrolage*; raccommodage de souliers. — *Grole*; vieux souliers, savate.

pour célébrer c'te fortune... Mais il y a un petit inconvénient, c'est qu'il faut un cautionnement de cinq cents francs en entrant en place, et je n'ai pas le moindre rond... N'y a que mon frère Gaspard qui puisse me les prêter. Il est notaire, et les pécuniaux (1) lui manquent pas... Mais voudra-t-il? Il est si méchant! Il dit que je lui fais z'honte, et il m'a defendu de mettre les pieds chez lui... Il m'a même donné trois cents francs pour ne plus porter son nom. Je m'appelais Coq, et à présent je m'appelle plus que Guignol ; c'était le nom qu'on me donnait quand j'étais petit. Ça m'a bien chiffonné de changer de nom comme ça, mais y a fallu en passer par là... Voudra-t-il m'écouter à présent?... Ah bah! puisqu'il m'a donné trois cents francs pour ne plus porter son nom, il m'en donnera p't-être ben cinq cents quand il saura que je vais quitter la ville pour être maître bottier dans un régiment... Allons, ganache ; un peu de courage, saperlotte!... Chapotons (2) chez lui. (*Il frappe*).

SCÈNE II.

GUIGNOL, GASPARD.

GASPARD.

Que me veut-on? Ah! c'est vous, Monsieur Guignol? Je vous avais pourtant défendu de vous présenter devant moi.

GUIGNOL.

Dis donc, Gaspard! mon frère!...

GASPARD.

Je vous ai défendu de me tutoyer ; je vous ai défendu de m'appeler votre frère.

GUIGNOL.

Personne nous entend... Puis, c'est ben un joli nom tout de même... mon frère!

---

(1) *Les pécuniaux* ; le numéraire : *pecunia*.
(2) *Chapoter* ; frapper.

GASPARD.

Je vous ai défendu de m'appeler ainsi... Je vous ai donné trois cents francs pour cela; c'est assez cher.

GUIGNOL.

C'est vrai... mais, dis donc... dites-moi, M'sieu Coq... Si te pouvais... si vous pouviez me rendre un petit service, je t'en saurais bien bon gré.

GASPARD.

C'est encore de l'argent que vous venez me demander?

GUIGNOL.

Oui, mais c'est la dernière fois. J'ai une belle place je vais entrer maître bottier dans un régiment de cavalerie à cheval; te ne me verras plus par là... Mais il me faut un cautionnement de cinq cents francs... et pas de pécuniaux!

GASPARD.

Cinq cents francs? comme vous y allez! Vous croyez que cinq cents francs se trouvent dans le pas d'un cheval! et qu'avez-vous fait des trois cents francs que je vous ai donnés il y a deux mois?

GUIGNOL.

Eh bien! j'avais chez le boulanger une ouche (1) qui était un peu conditionnée... y avait ben cent francs.

GASPARD.

Oui, le désordre, les dettes... Je vous reconnais.

GUIGNOL.

Puis, je devais ben autant au cabaretier.

GASPARD.

C'est cela... l'ivrognerie!

---

(1) *Ouche*; taille, broche de bois sur laquelle les fournisseurs marquent leurs livraisons.

GUIGNOL.

Puis les autres cent francs... que sais-je ?... Louison s'est acheté un bonnet... moi, j'avais besoin d'un tablier de cuir... et les amis... le dimanche... le lundi... la vogue de la Croix-Rousse...

GASPARD.

Non, Monsieur; non, Monsieur. Je ne vous donnerai pas cinq cents francs pour en faire un pareil usage... Avec les habitudes que vous avez, vous ne resteriez pas trois semaines maître bottier au régiment... On vous chasserait; vous reviendriez ici, et mes cinq cents francs seraient perdus... Vous êtes incorrigible, et vous ne ferez jamais qu'un vagabond.

GUIGNOL.

Gaspard! (*A part*). Oh! qu'il est méchant!

GASPARD.

Ce n'est pas en vivant comme vous que j'ai amassé ma fortune et que je suis devenu notaire. C'est par la sobriété, par l'ordre, par l'économie, par le travail... Ne me parlez plus de cela; retirez-vous et que je ne vous revoie jamais!

GUIGNOL.

Mais, Gaspard... M'sieu Coq, laissez-moi vous dire...

GASPARD.

Pas un mot de plus... Allez demander cinq cents francs à vos amis de cabaret. Et si jamais vous remettez les pieds chez moi, je vous fais jeter à la porte par mes gens. (*Il rentre et ferme la porte*).

SCÈNE III.

GUIGNOL, puis LOUISON.

GUIGNOL, *seul*.

Hum! hum! gribouillon, va! avare, grippe-sou! Qu'ils viennent me toucher, tes *gensses!* je leur tremperai une soupe dans le ruisseau, et une soupe à l'oignon, encore! J'ai envie de lui jeter des pierres dans ses vitres... Galopin, tu n'étais pas si fier quand te sautais les ruisseaux pour ton patron, Monsieur Croquelard.... que te venais m'emprunter des gobilles (1), que te me les rendais seulement pas... puis... que te me disais que la m'man avait oublié de te donner ton dejeuner, et que te me mangeais la moitié du mien... Va, sans-cœur! te t'appelles Coq, et te n'es qu'un gros dinde...Fais donc ta roue... Sors donc, voyons, viens donc t'expliquer avec moi!

LOUISON, *accourant.*

Mais, papa, qu'avez-vous donc à crier comme ça dans la rue?

GUIGNOL.

Retiens-moi, Louison; retiens-moi; je vas faire un malheur!

LOUISON.

Mais qu'avez-vous?

GUIGNOL.

J'ai, que ton oncle... non, ce n'est plus ton oncle, il a raison... te n'es pas la nièce d'un artignol comme ça... M'sieu Coq vient de me refuser cinq cents francs qui m'étaient de besoin pour entrer dans une belle place... et il me dit encore une poignée de sottises... il m'appelle vacabond, ivrogne... Moi, ivrogne! jamais le vin ne m'a fait faire des S... Jamais! entends tu, gâche-papier, casse-plume?

LOUISON.

Allons, papa, venez travailler.

GUIGNOL.

Moi! est-ce que je travaille quand je suis en colère? je massacrerais la chaussure... Va chez le marchand de vin me demander bouteille... Prends une grande bouteille, une bouteille de quatre litres.

LOUISON.

Mais, papa, le marchand de vin ne veut plus nous donner à crédit; il dit que l'ouche est pleine.

---

(1) *Gobilles*; billes à jouer.

GUIGNOL.

Déjà, mais aussi vous faites des ouches grandes comme rien du tout... Moi, je voudrais des ouches comme des mâts de cocagne... Eh ben, donne-lui d'argent à ce droguiste.

LOUISON.

Mais, papa, d'argent, j'en ai plus.

GUIGNOL.

T'en a pas, petite menteuse ? et les huit sous d'hier ?

LOUISON.

Et votre dîner avec votre ami Gnafron ?

GUIGNOL.

Ah ! te n'as pas de monnaie ? Tiens, va changer cette pièce (*Il lui donne un soufflet*).

LOUISON.

Papa, vous me battez, vous n'avez pas raison... C'est pas moi qui suis cause que vous n'avez pas d'argent et que vous êtes en colère.

GUIGNOL.

C'est vrai, j'ai tort... Ah ! c'est ce scélérat de notaire de malheur !... Je te retrouverai ben quéque jour, gredin. C'est encore toi qu'es cause que je bats ma Louison ; je te mettrai ça sur ton compte... Louison, prends les bottes du postillon, qu'il a apportées ce matin pour les ressemeler, et porte-les au Mont-de-Piété.

LOUISON.

On me prêtera pas grand'chose là-dessus.

GUIGNOL.

Y aura ben toujours pour boire un litre. Je travaillerai demain pour les retirer.

LOUISON.

Et si le postillon venait les demander ?

GUIGNOL.

Tu lui diras que je les fais tremper, que je les arrose.

LOUISON.

C'est-à-dire que c'est les bottes que vont vous arroser la corniôle.

GUIGNOL.

Elle est drôle, Louison... Allons, cours et reviens vite. J'ai la pépie; mon gosier est comme un perchemin. (*Ils sortent tous deux*).

SCÈNE IV.

JÉROME, *en costume de voyageur pauvre*, VICTOR.

JÉROME.

Laisse-moi m'arrêter un instant, mon cher Victor. Je ne puis maîtriser mon émotion. Il y a trente ans que j'ai quitté Lyon, et tant de souvenirs me reviennent à la fois! Il y a bien des choses changées ici; mais je retrouve encore mon vieux clocher de Fourvière, les coins de rue où j'ai polissonné avec mes frères... Tout cela me remplit de joie et de tristesse en même temps.

VICTOR.

Mais, mon cher bienfaiteur, me direz-vous pourquoi ce déguisement?

JÉROME.

Il est temps de te l'expliquer. Mon père, Antoine Coq, était un honnête ouvrier de cette ville, qui avait élevé à grand'peine, par son travail, une nombreuse famille. Il lui était resté trois garçons, dont j'étais l'aîné, et il nous avait fait apprendre à chacun un état. J'avais fini mon apprentissage chez un serrurier; mais cet état ne m'avait jamais plu; j'eus un jour une querelle avec mon patron et je le quittai. J'avais toujours eu un certain goût pour le commerce; je demandai à mon père la permission d'aller à Marseille pour chercher à m'embarquer, comme mousse, sur un vaisseau marchand : il me le permit ; j'embrassai mon père et ma mère, que je n'ai plus revus, et je partis, il y a de cela trente ans.

VICTOR.

Vous étiez sans argent ?

JÉROME.

J'avais vingt francs d'économies et quelques pièces que ma mère avait glissées dans ma poche. Je voulus utiliser mon voyage : j'achetai du fil, des aiguilles, des almanachs, que je vendis le long de la route, achetant ensuite d'autres marchandises. Enfin, lorsque j'arrivai à Marseille, mon petit commerce m'avait nourri pendant le voyage et j'avais soixante francs.

VICTOR.

C'était d'un bon présage.

JÉROME.

A Marseille, je vendais des allumettes et de la petite mercerie dans les cafés. Je me promenais souvent sur le port, songeant toujours à m'embarquer. Enfin, un jour, j'y rencontrai un capitaine de vaisseau marchand, dont la figure franche et bonne m'enhardit à lui parler de mon dessein. Je lui demandai de me prendre à son bord, lui offrant de lui servir de domestique pendant toute la traversée, sans autre gage que ma nourriture. Il accepta, et je dois dire que pendant le voyage, il n'exigea de moi aucun service de domestique. Au contraire, il m'instruisait, me faisait apprendre le calcul, la tenue des livres, et me donnait des conseils sur ce que je pourrais faire dans le Nouveau Monde.

VICTOR.

C'était un bien brave homme.

JÉROME.

Arrivé à la Martinique, il me plaça chez un riche planteur qui avait une grande exploitation. Mon activité et ma fidélité gagnèrent bientôt la confiance de mon patron : je devins le gérant de toutes ses propriétés. J'eus le bonheur d'apaiser une révolte d'esclaves dans laquelle sa fortune et sa vie couraient les dangers les plus imminents; et il y a cinq ans, à sa mort, comme il n'avait pas d'enfant, il m'a institué héritier de toute sa fortune, qui s'élevait à trois millions. Je l'ai encore augmentée par cinq années de travail. Mais le désir de revoir mon pays natal, de savoir ce qu'était devenue ma famille, m'a bientôt fait prendre en dégoût la position brillante, mais isolée, que j'avais à la Martinique; j'ai réalisé ma fortune, j'ai vendu mes plantations, je me suis embarqué et me voilà!

VICTOR.

Mais, Monsieur, lorsque je vous ai rencontré à Marseille, vous portiez un costume plus convenable à votre condition. Pourquoi venez-vous de prendre celui-ci à l'hôtel où nous sommes descendus?

JÉROME.

Tu es jeune, mon cher Victor, et tu ne connais pas encore les hommes. J'ai quitté mon pays et ma famille il y a trente ans : il se passe bien des choses en trente années. Mon père et ma mère sont morts. Mais mes parents, mes amis, comment me recevront-ils? Je sais bien qu'ils recevront à bras ouverts Jérôme trois fois millionnaire; mais recevront-ils aussi bien Jérôme pauvre, Jérôme ouvrier, Jérôme au retour d'un long voyage, dont il ne rapporte que des infirmités? Voilà ce que je voudrais savoir, voilà pourquoi j'ai pris ce costume.

VICTOR.

Je vous comprends, Monsieur.

JÉROME.

Le ciel ne m'a point donné d'enfant et je suis veuf. Il est vrai que j'ai en toi un fils, Victor. Tu m'as sauvé la vie à Marseille, lorsque j'étais attaqué par ces bandits qui avaient appris que j'avais sur moi des valeurs considérables. Tu ne me quitteras jamais. Mais je voudrais savoir ce que sont devenus mes deux frères. Ils étaient d'un caractère bien différent : l'un, laborieux, économe, un peu avare même; l'autre, sans soucis, toujours content, aimant le plaisir, mais un cœur d'or... Il faut que tu m'aides à les chercher. Nous sommes dans le quartier qu'habitait mon père, la Grande-Rue St-Georges. On doit se souvenir d'eux ici... Reste sur cette place. Si tu peux lier conversation avec quelque passant, interroge-le.

VICTOR.

Volontiers, Monsieur.

JÉROME.

Moi, je vais faire un tour dans le quartier. J'entrerai chez les boulangers, les épiciers, les charcutiers, j'arriverai bien à savoir quelque chose... Attends-moi ici.

VICTOR.

Ne me laissez pas seul trop longtemps; je ne connais pas la ville.

JÉROME.

Je te retrouverai avant une heure.

SCÈNE V.

VICTOR, puis GNAFRON.

VICTOR, *seul*.

Je vais mettre tous mes soins à prendre les renseignements que désire Monsieur Coq. Je ne veux pas qu'il puisse penser que je convoite sa succession et que je l'éloigne de sa famille. *(On entend Gnafron chanter* : Nous quitterons-nous sans boire ? *ou tout autre refrain bachique)* (1). Voilà un homme qui a l'air d'un bon vivant. Je crois que je puis m'adresser à lui.

GNAFRON, *entrant sans voir Victor*.

Je n'ai pourtant pas sifflé un verre de vin depuis hier soir. Je

---

(1) On trouve dans quelques manuscrits le couplet suivant :

Quand aura passé le flambeau	Dites : Ci-gît un frère,
De mon existence légère,	Un franc joyeux compère ;
Si vous venez à mon tombeau,	Et videz, amis, un flacon
Chers enfants du tonneau,	En mémoir' du père Gnafron.

me range, décidément. Ah ! c'est que le gousset est comme le gosier ; il est sec... je chante, mais je suis triste. (*Il recommence à chanter*).

VICTOR.

Mon ami, pardonnez-moi d'interrompre votre chanson... je voudrais...

GNAFRON.

Ne vous gênez pas, M'sieu ; je la recommencerai tout à l'heure.

VICTOR.

Je suis étranger dans cette ville ; voudriez-vous me rendre un petit service ?

GNAFRON.

Ah ! M'sieu, on voit bien que vous ne connaissez pas les Lyonnais. Y a jamais d'étranger pour nous. Qu'est-ce que je peux faire pour vous être agréable ? M'sieu veut-il accepter un verre de vin ?

VICTOR.

Je vous remercie. C'est un renseignement que je voudrais avoir.

GNAFRON.

Vous ne pouvez pas mieux vous adresser. Le père Gnafron n'a jamais quitté le quartier... et j'y connais tout le monde, depuis les boutiques jusqu'au cintième.

VICTOR.

Avez-vous connu autrefois la famille Coq ?

GNAFRON.

Coq ! je n'ai connu que ça. Le père était canut, bistanclaque ; il est mort et la mère aussi, qui était une des bonnes langues du quartier...On pouvait la charger d'habiller quelqu'un... habit, veste et culotte, quand elle y avait passé, y avait pas besoin d'aller rue Impériale ; il y manquait rien... Brave femme, du reste !... Ils avaient trois fils avec qui que j'ai polissonné, quand j'étais petit... nous jouions au quinet ensemble; un joli jeu!... On l'a defendu à présent... on dit que ça sautait quéque fois dans les quinquets des passants... c'est dommage !

VICTOR.

Vivent-ils encore, les fils Coq ?

GNAFRON.

Y en a un qui est parti pour les îles, où l'on a dit qu'il a été mangé par les sauvages, que c'était même le roi qui l'avait mangé, parce qu'il était gras... Les deux autres sont encore ici. Y en a un qui est dans les cossus; il est notaire.

VICTOR.

Notaire ?

GNAFRON.

Oui, M'sieu. Vous pouvez voir sa plaque d'ici, toute dorée : Coq, notaire.

VICTOR.

C'est un brave homme ?

GNAFRON.

Certainement ! pour la bravoure !... si M'sieu a du bien à placer, il peut le mettre dans son étude et être tranquille... Mais nous nous fréquentons pas. . il est un peu fiéreux, quoiqu'on se soit bien connu dans les temps... il ne voit plus les petits négociants.

VICTOR.

Vous êtes négociant ?

GNAFRON.

Oui, M'sieu, pour vous servir.

VICTOR.

Et c'est par son travail que Monsieur Coq est arrivé à cette position.

GNAFRON.

Oui, oui : son père l'avait mis saute-ruisseau chez un vieux papa à perruque, qui était là avant lui. Il est devenu troisième clerc, puis second, puis premier; puis il a acheté le trou ..

VICTOR.

Et l'autre ?

GNAFRON.

Ah! par exemple, c'lui-là, il est pas notaire... Je le connais beaucoup : nous buvons ensemble... Un bon enfant! il n'a jamais six sous sans m'appeler pour les manger avec lui... Nous sommes collègues.

VICTOR.

Collègues ! et puis-je vous demander quel état ?

GNAFRON.

Nous sommes bijoutiers.

VICTOR.

Bijoutiers!...c'est un bel état... qui demande beaucoup de goût.

GNAFRON.

(*A part*). De goût ! Y en a assez quand on remue le baquet... (*Haut*). Y ne faut pas confondre. C'est bijoutier sur le genou.

VICTOR.

Bijoutier sur le genou ! je ne connais pas cet état.

GNAFRON.

Nous ne montons pas le diamant sur or ou sur argent, nous le montons sur cuir... vous savez la chanson :

> Il fallait tirer avec les dents... ents,
> Du cuir mouillé plein de poix... oix.

VICTOR.

Ah ! je comprends... cordonnier.

GNAFRON.

Vous êtes bien honnête... cordonnier en vieux.

VICTOR.

Savetier ?

GNAFRON.

Oui ; les gens qui ont reçu de l'éducance nous appellent savetiers ; ceux qui n'en ont pas reçu nous appellent gnafres.

VICTOR.

Et fait-il ses affaires ?

GNAFRON.

Bien petitement. Le commerce va si mal, et les cuirs sont si chers !... Mais c'est un fier ouvrier... Je lui porte souvent mon ouvrage, parce que je commence à avoir la vue un peu gogotte.

VICTOR.

Je vous remercie de tous ces détails, mon ami. Puis-je vous offrir quelque chose ?

GNAFRON.

Oh ! M'sieu ; je vous demande rien.

VICTOR.

Mais non, mais non : je vous ai fait perdre votre temps ; faites-moi le plaisir d'accepter ceci, vous boirez à ma santé.

GNAFRON.

Ah ! M'sieu, vous êtes bien honnête. Je vous remercie, mais c'est bien pour pas vous fâcher... c'est trop... De l'or !... mon habit n'en a jamais vu... Dites-moi, s'il vous plaît, combien est-ce que ça fait, ce que vous me donnez là ?

VICTOR.

Soixante francs.

GNAFRON, *à part*.

Soixante francs ! mais c'est un milord anglais cet étranger ! Je m'en vais acheter une bareille pour cet argent... (*Haut*). M'sieu, puis-je vous demander votre nom ?

VICTOR.

Oh ! c'est inutile.

GNAFRON.

Comme vous voudrez... C'est que, voyez-vous, j'aurais fait mettre deux verres ; je les aurais remplis ; puis j'aurais dit : A votre santé, M'sieu Jules, ou M'sieu Auguste, ou M'sieu Georges ! A la vôtre ! j'aurais répondu. J'aurais trinqué, j'aurais bu mon verre, puis j'aurais bu le vôtre... Ça fait plaisir.

VICTOR.

Je m'appelle Victor.

GNAFRON.

Ah ! Victor, c'est un joli nom ! ça fait penser à la victoire qui rime avec boire... Pardonnez-moi encore, M'sieu, de vous demander votre état.

VICTOR.

Je suis rentier.

GNAFRON.

Ah ! en voilà un fameux état ! .. M'sieu n'aurait pas besoin d'un associé par hasard ?

VICTOR, *riant*.

Non, merci... Mais, dites-moi, où demeure votre ami, Monsieur Coq ?

GNAFRON.

Tenez, M'sieu ; vous voyez au coin de cette rue, cette baraque... C'est là qu'il demeure... Ces bottes qui pendent, c'est les aiguilles de sa pendule. Puis-je vous rendre encore quelque service, M'sieu ?

VICTOR.

Je vous remercie, mon ami.

GNAFRON.

Si vous avez besoin de quéqu'un pour vous conduire par la ville... je vous ferai voir l'abattoir, le coq de Saint-Jean, la fontaine des Trois-Cornets ; y en a plus qu'un, mais c'est égal... la grille de la rue de Gadagne... le dôme de l'Hôpital avec le lézard (1).

VICTOR.

Je vous remercie ; j'ai besoin de me reposer, je verrai la ville plus tard.

GNAFRON.

Allons, M'sieu, toujours à votre service... Je m'appelle Gnafron... je vais boire à votre santé, M'sieu Victor... (*A part*). Si je mettais un troisième verre pour Guignol ?... oui, je mettrai trois verres .. (*Haut*). Adieu, M'sieu Victor.

VICTOR.

Adieu, Monsieur Gnafron.

※

SCÈNE VI.

VICTOR, puis JÉROME.

VICTOR.

Allons, j'ai eu de la chance ; je me suis bien adressé. C'est une gazette, ce brave Monsieur Gnafron.

---

(1) Le coq de l'ancienne horloge astronomique de la cathédrale est très visité par les habitants de la banlieue lyonnaise, surtout les jours de grandes fêtes lorsqu'il doit se faire entendre à midi.

La fontaine des Trois-Cornets était dans la rue St-Georges. Elle n'était pas monumentale, mais elle avait le renom de donner une eau excellente.

Une grille en fer qui clôt un des larmiers de l'hôtel de Gadagne est célèbre parmi les ouvriers en bâtiment qui la visitent comme un chef-d'œuvre et une sorte d'énigme de serrurerie. Elle est décrite et figurée dans l'ouvrage intitulé *Recherches sur l'architecture, la sculpture, etc., dans les maisons du Moyen-Age et de la Renaissance à Lyon*, par P. Martin, Paris, Vᵛᵉ Didron et Lyon (1851), gr. in-4º.

Le crocodile qui est suspendu à l'intérieur du grand Dôme de l'Hôtel-Dieu n'a pour histoire qu'une tradition populaire très contestée. Elle raconte que cet animal avait remonté le Rhône depuis la Méditerranée et commis des ravages sur les bords du fleuve. Plusieurs personnes avaient été dévorées lorsqu'il fut combattu et tué par un condamné à mort gracié à la suite de cette belle action. On lui fait de temps en temps quelques retouches pour le tenir à la hauteur de la curiosité publique.

JÉROME, *arrivant.*

Te voilà ! je t'ai fait attendre ; mais je n'ai pas perdu mon temps. Mes deux frères vivent. L'un est notaire, l'autre savetier. Il ne me reste plus qu'à connaître leur adresse.

VICTOR.

Eh bien ! moi, j'ai encore mieux opéré que vous. Je la sais, leur adresse ; vous êtes tout près d'eux. Voici le notaire et voilà le savetier.

JÉROME.

En vérité ?

VICTOR.

Voyez l'enseigne du notaire.

JÉROME.

Tu a raison. Je vais commencer par lui ; à tout seigneur, tout honneur !... Va à l'hôtel faire préparer notre repas ; il est probable que je vais dîner en famille. J'irai te retrouver sous peu. *(Victor sort. — Jérôme frappe chez Gaspard).*

SCÈNE VII.

JÉROME, GASPARD.

GASPARD, *sortant.*

Qu'est-ce ?... Ah ! un mendiant encore !... Bonhomme, je ne donne pas l'aumône chez moi. Il y a dans la ville des établissements pour les indigents, auxquels je verse une somme chaque année. Il faut vous y adresser ; on vous donnera ce qui vous est nécessaire.

JÉROME.

Vous vous trompez, Monsieur ; je ne demande pas l'aumône.

GASPARD.

Que me voulez-vous donc ? Parlez, mais, hâtez-vous : je suis notaire ; mes affaires réclament tout mon temps, et je ne puis le perdre en conversations.

JÉROME.

Je viens, Monsieur, vous apporter des nouvelles de quelqu'un qui vous touche de près. Vous aviez un frère nommé Jérôme.

GASPARD, *sèchement*.

Oui, un fort mauvais sujet, qui a fait beaucoup de chagrins à mon père. Il n'a jamais pu apprendre aucun métier ; il est parti pour l'Amérique. On croit qu'il y est mort de la fièvre jaune, ou qu'il a péri dans quelque folle expédition.

JÉROME.

C'est une erreur, Monsieur... Jérôme vit.

GASPARD.

Ah !... et sans doute il a toujours été le même : léger, paresseux, débauché... il n'a pas su épargner un sou.

JÉROME.

Vous vous trompez encore, Monsieur, il a amassé une fortune de plus de trois millions.

GASPARD.

Hum !... vous dites, Monsieur ?

JÉROME.

Je dis que Jérôme a amassé une fortune de plus de trois millions, et qu'il a voulu revenir dans son pays, auprès des siens, parce qu'il n'a pas d'enfant. Il a débarqué il y a quelques jours à Marseille, et il arrive aujourd'hui, tout à l'heure, par le prochain convoi du chemin de fer.

GASPARD.

(*A part*). Trois millions ! pas d'enfant ! (*Haut.*) Pardonnez-moi : je n'avais pas compris d'abord : j'ai la tête cassée. Jérôme, mon frère, grand et noble cœur !... je le reconnais bien là. Il avait l'esprit aventureux, mais le coup d'œil sûr ; une véritable capacité commerciale !... Pardonnez-moi, Monsieur ; mais il faut que j'aille à sa rencontre ; il ne se reconnaîtrait plus ici ; notre ville a tellement changé d'aspect... (*A la cantonnade*). Lafleur ! François ! mettez les chevaux à la voiture ; nous allons au chemin de fer. Vite, vite ! c'est un de mes frères qui arrive.

JÉROME, *à part*.

Ce n'est pas à ma rencontre qu'il va, c'est à celle de mes millions.

GASPARD.

A tout à l'heure, Monsieur !

JÉROME.

Vous vous hâtez peut-être un peu. Je ne vous ai pas encore tout dit. Jérôme avait, comme je vous l'ai annoncé, gagné à la Martinique une fortune de plusieurs millions ; mais il ne l'a plus. Le vaisseau qui l'amenait en France a fait naufrage ; il a eu grand'peine à se sauver, et tout ce qu'il possédait a été englouti. Il a pu venir jusqu'ici, mais il est à peu près sans ressources.

GASPARD

Ah ! peste ! (*A la cantonnade*). Lafleur ! François ! attendez ; n'attelez pas ! mon frère n'arrive pas encore ! (*A Jérôme*). Je vous fais compliment, Monsieur ; vous contez fort bien. Vous savez donner à vos narrations un intérêt, un charme saisissant ; mais je vous ai compris. Jérôme revient misérable comme il a toujours vécu. Il a appris que j'ai acquis par mon travail quelque fortune, et il vous envoie en éclaireur pour savoir ce qu'il pourra tirer de moi. Eh bien ! dites-lui que je ne veux pas le recevoir, que j'ai déjà assez d'autres membres de ma famille qui me font rougir, sans qu'il vienne ici étaler le spectacle de son inconduite... Je lui ferai passer quelque argent, une fois pour toutes... pourvu qu'il quitte la ville... Surtout, qu'il ne se présente pas chez moi... S'il vient je le ferai jeter à la porte.

JÉROME.

Monsieur, il est votre frère !

GASPARD.

Pas un mot de plus. S'il se présente, je le ferai jeter à la porte. (*Il sort brusquement*).

SCÈNE VIII.

JÉROME, *seul*.

J'ai bien réussi chez le notaire ! C'est peu encourageant pour le surplus de mes visites de famille ! Si celui qui a de l'éducation, des manières... qui est un homme comme il faut, m'a reçu de cette façon, comment me recevra donc le savetier ? Je crois que je n'ai qu'à faire mon paquet et à repartir... Il faut cependant aller jusqu'au bout. Faisons encore cet essai. (*Il frappe de l'autre côté*).

SCÈNE IX.

JÉROME, GUIGNOL.

GUIGNOL.

(*A l'intérieur*). On y va ! on y va ! (*Entrant*). Bonjour, M'sieu. C'est pour un ressemelage, M'sieu ? Je peux vous faire ça tout de suite... (*A part*). Le particulier n'a pas l'air cossu.

JÉROME.

Je vous remercie ; ce n'est pas pour cela que je viens.

GUIGNOL.

Et pourquoi donc ? C'est pour des clous ? Vos groles prennent l'eau ?

JÉROME.

Non plus... Je vais vous le dire. Vous vous appelez Coq ?

GUIGNOL.

C'est-à-dire... je m'appelais Coq autrefois,... mais à présent je m'appelle plus que Guignol.

JÉROME.

Comment cela?

GUIGNOL.

C'est mon frère le notaire qui m'a donné trois cents francs pour que je porte plus son nom.

JÉROME, *à part*.

Le nom de notre père!

GUIGNOL.

Même que, dans le quartier, on se moque de moi; ça me fait bisquer... mais j'ai reçu l'argent, je l'ai même mangé... Faut ben que je tienne ma parole... S'il avait seulement voulu me donner ce matin cinq cents francs pour avoir la place de maître bottier dans un régiment, je l'aurais débarrassé, j'aurais quitté la ville... Mais qué que ça vous fait à vous tout ça, vieux?

JÉROME.

Vous aviez un frère nommé Jérôme?

GUIGNOL.

Oh oui! pauvre Jérôme! un bien bon enfant, lui! nous nous aimions bien... Il me donnait ben des tapes quéquefois; mais, c'est égal, je l'aimais bien. Quand il avait une brioche, ou un craquelin (1), ou une pomme, il m'en donnait toujours un morceau... et moi aussi.

JÉROME.

Il y a longtemps que vous ne l'avez vu?

GUIGNOL.

Je pense bien. Il est parti pour l'Amérique, pour la Martinique; que sais-je? Y pas de chemin de fer pour ce pays-là... Puis c'est un pays qu'est plein de sauvages qui mangent les hommes...

---

(1) *Craquelin*; sorte de gâteau jadis fort apprécié de la jeunesse lyonnaise.

Pauvre Jérôme ! Il est p't-être mort ; et comment encore ? Il a p't-être été mangé par un sauvage ou par un cocodrille.

JÉROME.

Eh bien ! non, il n'a pas été mangé, il n'est pas mort. Je l'ai vu il n'y a pas bien longtemps.

GUIGNOL.

Pas possible ?

JÉROME.

Il m'a chargé de vous donner de ses nouvelles et de vous dire qu'il viendra bientôt ici.

GUIGNOL.

Vraiment ?... et... il doit être bien changé ?

JÉROME.

Oh ! si changé, que, voyez-vous, il serait devant vos yeux, vous ne le reconnaîtriez pas.

GUIGNOL, *ému*.

Oh ! mon Dieu, qué que vous me dites donc là ?... Mon pauvre Jérôme... je le reconnaîtrais pas ! Voilà que je me sens tout chose à présent !... Plus je vous regarde... C'est son nez, c'est ses yeux, c'est son parler... Allons, ne fais donc pas le bête... Jérôme !... ganache !... mon frère ! c'est toi !... *(Il se jette dans les bras de Jérôme. — Ils s'embrassent longuement)*.

JÉROME.

Mon bon frère !

GUIGNOL.

Comme te v'là changé, en effet. Te n'as pas rajeuni.

JÉROME.

Mais ni toi non plus, il me semble. Cependant je t'ai reconnu tout de suite .. Puis, tu as conservé l'accent du pays.

GUIGNOL.

Ah ! nom d'un rat, j'ai pas voyagé comme toi. Mais dis-moi

donc, que nous rapportes-tu de ton Amérique ? Il me semble que te n'as pas fait fortune là-bas.

JÉROME.

Hélas ! non, mon frère : j'ai eu de grands malheurs. J'avais ramassé une petite fortune, je l'ai perdue.

GUIGNOL.

Que veux-tu ? Y aura ben ici un morceau de pain pour toi, en attendant que te trouves de travail ; sois tranquille.

JÉROME.

C'est que je ne suis pas venu seul.

GUIGNOL.

Je comprends... T'as épousé là-bas une négresse ; te l'amènes avec des mioches que ne sont pas blancs. Va, va ! nous coucherons et nous decrasserons ben tout ça. Nous les mettrons dans le baquet.

JÉROME.

Non, mon frère ; je n'ai point d'enfant ; mais je suis ici avec un jeune homme, un ami qui m'a sauvé la vie, un jour où j'allais être tué par des brigands. Je l'avais adopté, lorsque j'étais dans la richesse ; je ne puis pas l'abandonner aujourd'hui.

GUIGNOL.

Oh ! le brave garçon ! je voudrais l'embrasser.

JÉROME.

Mais toi ? tu es marié, tu as des enfants ?

GUIGNOL.

Je suis veuve ; ma Madelon est morte y a trois ans ; mais j'ai une fille, Louison. Il faut que tu la voies, c'est une belle fille, va ! je vas l'appeler. Louison ! Louison ! avance ici ;... avance donc, molasse !

SCÈNE X.

Les Mêmes, LOUISON.

LOUISON, *de l'intérieur.*

Me voilà, papa! (*Entrant*). Ah! un m'sieu!

GUIGNOL.

Te sais ben, ton oncle Jérôme dont je t'ai si souvent parlé... Eh ben! le voilà! embrasse-le.

LOUISON.

Ah! mon oncle! (*Elle l'embrasse*).

JÉROME.

Je te fais compliment. Elle est très gentille, ta Louison.

LOUISON.

Vous êtes bien honnête, mon oncle. Mon père me parlait bien souvent de vous. Il me racontait les farces que vous faisiez ensemble, quand vous étiez petits; et quand on lui disait que vous étiez mort, il ne voulait jamais le croire.

JÉROME.

Brave frère!

GUIGNOL.

Louison, faut faire la soupe pour quatre.

LOUISON, *bas.*

Papa, j'ai point de beurre.

GUIGNOL, *de même.*

Mets-y ma colle : ça donne très bon goût.

JÉROME.

Je vous quitte pour un instant, mes enfants. Je vais chercher ma malle à l'auberge où je suis descendu et je vous amènerai mon ami Victor. (*Il sort*).

GUIGNOL.

Ne sois pas longtemps. Je vas faire faire le dîner. (*A la cantonnade*). Fais bien attention aux omnibus. Marche sur les trétoirs. Allons! bon! Voilà un boulanger qui l'attrape avec son ouche... Prenez donc garde, mitron! C'est mon frère.

SCÈNE XI.
GUIGNOL, LOUISON.

LOUISON.

C'est bien facile de dire : Je vas faire faire le dîner. Mais avec quoi? j'ai pas d'argent.

GUIGNOL.

Combien t'a-t-on donné sur les bottes du postillon?

LOUISON.

Trente sous; et vous avez déjà bu un litre là-dessus.

GUIGNOL.

Ah! nom d'un rat!... Faudra acheter un quart de salé... quatre têtes de mouton... Ah! puis, je me rappelle qu'il aimait bien le gras-double. J'ai là-haut un vieux tablier de cuir bien gras, que ne sert plus, te le couperas en petits morceaux... A la poêle, avec un oignon, deux sous de graisse blanche et bien de vinaigre, ça sera à se licher les doigts.

LOUISON.

Vous croyez, papa? Ça sera ben un petit peu dur.

GUIGNOL.

Te mettras de linge blanc sur la table.

LOUISON.

Où voulez-vous que je le prenne?

GUIGNOL.

Mets ma chemise que j'ai quittée samedi.

LOUISON.

Mais, papa, elle est toute sale.

GUIGNOL.

Sale!... Te la retourneras à l'envers, et te mettras les manches en dedans.

LOUISON.

Ça sera joli!

GUIGNOL.

Allons, va vite!... Ah! dis-moi, faudra inviter Gnafron.

LOUISON.

Votre Gnafron, je sais pas ce qu'il a... il boit depuis ce matin, il peut plus se tenir.

GUIGNOL.

Raison de plus! il est charmant quand il est pochard. Il égaie toute une société : il sait tant de chansons, il a une voix superbe. Nous lui ferons chanter : *Où peut-on être mieux !*...

LOUISON.

Mais où prendre l'argent?

GUIGNOL.

Ah bah! crève l'avarice, et vive la joie! J'ai encore une couverture... zou! au Mont-de-Piété!... je me couvrirai c'te nuit avec des écopaux. C'est pour mon frère!... j'y vas pendant que te fais le fricot.

SCÈNE XII.

GASPARD, *seul*.

Je suis ruiné, déshonoré, perdu... Les mines de Krakenfeld viennent de sombrer... J'y étais engagé pour une grosse somme... Si je ne trouve pas aujourd'hui même deux cent mille francs, je suis obligé de prendre la fuite... Qui l'aurait dit? une affaire qui s'annonçait si bien! Les ingénieurs avaient fait de si beaux rapports. Mais que faire? bon Dieu! que faire? (*On entend chanter Gnafron*).

SCÈNE XIII.

GASPARD, GNAFRON.

GNAFRON, *ivre*.

Sapristi! j'y vois pas bien clair: y fait aujourd'hui un brouillard! (*Il heurte Gaspard*).

GASPARD.

Faites donc attention, ivrogne!

GNAFRON.

Ah! c'est vous, M'sieu Coq! pardon, excuse, je vous voyais pas; c'est le brouillard... Mais faut pas rudoyer le pauvre monde... Ah! votre frère Jérôme est pas comme vous; il m'a touché la main.

GASPARD.

Jérôme! il est donc ici?

GNAFRON.

Ah! je crois ben; et il est ben aussi cossu que vous. Ah! il en a des pécuniaux celui-là! il est galonné sur toutes les coutures... Son ami qui est venu avec lui m'a donné trois jaunets pour boire; et je fais bien sa commission... je les fais pas moisir, ses jaunets; depuis ce matin j'arrête pas de pomper.

GASPARD.

Est-il possible?.. Ah! maladroit que j'ai été! c'est Jérôme qui s'est présenté à moi ce matin; c'était une épreuve... Et comment l'ai-je reçu?... Tous les malheurs fondent sur moi en même temps... Il est riche, il revient d'Amérique; il n'y a que lui qui puisse me sauver... Mais comment réparer ma conduite? comment le retrouver d'abord? Il faut que j'aie cet argent aujourd'hui.

GNAFRON.

Il a vu votre frère Guignol; ils se sont embrassés.

GASPARD.

Et où est-il à présent, ce cher Jérôme ?

GNAFRON.

Ah! je sais pas; mais il m'a dit qu'il allait venir chez Guignol... M'sieu Coq, on pourrait pas vous offrir un verre de vin ?... Voyez ! les jaunets ont pas encore tous passé dans mon gésier.

GASPARD.

Non, non, je vous remercie. (*A part*). Il faut que je parle à Guignol.

GNAFRON.

Adieu, M'sieu Coq. Je vas boire à la santé de votre frère... et à la vôtre aussi, bah !... à la santé de toute la famille Coq !... Vive la famille Coq ! (*Il sort. Gaspard frappe chez Guignol ; Guignol entre*).

SCÈNE XIV.

GASPARD, GUIGNOL.

GASPARD.

Guignol, dis-moi, je te prie...

GUIGNOL.

Tiens, il me tutoye à présent. Que voulez-vous, M'sieu Coq ?

GASPARD.

Tu as vu notre frère Jérôme ?

GUIGNOL.

Je suis donc votre frère à présent ?

GASPARD.

Oublie ce qui s'est passé, j'ai eu tort. Tu as vu Jérôme ?

GUIGNOL.

Oui, je l'ai vu, il va venir manger ma soupe. Voulez-vous dîner avec nous ?

GASPARD.

Je te remercie ; je suis un peu pressé... Où est-il ?

GUIGNOL.

Je sais pas, il est allé à son auberge ; il va apporter sa malle. Je crois ben qu'elle n'est pas ben lourde. Pauvre garçon ! il est comme moi ; y a de la place dans son gousset.

GASPARD.

Mais tu te trompes, Guignol. Jérôme est riche, très riche ; millionnaire peut-être.

GUIGNOL.

Oh ! pour ça, c'est pas vrai,

GASPARD.

Je viens de l'apprendre, j'en suis certain.

GUIGNOL.

On t'a tiré une craque ; je te dis que c'est pas vrai. S'il était riche, il aurait plus son air bon enfant des autres fois. S'il était riche, il m'aurait pas tutoyé, il m'aurait pas appelé son frère. S'il était millionnaire, il aurait fait comme toi ; il m'aurait jeté quéques écus pour que je porte plus le nom de notre père ; ou ben il l'aurait quitté, lui, ce nom, pour se faire noble à la douzaine... Il m'aurait defendu de me présenter devant lui, en me menaçant de me faire jeter à la porte par ses gens... Va, va ! je te dis qu'il est pauvre ; il m'a embrassé de trop bon courage, et en pleurant encore... Te ne pleures pas comme ça, toi ; t'es riche. (*Vers la fin de cette scène, Jérôme a paru dans le fond avec Victor*).

SCÈNE XV.

GASPARD, GUIGNOL, JÉROME, *en costume riche.*
VICTOR.

JÉROME, *se montrant.*

Tu te trompes, Guignol. La richesse n'endurcit que les méchants et les orgueilleux. Ceux qui ont du cœur, quand le bon Dieu leur a donné la prospérité, reconnaissent toujours leurs parents et leurs vrais amis.... Oui, mon cher frère, je suis riche ; je suis trois fois millionnaire, et je veux que tu sois heureux avec moi.

GUIGNOL.

Sapristi, quel beau paletot tu as !... Et un chapeau à trois lampions !

JÉROME.

Eh bien ! Monsieur le notaire, me permettez-vous à moi de porter le nom de Coq ?

GASPARD.

Pardonnez-moi, mon frère, de ne vous avoir pas reconnu ce matin. Les soucis, les affaires m'avaient troublé l'esprit : je ne savais plus ce que je faisais. Prenez pitié de moi ; vous voyez devant vous le plus malheureux de tous les hommes Je suis ruiné si vous ne venez à mon secours. Je viens d'éprouver une perte considérable, et si, dans la journée, je ne trouve pas deux cent mille francs à emprunter, je suis perdu.

JÉROME.

Avez-vous eu pitié de moi, quand vous me croyiez misérable ? Et Guignol, lui avez-vous prêté ce matin les cinq cents francs qui pouvaient le tirer de la misère ?

GUIGNOL.

Jérôme ! c'est notre frère !... nous avons eu tous les trois le même papa et la même m'man. Tu sais ben, il était ben gentil quand il était petit. Il avait une petite culotte bleue avec une pièce verte... au coude. Il a de chagrins ! les escalins te manquent pas. Lâche-lui de médailles ! Lâche-lui de médailles !

JÉROME.

Vous lui avez donné trois cents francs pour qu'il ne portât plus le nom de notre père ; je vous en donne trois cent mille pour que vous ne déshonoriez pas ce nom.

GASPARD.

Merci, mon frère ! (*Il s'en va*).

SCÈNE XVI.
JÉROME, GUIGNOL, VICTOR, puis LOUISON.

JÉROME.

Allons, il faut nous réjouir à présent.

LOUISON, *entrant*.

Papa, le dîner est prêt.

JÉROME.

Ecoute, mon frère... Ta boutique est un peu étroite pour que nous y dînions tous à l'aise. Je vais vous emmener dîner au cabaret. D'autant plus que, si tu le veux, Guignol, ce dîner sera un repas de fiançailles.

GUIGNOL.

Comment ça ?

JÉROME.

Je veux te demander la main de ta fille Louison pour Victor, mon fils adoptif.

GUIGNOL.

M'sieu Victor, qui t'a sauvé la vie ! Oh ! je donne mon consentement.

JÉROME.

Et toi, Louison ?

LOUISON.

Je ne suis qu'une pauvre fille sans éducation, mon oncle. Comment puis-je devenir la femme d'un jeune homme bien élevé ?

JÉROME.

La dot est mon affaire ; et pour l'éducation ça ne sera pas long. Je te ferai donner des maîtres : en six mois tu seras une fille accomplie.

VICTOR.

Mademoiselle, je serais le plus heureux des hommes, si vous pouviez être du même avis que Monsieur Jérôme.

GUIGNOL.

Allons, z'enfants, donnez-vous la main et embrassez-vous... Jeune homme, faudra ben me la rendre heureuse, au moins!

JÉROME.

Nous allons conclure cette affaire-là à table... Toi, Guignol, tu resteras avec nous; nous ne nous quitterons plus.

GUIGNOL.

C'est qu'en dehors de la savaterie, je suis pas bon à grand'chose.

JÉROME.

Eh bien, tu feras des souliers pour tous les pauvres de la ville. Je te fais un abonnement de dix mille francs par an pour ça.

GUIGNOL.

Ah ben, décidément me v'là maître bottier! C'est plus le même régiment, mais je suis toujours sûr de ne pas manquer de pratiques... Dis donc, Louison, faudra pas oublier d'aller retirer les bottes du postillon.

(Au public). Messieurs, nous voilà tous riches, et cependant il nous manque encore quelque chose. Nous vous avons dit tant de gognandises (1) que nous en sommes tout honteux. Mais si nous étions sûrs de vous avoir réjouis, nous serions fiers comme des Coqs.

FIN DES FRÈRES COQ (2).

---

(1) *Gognandises* ; billevesées, bêtises.

(2) *Les Frères Coq* est une des pièces qu'une tradition constante attribue à Mourguet, 1ᵉʳ du nom. Bien que les retouches successives soient très visibles dans les leçons qui se jouent aujourd'hui, le tissu de l'intrigue et les principales scènes se sont transmis à nous à peu près intacts. Il est facile d'y reconnaître une donnée déjà plusieurs fois mise au théâtre, notamment dans *l'Habitant de la Guadeloupe*, de Mercier. Mais, sur cette donnée de lieu commun, Mourguet a fait une pièce très originale, très bien filée, où les sentiments du peuple sont très bien compris et très bien exprimés. *Les Frères Coq* est le chef-d'œuvre du théâtre Guignol de Lyon.

LE PORTRAIT DE L'ONCLE

PIÈCE EN UN ACTE

LE PORTRAIT DE L'ONCLE

PIÈCE EN UN ACTE

M. DURAND, rentier, 83 ans.
GUILLAUME, } ses neveux.
GUIGNOL,

MADELON, femme de Guignol.
M. DÉLICAT, notaire.

Le théâtre représente un village ou une place de petite ville.
On doit voir une maison qui est celle de l'oncle.

SCÈNE PREMIÈRE.

M. DURAND, GUILLAUME, GUIGNOL.

(L'oncle sort de sa maison soutenu par ses deux neveux qui s'empressent à l'envi de lui donner leurs soins).

GUIGNOL.

Allons! ne bouligue (1) donc pas ce pauvre oncle comme ça. Je vois ben que te le fais marcher trop vite. Il n'a plus ses picarlats (2) de quinze ans.

---

(1) *Bouliguer*; agiter, remuer.
(2) *Picarlats*; cotrets : *ses picarlats*, par une figure de rhétorique, ses jambes,

GUILLAUME.

C'est toi qui le soutiens mal. Tu es si maladroit!

GUIGNOL.

Te ne l'es pas, toi?... Fais donc tes embarras!

DURAND.

La paix! la paix, mes enfants! je ne veux pas que vous vous disputiez. Je suis très content de vos soins à tous deux... Approchez-moi de cette terrasse... Comme ce soleil m'échauffe et me ranime! Il me fait oublier mes quatre-vingt-trois ans, mon catharre, mes rhumatismes, etc., etc... Hélas! mes chers neveux, on n'a pas comme moi fait de longs voyages et amassé à la sueur de son front une petite fortune, sans amasser en même temps bien des infirmités.

GUIGNOL.

Laissez donc, mon oncle, vous êtes vigoret comme un grillon.

DURAND.

Non, non, mon ami; j'ai passé une mauvaise nuit... Mais je ne sais pas pourquoi ce matin je me sens jeune... et je me souviens que lorsque j'étais en Prusse, je rencontrai un de mes amis qui avait le même âge que moi... Tenez, c'est le peintre qui a fait mon portrait, celui qui est dans ma salle à manger.

GUIGNOL.

Celui-là où vous avez une lévite ponceau avec une canne à pommeau.

GUILLAUME.

Il est d'une ressemblance parfaite.

DURAND.

C'est un tableau de maître... Je veux le donner à l'un de vous... Voyons, Guignol, veux-tu que je le mette dans ton lot? En auras-tu bien soin après moi?

GUIGNOL.

Oh! je crois bien; j'osais pas vous le demander. Je le mettrai devant mon lit pour ne pas le perdre de vue, et je dirai à mes mioches : Vous voyez ben c't ancien! C'est mon oncle Durand, un brave homme, qui m'aimait bien. Tâchez d'être gentils comme lui, si vous voulez pas que je vous donne des tapes.

DURAND.

Allons, décidément, je me sens beaucoup mieux aujourd'hui!... Je veux en profiter pour faire ce que mon âge me conseille depuis longtemps; je veux faire mon testament.

GUIGNOL.

Oh! laissez donc ça, mon oncle. Profitez de ce que vous allez mieux, pour vous benaiser. Ces histoires de testament, de notaire, ça vous tournera le sang et ça vous refera malade.

GUILLAUME.

Non; mon oncle a raison... Un testament ne fait jamais mourir... Au contraire, quand on a mis ordre à ses affaires, on est plus calme, plus frais. D'ailleurs, est-ce que mon oncle n'est plus d'âge à s'occuper de son bien ? Qu'est-ce que quatre-vingts ans ?... Il y a plus d'un centenaire aujourd'hui. Je lisais l'autre jour dans un journal qu'il y en avait quatre à Madrid.

DURAND.

Cela m'étonne : je ne croyais pas que dans les pays chauds... mais enfin c'est encourageant... Je veux cependant accomplir mon projet. Allez me chercher Monsieur Délicat, le notaire.

GUILLAUME.

Va, Guignol.

GUIGNOL.

Va toi-même.

GUILLAUME.

Je reste auprès de mon oncle.

GUIGNOL.

Je peux ben y rester aussi ben que toi : j'en aurai bien aussi soin.

DURAND.

Vas-y, Guignol, je t'en prie.

GUIGNOL, *sans bouger*.

Oui, mon oncle, j'y vais puisque vous me le commandez. (*Il fait un pas. — A Guillaume*) : C'est pas rien parce que tu me l'as dit, toi. Te n'as rien à me commander... C'est pour faire plaisir à mon oncle. (*Il fait un pas et revient*). J'y cours, mon oncle ; mais c'est pour vous, et pas pour lui. Il n'a rien à me commander, n'est-ce pas ?... (*Il fait quelques pas et revient*). Est-ce ici, mon oncle, ou chez vous qu'il faut mener le notaire ?

DURAND.

Chez moi, mon ami.

GUIGNOL.

J'y vas, mon oncle, puisque vous le voulez... (*A Guillaume*) : Faiseur d'embarras, va ! (*Il revient encore après avoir disparu, mais ne dit rien qu'un* ouh ! *adressé à Guillaume*).

SCÈNE II.

M. DURAND, GUILLAUME.

GUILLAUME.

Mon pauvre cousin est toujours le même, mon oncle.

DURAND.

Il faut être indulgent pour lui, Guillaume.

GUILLAUME.

Vous voyez comme il est maladroit ! il a l'esprit si court !

DURAND.

Mais non! il n'est pas sot. S'il n'a pas d'instruction, l'intelligence ne lui manque pas. Puis il a un bien bon cœur.

GUILLAUME.

Bah! sa langue n'épargne personne. Quand on a le malheur de s'oublier, il vous saigne à blanc. Ah! il ne fait pas bon avoir besoin de ses renseignements.

DURAND.

Il est toujours mal de médire, mais s'il ne dit la vérité que quand on la lui demande, il n'a pas de tort. Je suis sûr d'ailleurs qu'il parle plus par étourderie que par méchanceté.

GUILLAUME.

Oh! mon oncle, j'ai bien peur qu'il ne fasse pas honneur à la famille!

DURAND.

Comment cela?

GUILLAUME.

Il a des dettes.

DURAND.

Ah!... sont-elles fortes?

GUILLAUME.

Il doit par ci, par là, à son épicier, à son boulanger... Il a emprunté vingt francs à l'un de ses amis.

DURAND.

L'hiver a été mauvais, le travail a manqué. Il n'y a pas de mal à emprunter dans un moment de gêne... Vingt francs, ce n'est pas une grosse dette, il pourra rembourser.

GUILLAUME.

Oui, s'il travaillait, s'il avait de l'ordre; mais c'est un flaneur sempiternel. On le voit à tout instant au cabaret.

DURAND.

Est-ce qu'il y va souvent ?.. Je sais qu'on l'y voit quelquefois le dimanche, de loin en loin.

GUILLAUME.

Oh! je ne prétends pas qu'il y aille tous les jours ; mais dans sa position, il n'y devrait pas aller du tout.

DURAND.

Il est bien permis de prendre parfois un peu de distraction... quand il n'y a pas d'abus.

GUILLAUME.

Vous êtes la bonté même, mon oncle. Je souhaite comme vous que nous n'ayons pas à nous repentir de la conduite de Guignol, mais...

SCÈNE III.

Les Précédents, GUIGNOL.

GUIGNOL.

Mon oncle, M'sieu Délicat va venir. Quand je suis arrivé, il était occupé à faire un partage entre deux héritiers à qui un parent avait laissé une vache et un chien par égales parts. Il a eu du mal à leur partager ça ; mais il a fini. Il m'a dit : Je vais m'empresser de mettre mon ministère à la disposition de Mossieu votre oncle. (*Il salue en imitant le notaire*).

DURAND.

Je te remercie. Il faut que je rentre pour mettre quelques papiers en ordre, avant l'arrivée du notaire. Donnez-moi votre bras. (*Tous deux s'empressent autour de lui*).

GUILLAUME, *à Guignol*.

Allons, un peu moins de mouvement ; tu vas encore le faire tomber.

GUIGNOL, *à part.*

Ah ! que te me fais bouillir ! la main me demange.

DURAND, *arrivé vers la porte.*

Guignol, reste, je t'en prie, pour recevoir le notaire et le faire entrer chez moi. Guillaume m'accompagnera jusque dans mon appartement.

GUIGNOL.

Puisque ça vous fait plaisir, mon oncle, je reste.

❊

SCÈNE IV.

GUIGNOL, puis M. DÉLICAT.

GUIGNOL, *seul.*

Guillaume a ben envie, je crois, de me jouer un pied de cochon. Il est dans le cas de tourmenter ce pauvre oncle pour lui soutirer quelques écus... Je me tiendrai sur le qui vive !

DÉLICAT, *arrivant.*

Monsieur Guignol ! (*Saluts ridicules réciproques*). Monsieur Durand est-il chez lui ? est-il alité ?

GUIGNOL.

Ce pauvre cher homme est tout patraque (1) ! Pourtant il s'est levé aujourd'hui, il dit qu'il va mieux... C'est lui qui a voulu faire son testament ; moi, je lui conseillais pas, crainte que ça lui fasse mal.

DÉLICAT.

Quel enfantillage !

GUIGNOL.

Dites-donc, M'sieu le notaire, vous savez que nous sommes deux neveux de mon oncle, mon cousin Guillaume et moi ; vous

---

(1) *Patraque*; maladif, indisposé.

me connaissez, vous savez que je suis un brave garçon. Ne faites pas pour l'un plus que pour l'autre.

DÉLICAT.

Monsieur Guignol, cette supposition m'offense. Dans la famille des Délicat, nous sommes notaires de père en fils depuis dix-sept générations... et toujours nous avons pesé les actions de notre ministère à la balance de la plus rigoureuse justice... Ma clientèle embrasse tout ce qu'il y a de plus considérable dans le pays. Je suis membre du Conseil municipal, du Conseil de fabrique, de la Société d'agriculture, d'horticulture et de pisciculture, de la Société de pomologie, d'archéologie et de géologie... décoré de plusieurs médailles au Comice agricole... et vous croyez que je laisserais la corruption entamer ce trésor d'honneur, amassé par les années, par le travail et par l'intégrité la plus incontestée ?

GUIGNOL.

(A part). Ah ben ! j'ai joliment mis cuire ! (Haut). M'sieu Délicat, j'ai pas eu l'intention de vous offenser ; faites pas attention à ce que je vous ai dit. Je vas vous mener vers mon oncle.

DÉLICAT.

Je vous suis, Monsieur Guignol. Soyez persuadé que je respecterai scrupuleusement les volontés de Monsieur Durand et que je n'exercerai sur lui aucune influence. (*Guignol entre avec lui chez M. Durand et en sort aussitôt. — Guillaume en sort un instant après*).

SCÈNE V.

GUIGNOL, puis GUILLAUME.

GUIGNOL, seul.

Il prend vite la mouche, le notaire ! mais enfin ce que je lui ai dit n'était pas bien fait pour le fâcher cependant.

GUILLAUME, arrivant.

Monsieur Délicat est avec mon oncle ; je me suis retiré par discrétion.

GUIGNOL.

Dis donc qu'on t'a passé dehors. Je te connais, va ; si t'avais pu rester, te te serais pas gêné... C'pauvre oncle, j'ai ben peur que nous ne le gardions pas longtemps... Mais dis donc, Guillaume, je voulais te parler de quéque chose... Y a-t-y longtemps que te n'as pas vu ma fille, ma Louison ?

GUILLAUME.

Je la vois tous les jours ; elle est encore venue chez moi, hier, acheter un quart de sucre... qu'elle n'a pas payé, par parenthèse.

GUIGNOL.

Eh ben, comment la trouves-tu ?

GUILLAUME.

Elle n'est pas mal.

GUIGNOL.

N'est-ce pas ?... Elle est joliment plantée ; et puis, pas feignante ; elle aide à sa mère comme une femme... Elle fait plus de la moitié de l'ouvrage de la maison... Elle est solide comme le pont Tilsitt... Et une poigne !... Elle vous revire une omelette d'un coup de poing ; que la poêle soye froide, qu'elle soye chaude, c'est tout de même !

GUILLAUME.

Pourquoi me dis-tu tout ça ?

GUIGNOL.

N'as-tu pas remarqué qu'avec ton fils Claude... un joli garçon aussi... ils se surchottent ?... Ces enfants ont l'air de se convenir... L'autre jour il a rencontré Louison à la pompe ; il lui a porté son siau jusqu'à la maison. Hier il lui a donné un bouquet de muguets... Si nous les mariions, voyons ?

GUILLAUME.

Qu'est-ce que tu donnes à ta fille ?

GUIGNOL.

Te sais bien que je suis pas un milord. Elle aura la garde-robe en noyer de notre grand, un miroir et une lichefrite que nous lui avons gardés de l'héritage de la tante Bazu... Madelon lui donnera deux rangs de sa chaîne... et je tâcherai d'aligner quéques écus pour lui faire un petit trousseau.

GUILLAUME.

Tout ça c'est de la rafataille !... Te ne sais donc pas que je donne à Claude cinq mille francs en le mariant, et que plus tard il aura la suite de mon commerce !... Ta Louison ne peut pas me convenir.

GUIGNOL.

Mais si ces enfants se conviennent?

GUILLAUME.

Est-ce que les parents doivent faire attention à ça? Guignol, garde ta poule, je garde mon coq.

GUIGNOL.

Te fais ben le fier, mon cousin! Te n'as pas toujours eu le gousset si plein! On dirait que je te connais pas.

GUILLAUME.

De quoi te mêles-tu? J'ai travaillé, moi! je n'ai pas changé trente fois d'état! moi! C'est pas en menant la vie d'un vacabond qu'on ramasse quéque chose.

GUIGNOL.

Vacabond, que te dis! Redis-le donc, mauvais épicier! On sait ben comment t'as gagné tes quatre sous. Avec ton fromage fort qu'empoisonne tout le quartier; que t'y mets toutes les saletés que te trouves dans le ruissiau... Et ton poivre que te vas prendre chez les scieurs de long... Et ta balance qui a un gros sou par dessous... T'as été dans le journal, y a deux mois...

GUILLAUME.

Tais-toi, polisson! te n'es qu'un vaurien.

GUIGNOL.

Attends, attends... Vaurien! tiens; voilà le vaurien! (*Il lui donne un coup de tête*).

GUILLAUME *s'enfuit en criant, et revient dire :*

Oui, polisson! vaurien!

GUIGNOL, *lui donnant un autre coup de tête.*

Tiens!... Ah! te crois que te me feras toujours comme quand j'étais petit, que te me donnais des tapes toute la journée. (*Guillaume s'enfuit*).

SCÈNE VI.

GUIGNOL, MADELON.

MADELON, *accourant.*

Eh bien! qué que c'est donc que ce sicotti (1)? Te te mettras donc toujours dans des battures? Puis après te me reviendras tout dépillandré.

GUIGNOL.

C'est Guillaume qui vient de recevoir un atout. Je lui ai parlé de notre Louison pour son fils Claude, parce qu'il me semble que ces enfants se surchottent; il a fait le fier, il m'a envoyé promener, il m'a appelé vaurien, et je lui ai cogné le melon.

MADELON.

Valait ben la peine de vous battre. Son grand gognand (2) de Claude! j'en voudrais point pour Louison, et Louison en voudrait pas non plus. C'est pas avec lui, c'est avec Bastien, le fils du maréchal, qu'ils se surchottent.

GUIGNOL.

Ah ben, tant mieux!

---

(1) *Sicotti*; tapage, bruit.
(2) *Grand gognand*; grand mal bâti, décontenancé, imbécile.

MADELON.

T'es toujours le même;... te parles sans savoir ce que te dis. Te ne fais que des bêtises!

GUIGNOL.

Celle-là n'est pas bien grosse. Laisse-moi la paix! Mon oncle Durand est là chez lui avec le notaire; il fait son testament... On va sortir dans un moment... Va faire ta soupe.

MADELON.

Ah! ce pauvre vieux, s'il pouvait nous laisser quéque chose!... je m'achèterais... une crinoline. (*Elle sort*).

SCÈNE VII.

GUIGNOL, GUILLAUME.

GUILLAUME, *entrant*.

Notre oncle a fait son testament; mais aussitôt que ça a été fini, il s'est trouvé plus mal; il a fait appeler M'sieu le curé... M'sieu le curé est venu, et quéques instants après il a passé,

GUIGNOL, *pleurant*.

Ah! mon Dieu! mon Dieu! et moi qui l'ai pas embrassé!... Pauvre oncle, qui m'aimait tant, quand j'étais petit... qui m'achetait des carquelins, des gobilles, des ronflardes... Ah! il était si bon enfant! être mort si vite que ça!

GUILLAUME, *insensible*.

Ah! bah! il avait bien fait son temps! Tout le monde ne va pas à quatre-vingt-trois ans... A quoi lui servaient ses biens, à son âge, son argent, sa terre? Au lieu que...

SCÈNE VIII.

Les Précédents, M. DÉLICAT.

DÉLICAT.

(*Il salue*). Messieurs, Monsieur Durand, votre oncle, d'honorable mémoire, vient de décéder. Son testament que j'ai reçu en la forme authentique, et que je vais déposer dans mes minutes, devient dès lors irrévocable. J'ai l'honneur de vous annoncer que le défunt a institué pour son légataire universel Monsieur Guillaume, son neveu, et qu'il institué Monsieur Guignol, son autre neveu, légataire à titre particulier de son portrait avec le cadre et accessoires, à la charge de faire faire audit cadre, dans les vingt-quatre heures, les réparations nécessaires. Le défunt m'a chargé de veiller à l'exécution de cette partie du testament, ainsi que de ce qui concerne les œuvres pies, et j'ai l'honneur d'annoncer à Monsieur Guignol, que s'il ne se mettait pas, dans le plus bref délai, en mesure d'exécuter lesdites réparations, je serais obligé de lui enlever ledit portrait, pour en faire don à une œuvre de bienfaisance, conformément aux dispositions énoncées dans ledit testament... Messieurs! (*Il salue et sort*).

SCÈNE IX.

GUIGNOL, GUILLAUME.

GUILLAUME, *d'un air narquois*.

Eh bien! Guignol! t'as le portrait que t'avais tant envié!

GUIGNOL, *un peu désappointé*.

Mon oncle au moins m'a pas oublié tout à fait... il était maître de son bien... et moi, j'oublierai pas non plus tout ce qu'il a fait pour moi, quand j'étais petit.

GUILLAUME.

C'est bien, tu es philosophe!

GUIGNOL.

Allons, je vais prendre ce potrait pour le faire réparer. (*Il fait quelques pas pour entrer dans la maison*).

GUILLAUME, *se mettant devant la porte.*

Je te défends d'entrer. La maison est à moi à présent. Te n'as rien à faire ici : je ne veux pas que tu ailles rôdasser dans tous les coins.

GUIGNOL.

Tiens, elle est donc de sucre, ta maison ! T'as peur qu'on te la mange... Eh bien, donne-moi le potrait tout de suite.

GUILLAUME.

Reste là, je vais le chercher... (*A part*). Il faut que je fasse vite visite aux tiroirs ; le bonhomme devait avoir de l'argent. (*Haut*). Brave et digne homme ! il avait eu la sagesse d'économiser, et il est mort dignement en faisant un bon usage de ses économies, lui ! (*Il entre dans la maison*).

SCÈNE X

GUIGNOL, MADELON,

MADELON.

On vient de me dire que l'oncle Durand est mort... Pauvre brave homme ! il a dû laisser des escalins (1)... T'a-t-il donné quéque chose ?

GUIGNOL.

Oui, oui... Mais dis donc, Madelon ! qu'as-tu d'argent aujourd'hui dans le tiroir ?

MADELON.

J'ai quarante-huit sous.

---

(1) *Des escalins*; de l'argent.

GUIGNOL.

Amène-les tout de suite.

MADELON.

Et avec quoi que j'achèterai le dîner?... Qué que t'en veux faire?... Te veux aller boire avec ton cousin, ivrogne !... Pas plus tôt l'oncle mort, te veux aller te mettre en ribotte... J'ai plus à la maison qu'un oignon et un corsenère.

GUIGNOL.

Tais-toi donc! te raffoules (1) toujours... C'est pas pour boire, c'est pour retirer ce que l'oncle m'a laissé.

MADELON.

Ah! ah! que t'a-t-il donc laissé? (*Silence*). T'a-t-il laissé sa maison?

GUIGNOL.

Non... il l'a laissée à Guillaume.

MADELON, *avec un accent de désappointement et de dépit croissant à chaque réplique.*

Ah!... t'a-t-il donné le jardin?

GUIGNOL.

Non... il l'a donné à Guillaume.

MADELON.

Ah!... t'a-t-il donné sa vigne?

GUIGNOL.

Non... il l'a donnée à Guillaume.

MADELON.

Ah!... t'a-t-il donné son pré?

---

(1) *Raffouler*; gronder, radoter.

GUIGNOL.

Non... il l'a donné à Guillaume.

MADELON.

Ah!... il t'a donc donné son mobilier!

GUIGNOL.

Non... il l'a donné à Guillaume. Il ne m'a donné qu'une pièce de son mobilier.

MADELON.

Ah!.., t'a-t-il donné son armoire?

GUIGNOL.

Non... il l'a donnée à Guillaume.

MADELON.

Ah! est-ce son miroir qu'il t'a donné?

GUIGNOL.

Non .. il l'a donné à Guillaume.

MADELON.

Ah!... Mais, imbécile, que t'a-t-il donc donné?

GUIGNOL.

Il m'a donné son potrait.

MADELON.

Ah! voilà ben une belle drogue! Grand bête, va! T'étais toujours à dire : Mon oncle par-ci, mon oncle par là... Te t'esquintais à le servir... Te n'as su te faire donner que cette saleté, et c'est ton câlin de cousin qui a la succession! Te seras bien toujours le même... te ne ramasserais pas d'eau en Saône.

GUIGNOL.

Tais-toi ; je suis bien content, moi, d'avoir le potrait de mon oncle! Mais c'est pas tout.

MADELON.

Y a donc encore quéque chose ?

GUIGNOL.

Oui ; y a que par son testament, l'oncle veut que je fasse réparer dans les vingt-quatre heures le cadre de son potrait ; sinon, j'y perds tous mes droits.

MADELON.

Et c'est pour ça que te me demandes mes quarante-huit sous ?... Oui, prends garde de les perdre. Qué que ça me fait ce potrait ?

SCÈNE XI.

Les Mêmes : GUILLAUME, *apportant le portrait.*

GUILLAUME.

Voilà votre lot !... Vous êtes bien contents, n'est-ce pas ? Ah ! ah ! ah ! Il est joli !

GUIGNOL, *prenant le portrait.*

Regarde donc, Madelon, comme il ressemble ! comme c'est bien lui, avec sa lévite... et son nez !...

MADELON.

Oui, le bel héritage ! C'est pas avec ça que nous marierons notre Louison ?

GUIGNOL.

Allons !... viens vite abouler tes quarante-huit sous... faut faire cette réparation.

MADELON.

Je veux pas donner mon argent pour ça...

GUIGNOL.

Ah ! Madelon, marche droit !... Te connais le manche à balai ; te sais que je tape... En avant ! (*Madelon sort en grognant. Guignol la suit emportant le portrait*).

SCÈNE XII.

GUILLAUME, seul.

Ils ne sont pas contents ! leur butin n'est pas gras !... mais je ne suis pas content non plus. J'ai fouillé dans tous les tiroirs, dans le bureau... pas un sou ! Cependant le papa Durand ne mangeait pas ses rentes, et il y a longtemps qu'il n'avait rien placé !... Je crois que je me suis trop pressé d'accepter... j'ai peur de me trouver dans l'embarras... Cette baraque a besoin de réparation ; il y a des hypothèques sur la vigne et sur le pré ; quand tout sera payé il n'y aura rien. (*On entend chanter Guignol*).

SCÈNE XIII.

GUILLAUME, GUIGNOL.

GUIGNOL *arrive en chantant ; il tient à la main un paquet de billets de banque.*

Tra la la ! j'ai des espinchos (1)...

GUILLAUME.

Qu'est-ce que tu as donc là ?

GUIGNOL, *chantant encore.*

Toi qui connais les billets de la Banque... qu'est-ce que te dis de ça ?... Tout ça était dans le cadre du potrait... en le défesant pour le réparer, ça a dégringolé comme des pavés par le Gourguillon... y en a vingt-cinq de mille... Ah ! c'est Madelon qu'est contente !

GUILLAUME.

La moitié est à moi.

GUIGNOL.

Pas de ça ! à bas les pattes !

---

(1) *Des espinchos* ; de l'argent.

GUILLAUME.

Je suis légataire universel.

GUIGNOL.

Parfaitement ; mais moi je suis légataire du potrait, du cadre et accessoires... c'est ça l'accessoire, il est joli !

GUILLAUME.

Je te forcerai en justice à me donner la moitié.

GUIGNOL.

Nous verrons ça, petit !

GUILLAUME.

Le testament a été mal fait.

GUIGNOL.

C'est pas ce que dit Monsieur Délicat ; il dit que c'est un testament ortantique et indécrottable.

GUILLAUME.

Et si je te fais un procès ?

GUIGNOL.

Moi, je t'en ferai deux, et j'aurai de quoi payer le procureur. Te me fais plus peur, va !

GUILLAUME.

Te sais que j'ai toujours été pour toi un bon parent.

GUIGNOL.

Oui... avec des tapes.

GUILLAUME.

Dis donc, Guignol, quel âge a ta Louison ?

GUIGNOL.

Elle aura dix-neuf ans aux cerises. Pourquoi me demandes-tu ça ?

GUILLAUME.

Oh ! c'est que j'avais pensé...Te m'avais dit un mot toi-même... Mon Claude est un beau garçon...

GUIGNOL.

Oui .. pas mal.

GUILLAUME.

Il est bon enfant tout à fait... il est à son ouvrage... Nous devrions les marier, ces enfants.

GUIGNOL.

Qu'est-ce que te donnes à ton garçon ?

GUILLAUME.

Je lui donne cinq mille francs en le mariant, et plus tard il aura la suite de mon commerce.

GUIGNOL.

Tout ça c'est de la rafataille !... Te ne sais donc pas que je donne à Louison en la mariant quinze mille francs... rien que ça, vieux !... Ton Claude peut pas me convenir.

GUILLAUME.

Mais te m'as dis toi-même que ces enfants se convenaient, qu'ils se parlaient.

GUIGNOL.

Bah ! est-ce que les parents doivent faire attention à ça ? D'ailleurs je me suis trompé ; c'est pas vrai... Guillaume, garde ton coq, je garde ma poule.

GUILLAUME, *à part*.

Il me rend la monnaie de ma pièce, et je crois par dessus le marché qu'il se moque de moi ! (*Il sort furieux*).

SCÈNE XIV.

GUIGNOL, *seul*.

Toutes ses finesses et ses grimaces lui ont pas servi à grand'-chose... Allons, je pendrai le potrait de mon oncle devant mon lit, comme je lui ai promis. Il me fera ressouvenir que, dans ce monde, le mieux encore c'est de filer droit son chemin, et que celui-là qui est le plus dupe, c'est souvent celui qui a voulu être fripon.

(Au public). Messieurs, c'est aussi un potrait que nous avons voulu vous donner, un potrait du bon vieux temps et de la bonne franquette lyonnaise. Le cadre n'est pas aussi chenu que celui de mon oncle ; mais si le potrait vous a paru ressemblant, agréez le tout avec indulgence.

FIN DU PORTRAIT DE L'ONCLE.

LE DUEL

PIÈCE EN UN ACTE

LE DUEL

PIÈCE EN UN ACTE

LE PÈRE BERTRAND, rentier. | LA RAMÉE, ancien militaire.
GUIGNOL, canut. | UN GENDARME.

Une place publique à Lyon.

※※※

SCÈNE PREMIÈRE.

BERTRAND, seul.

Il est bientôt neuf heures et j'ai un rendez-vous d'honneur à midi!... Il faut que je me batte... à mon âge!... et avec un ancien traîneur de sabre encore!... Il me semble que la matinée n'a duré qu'une minute aujourd'hui... J'ai la fièvre... et dire qu'il y a des gens qui se font tuer tous les huit jours!... je ne comprends pas comment ils peuvent vivre... Décidément je ne puis pas aller sur le terrain... J'ai une fille ; j'ai gagné ma fortune en travaillant, je ne puis pas la jouer sur un coup d'épée... D'autre part, si je ne me bats pas, ce spadassin viendra faire ici un esclandre, et les commères du Gourguillon m'accableront de leurs moqueries.... Il m'est bien venu une idée... J'ai là pour voisin un pauvre diable qui n'a ni sou ni maille ; il sera peut-être bien aise de gagner quelque argent... si je lui proposais de prendre ma place ?... C'est un homme sans famille et sans position... Il ne doit pas lui coûter beaucoup d'exposer sa vie, et je m'en tirerai peut-être à bon compte... C'est cela ! L'heure approche... Voyons s'il est chez lui. (*Il frappe*).

SCÈNE II.

BERTRAND, GUIGNOL.

GUIGNOL, *à sa fenêtre*.

Qui est-ce qui cogne ?

BERTRAND.

(*A part*). Il y est ! quel bonheur ! (*Haut*). Bonjour, Monsieur Guignol ; je voudrais bien vous parler.

GUIGNOL.

Eh bien ! parlez, ne vous gênez pas ; j'ai le temps. J'attends mon agent de change, mais il n'est pas encore venu.

BERTRAND.

Ce que j'ai à vous dire est tout à fait secret. Voulez-vous me faire le plaisir de descendre ?

GUIGNOL.

Vous voulez que je dégringole ? Me voilà ! Rien que le temps de couvrir ma pièce.

BERTRAND.

(*A part*). Voilà l'homme qu'il me faut ! (*A Guignol, qui est descendu*). Vraiment, Monsieur Guignol, depuis le temps que nous habitons porte à porte, je ne comprends pas que vous ne soyez pas venu me voir.

GUIGNOL.

Ma foi ! M'sieu, j'ai pas osé ; la distance est trop grande.

BERTRAND.

Pas du tout ; il n'y a que la rue à traverser.

GUIGNOL.

C'est vrai, mais y a la distance des picaillons (1).

BERTRAND.

Oh! cela ne fait rien entre voisins; vous pouviez bien venir me faire payer une bouteille de vin.

GUIGNOL.

(A part). Il est bien en générosité, aujourd'hui, le vieux grigou! (Haut). Si c'est pour ça, tant que vous voudrez... de suite, si ça vous va.

BERTRAND.

Tout à l'heure!... C'est maintenant un service que je voudrais vous demander.

GUIGNOL.

Un service? une cuillère et une fourchette?... Je vais vous chercher ça tout de suite.

BERTRAND.

Non, non; il ne manque pas de cuillères et de fourchettes chez moi.

GUIGNOL.

Oh! on les donne quelquefois à retamer.

BERTRAND.

L'argenterie ne se rétame pas.

GUIGNOL.

Si, si; on la rétame... au Mont-de-Piété.

BERTRAND.

Il ne s'agit pas de cela... c'est autre chose et quelque chose de pressé que j'ai à vous communiquer. Ecoutez-moi, je commence de suite.

---

(1) *Des picaillons;* un des nombreux synonymes qu'emploie Guignol pour désigner l'argent. Il y a sur cette matière autant de richesse dans son langage que de pénurie dans son gousset.

GUIGNOL.

(*A part*). Nous en avons pour un m'mént (*Haut*). Allons, je vous écoute.

BERTRAND.

Voici de quoi il s'agit... J'ai aujourd'hui même une affaire de duel.

GUIGNOL.

Des duelles (1) de tonneau?

BERTRAND.

Non, un duel au sabre, à l'épée ou au pistolet.

GUIGNOL.

Je comprends... avec le machin qui coupe, avec c'li qui pique ou avec c'li-là qui pette.

BERTRAND.

Je vous avoue que ça m'embarrasse un peu.

GUIGNOL.

Ça m'embarrasserait ben aussi... Mais je vous vois venir... vous voulez que je soye votre second.

BERTRAND.

Non; je vous estime plus que cela. Pas mon second... mon premier.

GUIGNOL.

J'aimerais assez être votre second... parce que je sais qu'après un duel y a toujours un morceau à fricoter pour les seconds.

BERTRAND.

Vous voulez rire; mais vous devez comprendre que, dans ma position, je ne peux pas aller me battre.

---

(1) *Duelle*: douve de tonneau.

GUIGNOL.

Quand on a de z'escalins (1) comme vous, c'est dur d'exposer sa peau.

BERTRAND.

Je suis père de famille, j'ai une fille charmante qui fait mon bonheur, et si le destin voulait que je fusse tué, elle en mourrait de chagrin.

GUIGNOL.

C'est vrai, votre demoiselle est charmante... elle a de z'ieux qui louchent.

BERTRAND.

Elle est fort belle.

GUIGNOL.

Quand y en a un qui regarde à Fourvière, l'autre regarde à Bellecour... ça n'est pas tout le monde qui peut faire ça.

BERTRAND.

Ce n'est rien... mon médecin m'a dit que ça passerait dans une dizaine d'années.

GUIGNOL.

Dix ans! mais votre fille, qui a trente-quatre ans, en aura alors manquablement quarante-quatre.

BERTRAND.

Je songerai alors à l'établir.

GUIGNOL.

Pauvre vieux! à quarante-quatre ans, on a son congé pour se marier.

BERTRAND.

Non, non, c'est un bel âge pour faire un mariage... de raison... et ce sont les meilleurs... Mais il ne s'agit pas de cela aujourd'hui... j'ai besoin de votre appui.

---

1) *Des escalins*; de l'argent.

GUIGNOL.

Faut vous appuyer ?... par dernier ?

BERTRAND.

Non, non.

GUIGNOL.

Alors, c'est par devant ?

BERTRAND.

Vous m'interrompez toujours. Laissez-moi donc vous expliquer mon affaire.

GUIGNOL.

Allons, continuez. (*A part*). Je suis sûr qu'il finira pas avant dîner.

BERTRAND.

L'autre jour...

GUIGNOL.

Qu'il faisait nuit.

BERTRAND.

Bavard sempiternel, laissez-moi donc parler.

GUIGNOL.

Allons, je clos mon bec.

BERTRAND.

L'autre jour... j'étais sur un des bancs de la place Impériale... Vous savez que j'y vais de temps en temps prendre le frais... je cause avec des amis... Il y en a qui lisent le journal, qui me racontent ce qu'il y a de nouveau... c'est fort agréable, l'été...

GUIGNOL.

Et puis ça ne coûte rien, je sais... L'hiver, vous allez à la police correptionnelle... qui est un moyen de se chauffer à bon marché.

BERTRAND.

Ce jour-là j'étais avec un ancien militaire, un ancien hussard... qui me racontait la bataille de Wagram... avec sa canne sur le sable... Je la sais par cœur, sa bataille de Wagram... il me l'a déjà racontée au moins quarante fois. Eh bien, ça me fait toujours plaisir... Vous savez que j'ai été sergent dans la garde nationale... et que j'ai toujours aimé les vieilles culottes de peau...

GUIGNOL.

Je crois bien, c'était votre état... Un ancien tanneur!... Eh ben! c'est comme moi, j'aime les vieux militaires : j'ai eu un oncle capitaine, qui s'était retiré avec trente-sept ans de service et cinquante-six blessures; il avait reçu vingt-quatre coups de sabre sur la figure, et il avait le ventre cousu.

BERTRAND.

Nous en étions au moment le plus intéressant de la bataille... (*Avec emphase*), celui où les soixante bouches à feu de la Garde arrivent en faisant trembler la terre, suivies de quarante autres. — Il me dit alors : Les hussards s'élancent... Il se trompait... Je lui dis : Mais papa La Ramée, ce n'est pas les hussards qui s'élancent, c'est les cuirassiers... vous me l'avez dit hier. — Comment! les cuirassiers, s'écrie-t-il; mais (*très vite*) puisqu'il s'agissait de reprendre les hauteurs de Baumersdorf et de Neusiedel, comment les cuirassiers, qui étaient à l'aile droite, auraient-ils pu passer le Russbach et se porter sur le centre des Autrichiens qui s'étaient placés sur ces hauteurs, pour nous disputer la victoire ? Me comprenez-vous ? — Certainement, que je le comprenais.

GUIGNOL.

Eh ben ! vous avez une fière comprenette.

BERTRAND, *toujours très vite.*

Oui, lui réponds-je ; mais qu'est-ce que ça fait pour les cuirassiers ?... puisque le centre étant au milieu, il importe peu que l'aile droite ou l'aile gauche... — Il s'emporte alors.

GUIGNOL.

Il s'emporte tout seul!

BERTRAND.

Taisez-vous donc, mauvais plaisant !... Il se fâche.... — Vous me prenez pour un hâbleur, dit-il. Vous y étiez, peut-être, à la bataille de Wagram ? et moi je n'y étais pas ?... Prétendez-vous m'apprendre mon métier, mauvais pékin ? — A ce mot de pékin, la moutarde me monte au nez ; je lui riposte un peu vertement... Il m'appelle « ganache ! »

GUIGNOL, *à part.*

Pas si bête !

BERTRAND.

Je l'appelle « vieil entêté ! » Il me donne un soufflet...

GUIGNOL.

Que vous avez gardé... pour l'hiver ?

BERTRAND.

Non, non ; je le lui ai rendu... J'ai été moi-même étonné de ma vivacité. Mais, que voulez-vous ? une fois lancé... Il m'a dit : Mossieu, vous m'avez manqué.

GUIGNOL.

Vous ne l'aviez donc pas touché ?

BERTRAND.

Si bien ; mais c'est précisément parce que je l'avais touché qu'il m'a dit : Vous m'avez manqué.

GUIGNOL.

Il fallait recommencer et il n'aurait pas pu parler comme ça.

BERTRAND.

Il devint furieux et me dit que de telles insultes voulaient être lavées dans le sang ; qu'un vieux militaire ne terminerait pas autrement ses querelles. Je lui réponds que je suis aussi raffiné que lui sur le point d'honneur... J'accepte le rendez-vous, et c'est aujourd'hui à midi que nous devons nous battre.

GUIGNOL.

Eh bien! que voulez-vous de moi?

BERTRAND.

Que vous preniez ma place.

GUIGNOL.

Que je prenne votre place!... Vous voulez rire, papa. Je tiens bien autant à ma peau que vous.

BERTRAND.

Ah! ça ne risque rien.

GUIGNOL.

Eh ben! si ça ne risque rien, pourquoi y allez-vous pas? Si vous croyez que je vais me faire percer la bedaine pour vos beaux yeux!

BERTRAND.

Mon ami, je sais bien que ce n'est pas ici une question de sentiment et qu'il vous faut du positif. J'entends vous payer généreusement.

GUIGNOL.

Combien donnerez-vous donc?

BERTRAND.

Je vous donnerai cent cinquante francs.

GUIGNOL.

Allons donc, vieille lanterne!

BERTRAND.

Comment! vous m'appelez vieille lanterne; qu'entendez vous par là?

GUIGNOL.

J'entends que vous voulez vous ficher du monde... Cent cinquante francs pour aller m'aligner à votre place avec ce vieux ours blanc.

BERTRAND.

Voyons; combien voulez-vous donc?

GUIGNOL.

Ma foi, attendez!... c'est un calcul à faire... A trois ans, ma mère me disait : Te m'as déjà coûté plus de mille francs, et c'est à peine si te les vaux... Si je valais à peu près mille francs dans ce temps là, je dois bien valoir à présent pour le sûr... cinq, six sept, huit, neuf, dix mille.

BERTRAND.

Assez, assez, diable! comme vous y allez! c'est comme à la criée.

GUIGNOL.

Vous m'avez arrêté trop tôt... Je veux, sans surfaire, douze mille francs.

BERTRAND.

C'est cher... Mais, voyez-vous, je veux faire votre bonheur; je vous ai toujours aimé... je vous donnerai ce que vous me demandez.

GUIGNOL.

(*A part*). Il paraît que j'ai pas assez demandé. (*Haut*). Voyons, maintenant; comment entendez-vous me payer? Je veux des gros sous ou des billets de banque : lequel aimez-vous mieux ?

BERTRAND.

Comme vous voudrez. Pourquoi me dites-vous ça ?

GUIGNOL.

Parce que si vous avez l'intention de me payer en gros sous, c'est à condition que vous me les porterez à la Croix-Rousse... sans prendre le chemin de fer.

BERTRAND.

Dans ce cas, je préfère vous payer en billets.

GUIGNOL.

Si c'est en billets, je veux quinze mille francs.

BERTRAND.

Vous êtes bien exigeant!... qu'est-ce que cela signifie? Tout à l'heure c'était convenu à douze mille.

GUIGNOL.

Mon pauvre vieux, c'est mon dernier mot. Choisissez : douze mille francs en gros sous rendus à la Croix-Rousse, sans chemin de fer... ou quinze mille francs en billets... Pas de milieu... c'est à prendre ou à laisser.

BERTRAND.

Allons! je vous donnerai quinze mille francs en billets, c'est entendu. Je vous paierai aussitôt après le combat.

GUIGNOL.

Non, non, d'argent tout de suite;... ou sinon pas de chapotement.

BERTRAND.

Allons, venez chercher votre argent tout de suite à la maison.

GUIGNOL.

Vous paierez ben aussi une bouteille, papa... pour me donner de courage?

BERTRAND.

Certainement.

GUIGNOL, *à part.*

C'est la première fois qu'il paie quéque chose, le vieux ladre... Allons, pour quinze mille francs je me ferais ben tuer tous les jours. (*Ils sortent*).

BERTRAND, *dans la coulisse.*

Attendez-moi un instant chez moi; je descends à la cave.

GUIGNOL, *de même.*

Et surtout apportez du bon, papa... du vieux! Le Brindas me fait mal; il me gargouille dans l'estomac.

SCÈNE III.

LA RAMÉE, seul.

Enfin, je crois que je parviendrai à trouver le logis de mon homme... Ce doit être par ici... c'est bien la place qu'il m'a indiquée. Pourvu qu'il ne m'ait pas donné une fausse adresse!... Ah! ah! ce pékin me fait rire... Quelle boule il avait l'autre jour, quand il a accepté mon cartel!... Ah! pauvre vieux, si tu savais à qui tu as affaire, tu serais déjà mort de frayeur... Je ne veux pas le tuer, mais j'entends lui donner une leçon dont il se souviendra... Voyons, informons-nous de sa demeure au boulanger du coin... Ah! voici fort heureusement quelqu'un qui va me renseigner.

SCÈNE IV.

LA RAMÉE, GUIGNOL

LA RAMÉE.

Pardonnez-moi, Mossieu...

GUIGNOL.

(*A part*). Un ancien troupier! ça doit être mon homme! (*Haut*). Vous avez donc fait de sottises que vous demandez pardon?

LA RAMÉE.

Pourriez-vous m'indiquer la demeure de Mossieu Bertrand?

GUIGNOL.

Je veux pas te le dire; te m'ennuies, toi!

LA RAMÉE.

Qu'est-ce que cela! vous ne répondez pas à ma question... L'adresse de Mossieu Bertrand?

GUIGNOL, *se mettant devant lui.*

On ne passe pas.

LA RAMÉE.

Comment! on ne passe pas?

GUIGNOL.

On ne passe pas! on-ne-pas-se-pas!

LA RAMÉE.

Vraiment! c'est inconcevable!

GUIGNOL.

Ah! c'te trombine! ce pif! Mettez donc votre nez de côté, papa; il m'empêche de voir le Cheval de bronze.

LA RAMÉE, *le menaçant.*

Je ne souffrirai pas qu'on m'insulte de la sorte.

GUIGNOL.

Ne bute pas, ne bute pas... Reculez-vous donc un peu, vous m'envoyez des postillons, fermez votre portail.

LA RAMÉE.

Vous me prenez, je crois, pour un jobard, mon cher. La main me démange, et j'ai envie de vous apprendre à qui vous avez affaire.

GUIGNOL.

Tant pis, mon vieux; votre nez m'offusque, il ressemble à un éteignoir pour cierge.

LA RAMÉE.

Ah! si je n'avais pas déjà une affaire ce matin!... Encore une fois voulez-vous me laisser passer?

GUIGNOL.

Je vous ai déjà dit qu'on ne passe pas.

LA RAMÉE.

Et pourquoi cela ?

GUIGNOL.

Parce qu'on ne passe pas, vieux farceur !

LA RAMÉE.

Ah ! c'est trop fort, je n'y tiens plus. Tenez. (*Il lui donne un soufflet*).

GUIGNOL *lui donnant un coup de tête.*

Tenez, vous aussi. Vous croyez avoir affaire à une bugne (1).

LA RAMÉE.

Je m'importe peu qui vous êtes. Vous m'avez frappé ; de pareils affronts veulent du sang. Il faut nous battre sur-le-champ. Au sabre, à l'épée, au pistolet ?... Quelle est votre arme ?

GUIGNOL.

Tout ce que vous voudrez. A l'épée, à coup de groles, au tournebroche, à coup de torchon, à tout.

LA RAMÉE.

A l'épée.

GUIGNOL.

T'aimes la salade : allons chercher de fourchettes.

LA RAMÉE.

Oui, allons chercher des armes ; mais tout de suite, parce que j'ai encore une affaire à vider ce matin.

GUIGNOL.

Allons-y. (*Ils vont pour sortir*).

---

(1) A un imbécile.

LA RAMÉE.

Mossieu ! (*Ils se font des politesses*).

GUIGNOL.

Allons, passe donc, patet (1) ! (*Ils sortent et rentrent aussitôt avec des épées*).

LA RAMÉE.

En garde !

GUIGNOL.

Voyons que j'empoigne bien ma lardoire. J'y suis. (*Ils se battent*). Tiens donc ! tiens donc !

LA RAMÉE, *après un instant*.

Comment ! comment ! que faites-vous donc ? vous reculez, je crois.

GUIGNOL, *tombant*.

Ah ! le gone, il m'a crevé le bedon !

LA RAMÉE.

Allons, il a son compte ; c'est le quatrième de cette année... J'ai la main malheureuse... (*Il essuie son épée*). C'est ennuyeux tout de même de se battre comme ça, sans témoin... Mais il m'a insulté ; tant pis pour lui !... Pour prévenir les soupçons, allons nous-même chercher la garde.

---

(1) *Patet* ; lambin, tâtillon.

SCÈNE V.

GUIGNOL, *seul, se relevant.*

Ah ! grand bête ! il croyait donc que je me laisserais mettre en perce. Pas si cornichon ! Je m'en vais maintenant prendre mon épée à moi, l'épée de Guignol !... Qu'il essaye de revenir et je me charge de lui régler le compte du père Bertrand avec le mien ! (*Il sort*).

※

SCÈNE VI.

LA RAMÉE, un GENDARME, puis GUIGNOL.

LA RAMÉE.

Venez, venez, cavalier : c'est ici tout près que j'ai vu un homme mort. Il nous faudra l'emporter à la Morgue, jusqu'à ce qu'on le réclame... Il n'y a plus personne !... Ne voyez-vous donc rien, cavalier ?

LE GENDARME.

Du tout, je ne vois rien.

LA RAMÉE.

Probablement que ce malheureux aura été emporté par une patrouille : nous sommes venus trop tard. (*Guignol donne un coup de bâton au gendarme qui s'enfuit ; puis il frappe La Ramée qui tombe.*)

GUIGNOL, *roulant la Ramée avec le bâton.*

Eh ben! cette fois, pauvre vieux, t'en a assez... Que dis-tu de cette pointiselle (1) ? Faut convenir que si t'es fort à l'épée, te n'entends rien au bâton... Mais qu'en faire à présent ?... Je vais boire un coup chez le père Chibroc et je reviens tout de suite... Je le porterai en Saône. (*Il sort*).

SCÈNE VII.

LA RAMÉE, *seul, se relevant.*

Ah! sapristi, je crois qu'il m'est tombé une cheminée sur la tête... Cependant il m'a semblé que c'étaient des coups de bâton... Est-ce que ce pékin se serait joué de moi ?... Ça ne peut pas se passer comme ça... j'aurais cette affaire là sur le cœur jusqu'au dernier de mes jours... Le drôle a dit, je crois, que je n'entends rien au bâton : je lui montrerai mon savoir... et dussé-je le chercher jusqu'au fond des enfers ! .. (*Il sort*).

---

(1) La *pointiselle* est une pièce de bois du métier de tisseur.

SCÈNE VIII.

BERTRAND, *seul, arrivant.*

Je suis dans une inquiétude mortelle. Guignol a-t-il rencontré ce vieux ferrailleur? J'étais allé jusqu'aux portes de Trion pour ne pas me trouver dans le premier moment entre l'enclume et le marteau; mais je ne puis pas rester dans cette incertitude... Que sont-ils devenus?

SCÈNE IX.

BERTRAND, GUIGNOL, puis LA RAMÉE.

GUIGNOL, *entrant et frappant sur Bertrand qu'il prend pour la Ramée.*

Ah! vieux féroce, te n'es pas mort!... Tiens! tiens!

LA RAMÉE *entrant et frappant avec un bâton sur Bertrand qu'il prend pour Guignol.*

Ah! scélérat, je t'apprendrai si je ne suis pas fort au bâton; tiens! tiens! tiens!

BERTRAND.

Au secours! au secours! je suis mort.

LA RAMÉE.

Comment! c'est vous, Mossieu Bertrand? Pardon, je me trompe.

BERTRAND.

La Ramée!... je suis perdu.

GUIGNOL.

Comment! c'est vous, papa Bertrand? Pardon, je me trompe.

BERTRAND *à Guignol.*

Voilà comme vous tenez vos engagements ?

GUIGNOL.

Je les ai ben tenus, vos engagements, puisque je me suis fait tuer tout à l'heure.

BERTRAND.

Oui, vous vous êtes fait tuer, et vous n'êtes pas mort !

LA RAMÉE.

Comment ! comment ! En effet, Mossieu, vous devriez être mort : vous l'étiez tout à l'heure.

GUIGNOL.

Et vous aussi, papa !

LA RAMÉE.

Tout cela me paraît louche.

GUIGNOL.

Voyons ! ça serait trop long à vous expliquer. Mais il me semble que tout peut s'arranger. L'honneur est satisfait.

LA RAMÉE.

Vous plaisantez, morbleu !

GUIGNOL.

Fâchez pas, papa !... Moi, vous m'avez passé votre latte au travers du corps : que voulez-vous de plus ? Les Français sont pas des Cosaques. L'honneur est satisfait.

LA RAMÉE

Mais ces coups de bâton que j'ai reçus ; ils sont postérieurs.

GUIGNOL.

Vous venez de les repasser au père Bertrand. L'honneur est satisfait.

LA RAMÉE.

Mais ma querelle avec Mossieu Bertrand ?

GUIGNOL.

Il en a ben assez reçu, le pauvre vieux ! Il a reçu des deux mains, de la mienne et de la vôtre. L'honneur est satisfait.

BERTRAND.

Eh ben ! et moi ?

GUIGNOL.

Eh ben ! je me suis battu pour vous. N'est-ce pas ce qui était convenu ?

BERTRAND.

Et mes coups de bâton ! étaient-ils convenus ?

GUIGNOL.

Que voulez-vous ? C'est par-dessus le marché ; ils n'étaient pas pour vous. C'était un solde de règlement entre Mossieu et moi : c'est vous qui avez reçu le solde. L'honneur est satisfait !

TOUS.

Oui, oui, l'honneur est satisfait !

BERTRAND.

C'est égal, je regrette mon argent.

GUIGNOL.

Nom d'un rat, je l'ai bien gagné. Puis, il ne sera pas tout perdu pour vous, papa. Pour mettre le bouquet à notre réconciliation, faut aller déjeuner tous ensemble, et c'est moi qui paie !... un fricot chenu !

BERTRAND.

Accepté!... nous trinquerons en braves.

LA RAMÉE.

Accepté!... Et le verre en main je vous conterai la bataille de Wagram.

GUIGNOL, *au public.*

AIR de *La la itou.*

L'honneur est satisfait!
Mais nous ne serions pas gais.
Si vous ne disiez ici
Que vous êtes satisfaits aussi.
La itou, la la itou....

Chœur.

FIN DU DUEL.

LE MARCHAND DE VEAUX

PIÈCE EN UN ACTE

LE MARCHAND DE VEAUX

PIÈCE EN UN ACTE

GUIGNOL, jeune paysan.
GNAFRON, savetier.
MADELON, sa fille.
ANDRÉ, boucher.

M. TOUTOU, médecin.
Mme BONNESAUCE, aubergiste.
BUTAVANT, avocat de village.
LE BAILLI.

Un village : la maison de Guignol à la droite du spectateur, une autre maison à gauche.

SCÈNE PREMIÈRE

GNAFRON, *seul*.

Je viens voir si Chignol est toujours dans l'intention d'épousassasser ma fille Madelon... Ce n'est pas que les prétendants manquent... y a sur les rangs Gaspard le récureur de puits, et Guillaume le chaudronnier... mais Chignol me convient, et à Madelon aussi... Seulement y a une condition : j'ai promis à ma défunte que celui à qui que je marierais ma fille, il faudrait qu'il eusse trois louis vaillants... Je l'ai juré à c'te pauvre femme... et comme nous nous sommes disputés tant qu'elle a vécu, c'est ben juste que je fasse ses volontés t'après sa mort... Chignol aura-t-il les trois louis?... Tant pire... il faut qu'il les aye, si il veut avoir ma fille... Appelons-le... et parlons-lui avec dignité. *(Il frappe).* M'sieu Guignol, M'sieu Guignol!

❋

SCÈNE II.

GUIGNOL, GNAFRON.

GUIGNOL, *de l'intérieur.*

On y va! on y va! *(Il entre).* Ah! le père Gnafron! Bonjour, mon vieux; comment ça va-t'aujourd'hui? T'es-tu arrosé le gigier ce matin?

GNAFRON.

Qu'est-ce que c'est que ces manières de parler t'incongrues? Est-ce ainsi qu'on s'exprime avec le père d'une jeune demoiselle qu'on veut z'épousasser?

GUIGNOL.

(A part). Il a l'air tout badiné aujourd'hui! Qué qu'y a donc? *(Haut).* Mossieu de Gnafron... *(A part).* Je le gratte... *(Haut).* Comment se porte votre respectable binette?

GNAFRON.

Voilà qui est mieux. Je viens savoir, M'sieu Guignol, si vous êtes toujours dans les intentions de lier votre existence z'avec ma fille; faites-moi t'une réponse catégorlique.

GUIGNOL.

Certainement, Mossieu de Gnafron. Je demande qu'à me marier z'avec elle.

GNAFRON.

Croyez, M'sieu Guignol, que je suis t'honoré z'et fier de voir z'entrer dans ma famille un gendre tel que vous... Mais vous savez les conditions?

GUIGNOL.

Ah! y a des conditions?

GNAFRON.

Y en a !... J'ai promis t'à mon épouse que l'époux de ma fille possèdasserait trois louis d'or... les avez-vous ?

GUIGNOL.

Je les ai pas... Mais, vous le savez, j'ai une maison, j'ai une vache et un veau.

GNAFRON.

Je m'importe peu de tout ça... je veux trois louis... c'est ce que j'ai promis t'à mon épouse.

GUIGNOL.

Et où veux-tu que je les prenne ?

GNAFRON.

Vends ta maison, ta vache ou ton veau.

GUIGNOL.

Si je vends ma maison, ousque je coucherai après ?... Je peux pas vendre mon veau non plus, il a que deux jours.

GNAFRON.

Eh ben, vends a vache.

GUIGNOL, *tristement*.

C'est bon, on vendra la vache, quoi !

GNAFRON.

C'est z'entendu. *(Fausse sortie)*. Ah ! je réfléchis. Je veux pas que te vendes ta vache. V'là l'été, je veux que te me fasses manger des fromages de chèvre.

GUIGNOL.

Faits avec le lait de ma vache.

GNAFRON.

L'industrie fait tous les jours des progrès... Vends le veau.. Adieu, dans t'un quart d'heure je viens chercher la réponse *(Il sort)*.

GUIGNOL, *seul*

Allons, j'aime mieux ça... ça me chagrinait de vendre ma vache, c'te pauvre bardelle (1)... Je vas lui donner une poignée de trèfle *(Il sort)*.

SCÈNE III.

ANDRÉ, puis GUIGNOL.

ANDRÉ, *dans la coulisse.*

Attention, Carabi, garde la carriole. (*Il entre*). On m'a dit que Guignol avait un veau à vendre. Mes pratiques m'en demandent; et ils sont d'un rare dans ce pays !... Je crois bien que sa maison est de ce côté... Ah ! le voici !

GUIGNOL, *entrant.*

Ah ! c'est vous, papa André. Bonjour, comment va le commerce ?

ANDRÉ.

Bien, mon garçon; la viande se vend encore, mais l'argent est rare... Et toi, comment vas-tu ?

GUIGNOL.

Pas mal, M'sieu André... Et vous venez dans le pays pour acheter quéque chose ?

ANDRÉ.

Moi ! du tout !... j'ai ce qui me faut. Est-ce que tu as quelque chose à vendre ?

GUIGNOL.

Moi, du tout.

ANDRÉ.

Je viens voir des amis... Veux-tu prendre un verre de vin, là, chez le père Michaud ?

GUIGNOL.

Non, merci, je suis pas en train ce matin.

---

(1) *Bardelle*; nom que les payans de notre contrée donnent à une vache dont la robe est de plusieurs couleurs.

ANDRÉ.

Avec ça... ce n'est pas que si tu avais quelque chose à vendre, on pourrait tout de même s'arranger... On m'a sifflé aux oreilles que tu avais un veau.

GUIGNOL.

(*A part*). Ah! te voilà donc, farceur! (*Haut*). C'est vrai, papa André.

ANDRÉ.

Tu ne voudrais pas le vendre?

GUIGNOL.

Non, j'y tiens; je veux en faire un élève. C'est une belle petite génisse; dans quatre ans, ça sera un bœuf superbe.

ANDRÉ.

Tu veux rire; c'est une génisse et tu veux en faire un bœuf.

GUIGNOL.

Avec ça que vous vous gênez, papa André, pour débiter des bœufs qui ont fait la provision de lait de tout le village.

ANDRÉ.

Ça, c'est mon affaire. Voyons, fais-moi voir l'animal.

GUIGNOL.

Par ici!

ANDRÉ.

Marche devant. (*Ils entrent chez Guignol. — On entend les mugissements de la vache et sa clochette*).

ANDRÉ, *en dedans*.

Ah ça! où donc qu'il est ton veau?

GUIGNOL, *de même*.

Il est là, à côté de sa maman.

ANDRÉ, *de même*.

Sapristi! qu'il est chétif, ton coco! Il n'a que la peau. (*Ils rentrent en scène*).

GUIGNOL, *froidement*.

Il est comme ça. (*A part*). Te débines ma marchandise, te la paieras plus cher que te ne crois.

ANDRÉ.

Voyons, ne nous fâchons pas. Combien que t'en veux de ce maigrelet?

GUIGNOL.

J'en veux trois louis.

ANDRÉ.

Tu t'amuses; c'est pas un prix, ça. J'en donne un louis et demi.

GUIGNOL.

Trois louis tout ronds.

ANDRÉ.

T'es donc tout d'un mot?

GUIGNOL.

Tout d'un mot, mon pauvre vieux.

ANDRÉ.

Allons, puisque t'es rebarbaratif comme ça, voilà un louis pour arrhes. Je vais jusques chez Michaud... En revenant je te donnerai le surplus. A revoir! (*Il sort, et on l'entend crier*): Allons, Carabi, mon vieux, mettons-nous en route!

GUIGNOL, *seul*.

Nom d'un rat! V'là mes trois louis trouvés. Je vais donner triple ration de trèfle à ma vache. (*Il sort*).

SCÈNE IV.

M. TOUTOU, puis GUIGNOL.

TOUTOU, *seul*.

L'académie des sciences vient de faire un rapport superbe sur un sirop nouvellement découvert... qui guérit toutes les maladies... le sirop de mou de veau... Je suis seul médecin dans ce pays.,. Il faut que je me hâte de mettre à profit cette belle découverte... Malheureusement, le veau est très rare... Je sais bien qu'il y en a un chez Guignol... un de mes anciens malades... Mais voudra-t-il le vendre?... Allons, corbleu! qui ne hasarde rien n'a rien. (*Il frappe*). Monsieur Guignol!

GUIGNOL, *entrant*.

Ah! c'est vous, M'sieu Tuetout!

TOUTOU.

Monsieur Guignol, je ne me nomme pas Tuetout, mais Toutou.

GUIGNOL.

Allons! on peut bien vous appeler Tuetout au moins c'te année... Ils y ont tous passé, vos malades... Y en a ben eu une soixantaine.

TOUTOU.

J'en ai sauvé six.

GUIGNOL.

Y a pas de quoi crier bien fort.

TOUTOU.

Vous êtes un ingrat, car vous êtes des six; je vous ai bien tiré de votre fièvre.

GUIGNOL.

C'est-à-dire que c'est moi que je me suis tiré de vos griffes... Ah! vous y alliez joliment : diète absolue, quarante ventouses et vingt-quatre sangsues... Si j'avais pas eu le voisin qui m'a apporté une bonne soupe aux choux et un bon troc de lard... y a ben longtemps que je serais dans la grande guérite.

TOUTOU.

Je ne viens pas vous demander le prix de mes visites.

GUIGNOL.

Que me voulez-vous donc, aimable docteur?

TOUTOU.

Voici ce que c'est : vous avez un veau, n'est-ce pas ?... Voulez-vous me le vendre ?

GUIGNOL.

(A part). Un médecin qui achète un veau ! que diantre veut-il en faire ? (Haut). Oui, Monsieur, j'ai-t-un veau ; mais j'en veux un bon prix.

TOUTOU.

Nous nous entendrons bièn. Peut-on voir l'animal ?

GUIGNOL.

Oui, oui, venez. (Ils entrent chez Guignol ; on entend la vache et sa sonnette).

TOUTOU, en dedans.

Il a de belles cornes votre veau, il est d'une belle venue.

GUIGNOL, de même.

Mais vous vous trompez, papa ; c'est la mère que vous arregardez... v'là le gone.

TOUTOU, de même.

Saperlotte ! il n'est pas gros.

GUIGNOL, de même.

Il a de la peau de reste. (Ils rentrent).

TOUTOU.

Je le prends tout de même. Combien voulez-vous de cette haridelle ?

GUIGNOL.

Il est si petit ! vous m'en donnerez seulement quatre louis.

TOUTOU.

Oh ! c'est trop cher. Trois louis, cela vous va-t-il ?

GUIGNOL.

A moins de quatre louis, il ne quitte pas ses appartements.

TOUTOU.

Tenez, Monsieur Guignol ; voici trois louis. Dans un quart d'heure j'enverrai Baptiste vous porter l'autre et il emmènera le veau ! Ah ! je suis enchanté de mon marché. Voyez, Monsieur Guignol, vous m'auriez demandé vingt-cinq louis de votre veau que je vous les aurais donnés... C'est un trésor pour moi... Je vais fabriquer du sirop de mou de veau... Je tirerai, je l'espère, de votre animal vingt-cinq mille topettes à vingt-cinq francs. Je vous en vendrai dix, vingt, si vous voulez... Ma fortune est faite... Au revoir, Monsieur Guignol. (*Il sort*).

GUIGNOL, *l'appelant*.

Eh ! Docteur ! Non, vrai, venez donc, je ne vends pas mon veau !... Tenez, voilà votre argent... Ah ! bah ! y ne m'entend plus. Me voilà bien monté ; j'ai vendu mon trésor... Allons ! j'ai déjà quatre louis ; mon mariage est fait. (*Il entre chez lui*).

SCÈNE V.

Mme BONNESAUCE, puis GUIGNOL

Mme BONNESAUCE, *dans la coulisse*.

Merci, merci, je trouverai bien. Une maison d'un étage, vous dites... c'est très bien... Monsieur Guignol... je comprends. (*Elle entre*). Je crois que m'y voici... frappons. (*Elle frappe*). Holà ! quelqu'un ?

GUIGNOL, *entrant*.

Présent ! Ah ! c'est du beau sexe !... C'est vous, Madame, qui avez chapoté chez moi ? Qu'y a-t-il pour votre service ?

Mme BONNESAUCE.

Monsieur, je m'appelle Madame Bonnesauce ; je suis restauratrice.

GUIGNOL.

Je comprends, vous tenez une gargote, vous êtes restaurateuse.

Mme BONNESAUCE.

Oui, Monsieur, restauratrice. Je tiens un restaurant fort bien achalandé à Vernaison, à l'enseigne du *Chavasson d'argent*... Aujourd'hui je suis dans tous mes embarras. J'ai une fort jolie noce, quatre-vingt-dix couverts... Ils m'ont recommandé de leur faire manger du veau, et je veux en acheter un entier pour le leur faire servir à toutes les sauces... On m'a dit que vous en aviez un à vendre... Nous pouvons faire affaire ensemble, si vous êtes raisonnable.

GUIGNOL, *à part*.

(*A part*). Bon! je l'ai déjà vendu à deux... Mais au fait, si elle m'en donnait plus que les autres!... Il paraît que le veau est très-recherché aujourd'hui... (*Haut*). Mais, tout de même, Madame: si vous voulez me suivre, je vais vous faire voir l'animal. (*Ils entrent chez Guignol : on entend la vache et sa sonnette*).

GUIGNOL, *dans l'intérieur*.

Prenez garde au gaillot (1) ; et surtout ne mettez pas le pied dans ma marmite.

Mme BONNESAUCE, *de même*.

(*Poussant un cri*). Ah! qu'est-ce que je vois là... Chassez donc ce gros chat rouge ; il me fait peur.

GUIGNOL, *de même*.

Mais, madame, c'est mon veau.

Mme BONNESAUCE, *de même*.

Comment, ce maigrillon-là, c'est votre veau ; il entrera tout entier dans une casserole (*Ils rentrent*).

GUIGNOL, *froidement*.

Il est comme ça, Madame.

Mme BONNESAUCE.

Le prix fait tout. Combien en voulez-vous ?

---

(1) *Gaillot*, bourbier, flaque d'eau.

GUIGNOL.

Parce que c'est vous, Madame, ça sera cinq louis.

Mme BONNESAUCE, *riant*.

Ah! ah! Monsieur, vous plaisantez. N'est-ce pas que vous me trouvez l'air un peu jeune, l'air innocentin ?

GUIGNOL.

Mais, pas du tout, Madame... (*A part*). Elle a l'air d'avoir fait la campagne de Moscou.

Mme BONNESAUCE.

Allons, je suis pressée : dites-moi votre dernier mot.

GUIGNOL.

Cinq louis, Madame; à un sou de moins y ne sort pas de sa chambre garnite.

Mme BONNESAUCE.

Ah! ah! vous êtes un farceur; vous me plaisez. Vous me rappelez mon premier mari, qui était tambour-major dans la Grande armée. Voici deux louis que je vous donne à-compte. Je vais achever mes emplettes... En repassant, je vous apporte les trois autres, et j'emmène cet insecte... Adieu, Monsieur Guignol, à une autre fois. (*Elle sort*).

SCÈNE VI.

GUIGNOL, *seul*.

Adieu, Madame... V'là mon veau vendu à trois personnes tout d'même. Comment me tirer de là ?... Mais, j'y pense, y a ici un vieux qui prête à la petite semaine et qui donne des conseils... Il connaît tous les plans... Je vais me faire donner une consulte. (*Il frappe à gauche*). M'sieu Butavant !

SCÈNE VII.

GUIGNOL, BUTAVANT.

BUTAVANT.

Qu'y a-t-il pour votre service ?

GUIGNOL.

M'sieu Butavant, je viens vous demander une consulte... une consulte de six francs.

BUTAVANT.

Expliquez-moi votre affaire.

GUIGNOL.

Voilà ce que c'est. J'avais un veau, M'sieu ; je l'ai vendu.

BUTAVANT.

On ne vous a pas payé ?

GUIGNOL.

Ce n'est pas ça... C'est que je l'ai vendu à trois personnes.

BUTAVANT.

Différentes ?

GUIGNOL.

Différentes.

BUTAVANT.

Peste ! vous vous êtes mis là dans de vilains draps.

GUIGNOL.

Mes draps sont pas plus vilains que les vôtres ; ils sont en carlicot tout neuf.

BUTAVANT.

Je veux dire que vous vous êtes exposé à un fort mauvais procès, en vendant votre veau à trois personnes différentes.

GUIGNOL.

C'est bien pour ça que je viens vous trouver. Je voudrais garder le veau...

BUTAVANT.

Et l'argent ? (*Guignol fait un signe affirmatif*). Peste ! ce n'est pas là une consultation de six francs, ça vaut douze francs.

GUIGNOL.

Je donne dix francs.

BUTAVANT.

Impossible... douze.

GUIGNOL.

Eh ben, va pour douze francs !

BUTAVANT.

Laissez-moi réfléchir. (*Il met sa tête dans ses mains*). J'ai votre affaire. Lorsque les personnes à qui vous avez vendu votre veau reviendront, vous ne leur répondrez pas une parole, vous ne ferez que ce geste et ce bruit. (*Il siffle en passant sa main devant sa bouche*). Fui ! fui !

GUIGNOL.

Rien que ça ? (*Il imite le geste et le sifflement*). Fui ! fui !

BUTAVANT.

On vous prendra pour un fou et tout sera fini... Donnez-moi mes douze francs.

GUIGNOL.

Tout à l'heure, quand j'aurai gagné.

BUTAVANT.

Comme il vous plaira. Je vais examiner cette scène de mon balcon, et je m'en vais bien rire... ah ! ah ! (*Il sort en riant*).

GUIGNOL.

Il vient de me donner un bon plan, le vieux coquin. (*Apercevant André*). Aïe, aïe, aïe, voilà le boucher.

SCÈNE VIII.

GUIGNOL, ANDRÉ.

ANDRÉ, *dans la coulisse.*

Attention, Carabi, garde la voiture ! (*Entrant*). Bonjour, maître Guignol, je viens prendre mon veau.

GUIGNOL, *avec le geste et le sifflement indiqués,*

Fui ! fui ! fui ! fui !

ANDRÉ.

(*A part*). Qu'est-ce qu'il a donc ? (*Haut*). Je viens chercher mon veau. (*Même jeu de Guignol*). Ah mais ? ça finit par m'ennuyer... Si vous avez changé d'idée, eh ben ! c'est pas joli... mais ça m'est égal... Rendez-moi mon louis, et il n'y a rien de fait. (*Même jeu de Guignol*). Ah ! c'est comme ça... ni l'un ni l'autre ?... petite canaille ! je vais trouver Monsieur le Bailli et nous allons voir. (*Il sort.* — *Guignol l'accompagne avec le même jeu*).

GUIGNOL.

En voilà un d'expédié... Ah ! le médecin à présent !

✥

SCÈNE IX.

GUIGNOL, M. TOUTOU.

TOUTOU.

Ces domestiques sont insupportables ! Baptiste est sorti, et je ne puis pas attendre... Je suis impatient d'avoir ce veau et de commencer mes distillations. (*Apercevant Guignol*). Ah ! Monsieur Guignol, mon domestique est absent. Je vous prie de conduire mon veau chez moi ; je vous donnerai cinq francs pour votre peine. (*Même jeu de Guignol*). Hein ! plaît-il ? qu'est-ce que cela veut dire ? Je vous demande mon veau. (*Même jeu*). Vous ne voulez plus me le vendre peut-être ?... Eh bien, rendez-moi !

mes arrhes.(*Même jeu*). Ah! c'est ainsi! je vais porter ma plainte à Monsieur le Bailli, petit fripon!(*Il sort*).

GUIGNOL.

Deux d'entortillés!... Oh! voilà la maman.

SCÈNE X.

GUIGNOL, Mme BONNESAUCE.

Mme BONNESAUCE.

Mon cher Monsieur Guignol, je viens chercher le petit animal; est-il prêt? (*Même jeu de Guignol*). Hein! plaît-il? vous sifflez! vous avez perdu un chien?... ça me contrarie pour vous... Mais donnez-moi vite mon veau, je suis très pressée. (*Même jeu de Guignol*). Que signifie cette mauvaise plaisanterie? Donnez-moi mon veau ou rendez-moi mon argent. (*Même jeu*). Mais c'est une abomination, c'est un vol! Je vais trouver Monsieur le Bailli, et il me rendra justice, petit scélérat! (*Elle sort*).

GUIGNOL.

Et de trois! C'est pas sans peine; je peux plus siffler... Aïe! aïe! qu'est-ce qui vient de ce côté? Ils reviennent tous avec le Bailli... Un petit m'ment! (*Il sort*).

SCÈNE XI.

LE BAILLI, ANDRÉ, TOUTOU, Mme BONNESAUCE, puis GUIGNOL.

Le Bailli est entouré d'André, de Toutou et de Mme Bonnesauce qui lui parlent tous à la fois.

LE BAILLI.

Silence! sapristi! Parlez les uns après les autres... Je n'y comprends rien. (*A André*). Voyons, vous qui êtes venu le premier, que m'avez-vous dit?

ANDRÉ.

Je lui ai donné un louis d'arrhes.

TOUTOU.

Mais, Monsieur le Bailli, permettez-moi de vous expliquer...

Mme BONNESAUCE.

On n'a donc point d'égards pour le beau sexe... Je lui ai donné...

TOUTOU.

Laissez-moi donc parler...

ANDRÉ.

Mais, sapristi ! mon tour est bien venu.

LE BAILLI, *s'adressant tantôt à l'un, tantôt à l'autre.*

Silence ! mes oreilles sont cassées... Voyons, docteur, expliquez-vous posément. (*Ils recommencent à crier et à s'interrompre*). Silence ! le premier qui parle, je le mets hors de cause. (*A Guignol qui est venu se placer silencieusement près de la bande*). Monsieur Guignol, qu'avez-vous à répondre à ces réclamants ?

TOUTOU, ANDRÉ, Mme BONNESAUCE.

Oui, qu'as-tu à répondre, scélérat, canaille, fripon ? (*Guignol répond avec le geste et le sifflement indiqués*).

LE BAILLI.

Heim ! (*Même jeu*). Que dites-vous ? (*Même jeu*). Cet homme est fou, vous le voyez bien. On ne traite pas avec un aliéné... Vous êtes dans votre tort. Arrangez-vous comme vous pourrez. Je me retire.

TOUTOU, ANDRÉ, Mme BONNESAUCE.

Mais, Monsieur le Bailli, Monsieur le Bailli...

LE BAILLI.

(*A part*). C'est égal, cette affaire-là n'est pas claire ; je reviendrai. (*Haut à André. etc.*) Laissez-moi tranquille, vous êtes dans votre tort. (*Il sort*).

ANDRÉ, TOUTOU, Mme BONNESAUCE.

Monsieur le Bailli, Monsieur le Bailli. (*A Guignol*). Scélérat ! canaille ! (*Guignol, qui a pris un bâton, les bat et les chasse. Ils sortent en criant. Guignol rit*).

SCÈNE XII.

GUIGNOL, BUTAVANT.

BUTAVANT *arrive en riant*.

Ah ! ah ! ah ! Eh bien ! Monsieur Guignol, vous le voyez, mon conseil a parfaitement réussi ; je viens chercher mes douze francs.

GUIGNOL.

Ah ! vos douze... (*Il s'arrête et siffle avec le geste indiqué*). (1)

BUTAVANT.

Non, Monsieur Guignol, il n'y a plus personne ici... vous n'avez rien à craindre... vous pouvez parler... donnez-moi mes douze francs. (*Même jeu de Guignol*). Ah ! c'est comme ça que vous agissez ; vous viendrez une autre fois me demander des conseils !... (*Furieux*). Je vous croyais plus honnête que cela... Canaille !...

GUIGNOL, *lui donnant un coup de tête*.

Allez donc vous plaindre à M'sieu le Bailli.

---

(1) Dans cette scène et les cinq précédentes, le souvenir de la *Farce de Patelin* est manifeste.

SCÈNE XIII.

Les Mêmes, le BAILLI *qui est entré vers la fin de la scène précédente avec les trois plaignants.*

LE BAILLI.

J'ai tout entendu, Monsieur Butavant... Vous donnez des conseils pour tromper autrui, et vous ne voulez pas qu'on vous trompe ?... Un bon marchand doit faire lui-même l'essai de sa marchandise... C'est par vos fraudes que ces gens-là ont été dupés... Vous leur rembourserez l'argent qu'ils ont avancé à Guignol.

ANDRÉ.

Justement il m'a prêté l'autre jour une petite somme à douze pour cent par mois. Je me retiendrai mon louis.

TOUTOU.

Moi, je lui ai emprunté quelque argent pour ma fabrication de sirop de mou de veau, à cinq pour cent par semaine. Je me retiendrai mes trois louis.

Mme BONNESAUCE.

Et moi, je suis sa débitrice à un pour cent par jour. Je me retiendrai mes deux louis.

LE BAILLI.

Je vous y autorise... Vous entendez, Monsieur le donneur de conseils !... Et j'espère que vous modèrerez un peu ces petits intérêts-là... sinon j'y mettrai ordre... Quant à toi, Guignol, qui as reçu l'argent, tu en as besoin pour ta noce; mais tu le rembourseras à Monsieur Butavant. Tu lui feras un billet payable dans quinze ans, sans intérêts... Et que je ne te reprenne pas à faire un semblable commerce !

TOUS, *moins Butavant.*

Bien jugé ! bien jugé ! (*Ils sortent*).

GUIGNOL, *seul, à la cantonnade.*

Merci, M'sieu le Bailli ; soyez tranquille, on ne m'y rattrapera plus.

SCÈNE XIV.

GUIGNOL, GNAFRON, MADELON.

GNAFRON, *à Madelon qui pleure.*

Tais-toi, Madelon ; tais-toi, te vas savoir ton sort. (*A Guignol*). Mossieu Chignol, je viens voir si les conditions sont remplites.

MADELON.

M'sieu Guignol, faut-y rire ? faut-y pleurer ?

GUIGNOL.

Riez, riez, Mamz'elle.

MADELON.

Alors je ris, je ris !

GNAFRON.

T'as les trois louis, mon vieux ?

GUIGNOL.

J'en ai six ; et j'ai ma maison, ma vache et mon veau.

GNAFRON.

Ah ! Chignol, t'es bien le gendre qu'il me fallait ; y a toujours de quoi licher avec toi.

GUIGNOL.

A quand la noce ? dans quinze jours ?

GNAFRON.

Non... Nous allons la commencer tout de suite... Nous la finirons dans quinze jours. (*Ils sortent en dansant et en chantant*).

FIN DU MARCHAND DE VEAUX.

UN DENTISTE

FANTAISIE EN UN ACTE

UN DENTISTE

FANTAISIE EN UN ACTE

GUIGNOL, tailleur.
GNAFRON, savetier.
M. CASSANDRE.

ARTHUR, son neveu.
CADET, } Amis de Guignol et
TITI, } de Gnafron.

Une place publique.

SCÈNE PREMIÈRE.

GUIGNOL, *seul.*

Toujours pas de chance, nom d'un rat ? je viens de rendre trois culottes, que j'y ai mis des fonds, et une veste que j'y ai mis un coude. Ça faisait quatre francs sept sous, que j'y comptais pour aujourd'hui... Pst ! on m'a remis à trois semaines... Me v'là joliment pané !... Les deux côtés de mon gousset sont collés, et mon ventre aussi... Et justement moi qui invite pour aujourd'hui le père Gnafron à déjeuner; je comptais sur ces quatre francs sept sous. Il va-t-être content, lui qu'a un appétit de cheval et qu'avalerait bien un bœuf tout entier... Si lui aussi on l'a renvoyé à trois semaines, nous allons faire un déjeuner chenu... Ah? je l'entends, il chante... Oui, chante, merle!... y a gras.

SCÈNE II.

GUIGNOL, GNAFRON.

Gnafron entre en chantant : Vive le vin ! vive ce jus divin ! *etc.*
Guignol continue l'air. Ils font des traits et finissent par un grand éclat de voix en désaccord.

GUIGNOL.

Père Gnafron, nous avons manqué notre vocation. Nous avons de vrais organes pour chanter des opéraux.

GNAFRON.

C'est vrai, Chignol, te ferais un joli ténor léger ; et moi avec ma basse-taille, je te soutiendrais par dernier. (*Ils massacrent un duo d'opéra*).

GUIGNOL.

Ça sera superbe; nous sommes taillés pour le chant.

GNAFRON.

Ah ça ! dis donc ! est-ce que t'aimes à chanter avec le ventre vide, toi ? Le gigot est-il cuit ?

GUIGNOL.

Il n'est pas sur le feu... Il n'y a rien à fricoter, mon pauvre vieux.

GNAFRON.

Comment ?... et te m'avais invité à déjeuner.

GUIGNOL.

C'est vrai, mais y a un inconvénient.

GNAFRON.

C'est pas le manque d'appétit, pour le sûr?

GUIGNOL.

Vois-tu; je viens de rendre trois culottes, que j'y avais mis des fonds, et une veste, que j'y avais mis un coude. Ça faisait quatre francs sept sous. Personne n'a lâché les escalins.

GNAFRON.

Il ne fallait pas leur faire crédit, bêtard!

GUIGNOL.

L'ouvrage était faite, je l'ai rendue; ils m'ont tous remis à trois semaines... je pouvais pas remporter mes culottes.

GNAFRON.

Pardi! il fallait leur dire que ton ventre peut pas se remettre à trois semaines.

GUIGNOL.

Mais y a, par exemple, une pauvre veuve qu'avait envoyé quinze francs à un de ses garçons qu'est soldat au régiment... Il faut ben avoir compassion du monde.

GNAFRON.

Et s'il est soldat, il est plus heureux que nous; il a toujours du pain sur la planche.

GUIGNOL.

Il lui faut ben quéques sous pour se mettre une goutte de nequetar dans la corniôle.

GNAFRON.

Et moi qui ai une faim de Croquemitaine... J'ai fait affûter mon couteau, et, pour me mettre en appétit, j'ai avalé ce matin trois verres de vermouth.

GUIGNOL.

Ça doit t'avoir creusé.

GNAFRON.

Et te n'as pas le sou?

GUIGNOL.

Ah! ouich! je peux ben faire l'arbre fourchu, sans crainte de perdre ma monnaie.... Et toi, pourquoi paierais-tu pas à déjeuner ?

GNAFRON.

Pourquoi ? c'est que je suis comme toi. Nos goussets se ressemblent comme deux frères bessons... J'ai ben rendu hier quatre paires de groles qu'on m'avait données à ressemeler, mais personne m'a pôné de pécuniaux... Ah! vois-tu, c'est pas le Pérou que d'être cordonnier en vieux !... Nos parents ont bien eu tort; ils nous ont pas donné des bons états.

GUIGNOL.

T'as raison, la saveterie et la tailleuserie, ça donne pas gros à boire... Il nous faudrait pouvoir trouver un autre état.

GNAFRON.

C'est ça, un état où y ait rien à faire.

GUIGNOL.

Comme te connais bien mon tempérament !

GNAFRON.

Ah! si j'avais une vigne, v'là un bon état !... si j'avais une vigne, j'en aurais soin comme d'un enfant !... C'est le vin qui nous rend le cœur gai, c'est le vin qui nous soutient.

GUIGNOL.

Et l'autre jour, te t'es phostographié dans la crotte parce que t'en avais trop bu !

GNAFRON.

C'est pas parce que j'en avais trop bu, mais parce qu'il était drogué... Ah! si je les tenais ceux qui droguent le vin... scélérats! je leur ferais passer un mauvais quart d'heure. Droguer le vin ! ce rayon de soleil qui dore nos cheveux blancs, qui colore notre nez et nos rêves !... brigands !... Y avait de l'eau dedans l'autre jour ; et l'eau, ça me dérange... Quand y a que la graine pure, je trempalle même pas... Mais mon ventre crie comme un sourd. Dis donc, as-tu rien à mettre au Mont-de-Piété ?

GUIGNOL.

Ah bah ! tout y a déjà passé... mets-y ton ventre au Mont-de-Piété.

GNAFRON.

On me prêterait rien sur cette caisse d'horloge. Elle est arrête pour le moment, elle a besoin d'être graissée.

GUIGNOL.

Mais est-ce que te trouverais pas crédit quéque part ?

GNAFRON.

Le crédit, nous l'avons brûlé.

GUIGNOL.

Je pense ben ; je peux plus trouver à faire de dettes... Te m'en as trop fait faire.

GNAFRON.

Avec les débitants d'aujourd'hui y a pas moyen de vivre. On vous fait ben crédit pour quarante sous, trois francs, on va ben jusqu'à cinq francs ; mais pas plus loin... Et encore on a l'air de vous regarder de travers, quand on entre dans la boutique... Je m'engraisserais comme un lard, si je trouvais un bon état.

GUIGNOL.

Oui, mais il s'agit de le trouver... Voyons, père Gnafron, toi qu'as pas mal roulé ta bosse, trouve-moi ça.

GNAFRON.

C'est ben plutôt toi qu'as essayé tous les états. T'as quitté ton métier de canut parce que te trouvais que t'avais trop de peine ; te t'endormais sur le rouleau et ta navette ne glissait plus... T'en as tant essayé d'autres, te dois ben t'y connaître.

GUIGNOL.

C'est ben parce que je les ai essayés que j'en veux plus.

GNAFRON.

Eh ben! voyons! si nous nous mettions leveurs de taches sur le quai de l'Hôpital?

GUIGNOL.

Va te promener! il faut prendre les gens au collet, et avant de trouver un gone qui vous fasse gagner une pièce de vingt sous, il faut droguer tout un jour.

GNAFRON.

Alors mettons-nous pâtissiers.

GUIGNOL.

Oui!... t'avalerais les quenelles, et je n'aurais que la croûte. Nous ferions mieux de nous mettre marchands de vin.

GNAFRON.

Marchand de vin! jamais!... Est-ce que ça se vend le vin? si j'en avais, est-ce que je le vendrais?

GUIGNOL.

Qu'en ferais-tu donc?

GNAFRON.

Je le boirais! Le vin, ça se boit, ça se donne aux amis; mais le vendre! abomination!... Nous ferions mieux de nous mettre fabricants d'allumettes chimiques.

GUIGNOL,

Oh! non, on souffre trop.

GNAFRON.

Sans odeur, sans éclat et sans bruit.

GUIGNOL.

On dit qu'on va mettre un impôt dessus... Te t'enfoncerais

comme quand te tirais les cartes et que te disais la bonne fortune aux cuisinières.

GNAFRON.

On se trompe ben toujours quéque fois.

GUIGNOL.

Oui; t'avais la rage de leur prédire qu'elles épouseraient des sapeurs... et la dernière s'est mariée avec un brigadier de l'artillerie de Vénissieux (1).

GNAFRON.

Que veux-tu donc? il faut toujours prédire aux gens ce qui leur fait plaisir.

GUIGNOL.

Oui, mais avec tous tes états... aujourd'hui, nous avons pas encore déjeuné... et voilà l'heure du dîner que s'avance.

GNAFRON.

Tiens! (*Il réfléchit*). Nous dînerons!... Fais-toi dentiste.

GUIGNOL.

Est-ce que je connais la dentisserie? te me prends pour une mâchoire.

GNAFRON.

T'as tout ce qu'il faut pour être dentiste... Faut un toupet d'aplomb, et être un bon menteur.

GUIGNOL.

Oh! alors, ça te convient: t'as une dose de menterie que se porte bien.

GNAFRON.

Par exemple! est-ce que je t'ai jamais dit un mensonge?

---

(1) Vénissieux et quelques communes voisines ont une industrie qui s'exerce la nuit, dans les rues de Lyon, au moyen de voitures et de tonneaux d'une forme spéciale. C'est là pour Guignol un texte toujours nouveau de plaisanteries *de haulte graisse*.

GUIGNOL.

Allons! pourquoi donc que te m'as dit l'autre jour que t'avais été au bois de Roche-Cardon chercher des nids, et que t'avais trouvé dans un nid dix œufs de lapin ? Est-ce que les lapins font des œufs ?

GNAFRON.

Pourquoi pas ? les poules en font ben !... Et puis à présent on fait tant de progrès! On voit bien que te ne lis pas *le Siècle*.

GUIGNOL.

Je pense bien ; je suis pas fort sur la lecture.

GNAFRON.

Mais toi, je te conseille de te plaindre. T'en dis pas des craques ! Et ta pêche de Montmerle !... c'est vrai p't-être ?

GUIGNOL.

Quelle pêche ?

GNAFRON.

M'as-tu pas dit qu'y avait un homme qui pêchait aux alentours de Montmerle avec des boyaux de poulets en guise d'asticots ? Il voit que le bouchon tire, il tire aussi ; il donne un coup sec, et il amène un marteau de maréchal... Mais v'là le plus beau. Le marteau tombe dans un buisson où il y avait un lièvre dedans, et il tue le lièvre.

GUIGNOL.

Mais c'est ben arrivé, puisque nous avons mangé le lièvre.

GNAFRON.

T'as p't-être mangé aussi le marteau de maréchal (1)?

GUIGNOL.

C'est bon, c'est bon. Je suis pas encore si fort que toi... Dis donc, ton fumeur de l'autre jour !

---

(1) Cette série d'histoires et de récriminations entre les deux camarades se varie à chaque représentation. C'est une scène *a gusto*.

GNAFRON.

Eh bien! qu'as-tu à dire encore?

GUIGNOL.

Oui, l'autre jour... nous avons vu passer un homme dans la rue Mercière, qu'avait la tête toute noire et frisée... Je t'ai demandé pourquoi il avait la tête noire comme ça. — Te sais donc pas, que te m'as dit, que c'est le plus grand fumeur de Lyon... Il a tant fumé qu'il a fini par se culotter toute la tête.

GNAFRON.

Eh ben, c'est la pure vérité. C'était un homme de la Marchinique. Là-bas ils ont du tabac plus fort que le nôtre. Ils changent jamais de pipe, et quand la pipe et le tuyau sont culottés, ça les gagne insensiblement, et ça leur culotte le melon.

GUIGNOL.

Va! va! je te crois plus depuis que tu m'as envoyé l'année passée à Perrache, à l'exposition agriscole, pour voir un cafard qui avait été apporté par un Bressan de Saint-Trivier et qui pesait dix-neuf kilos.

GNAFRON.

C'était un cafard phénoménaux... Il avait apporté le plus beau de sa ferme. Aussi il a eu le prix.

GUIGNOL.

Oui, et manquablement quelqu'un lui avait marché dessus quand je suis arrivé à l'exposition... On a jamais pu me le faire voir... C'est toi qui peux faire un fameux dentiste!... Mais, enfin, supposé que je m'y mette, et que je prenne une pancarte où j'écrirai que j'arrache les dents, sans douleur, qué que ça m'avancera, si y me vient point de molaires à arracher.

GNAFRON.

Si c'est que ça, j'ai ce qu'il te faut. Je connais un vieux qui crie comme un sourd d'une dent que lui fait mal depuis trois mois; il donne cent écus à celui qui l'arrachera,

GUIGNOL.

Cent écus! mais je lui arracherais ben toute la ganache pour ce prix-là.

GNAFRON.

Si te lui en arraches trop, il te paye pas... Faut faire attention. C'est que c'est pas facile d'arracher sa dent, vu que c'est la dent de l'œil.

GUIGNOL.

Comment ! il a une dent dans l'œil ?

GNAFRON.

Te comprends pas! On appelle comme ça la dent qui se trouve tout droit au-dessous de l'œil.. et si on ne l'arrache pas comme il faut, on risque d'amener l'œil avec.

GUIGNOL.

Ah! c'est ça!... Et comment donc qu'il faut faire pour pas arracher l'œil ?

GNAFRON.

Laisse-moi t'expliquer... Quand ce Mossieu viendra, te lui fais un grand salut, comme ça. (*Il salue*). Te le fais asseoir.

GUIGNOL.

Sur quoi, Benoît ? Mes fauteuils sont en réparation chez le marchand.

GNAFRON.

Te le colles par terre... Puis te lui fais ouvrir la ganache... tu y mets la main dedans.

GUIGNOL.

Oui, et s'il ferme le portail, il me l'avale.

GNAFRON.

Te le retiens de l'autre... t'as toujours peur... Te saisis adroitement sa dent avec des tenailles, te fais aigre, et la dent vient.

GUIGNOL.

Faudra bien qu'y vienne quéque chose... Comme ça t'as la pratique ?... Moi, je sais pas où l'aller trouver.

GNAFRON.

Laisse-moi faire ; je connais son neveur. Je t'annoncerai comme un grand *docqueteur doctoribus*, qui arrive incognito de l'Amérique. Je lui dirai que t'as passé par la Marchinique, par le tropique, et que t'es venu ici par le Maroc ; que t'as même arraché une dent au roi de Maroc, qui t'a donné une dotation de douze mille francs en récompense, avec une dent d'éléphant et son portrait.

GUIGNOL.

Mais, pauvre vieux, je suis jamais allé plus loin que Brindas.

GNAFRON;

Qué que ça fait ? il en sait rien. Je t'appellerai le grand docqueteur Chignachilus.

GUIGNOL.

Et t'ajouteras : Natif de Saint-Symphorien-d'Ozon, arrondissement de Vénissieux, département de Sédan, canton du Cantal... avec le Puy-de-Dôme par-dessus.

GNAFRON.

Bravo ! et te parleras latin.

GUIGNOL.

Oui, j'ai été dans un pensionnat ;... je baliais les classes... Mais si il sait le latin, il me prendra ben en faute.

GNAFRON.

N'as pas peur ! je lui dirai que c'est un latin étranger.

GUIGNOL.

Va bien !... Faut maintenant nous préparer. Je rentre chez moi, et te me fais signe quand il faut venir.

GNAFRON.

Va vite !... Voilà quelqu'un. (*Guignol sort. Gnafron se cache dans le fond*).

SCÈNE III.

ARTHUR, GNAFRON.

ARTHUR.

C'est vraiment désespérant de voir mon oncle souffrir aussi cruellement. Et dire que dans cette ville il n'existe pas un dentiste qui puisse le soulager ! Je vais m'adresser au premier venu, à la première bonne femme que je trouverai. C'est souvent le remède le plus simple qui est le plus efficace.

GNAFRON, *feignant d'arriver tout essoufflé*.

Ah ! M'sieu Arthur, je suis tout en nage. Je souffle, je souffle... Ai-je couru?... C'est pour venir vous annoncer que j'ai trouvé un grand docqueteur qui m'a promis de guérir Mossieu Cassandre.

ARTHUR.

Vraiment! mon bon Gnafron! Ah! quel bonheur!... Vous l'avez vu ? vous savez où il demeure ?

GNAFRON.

Je sais son nom, son adresse, tout... C'est un homme unique, un savantissime docqueteur. Il a voyagé dans les huit parties du monde. Il opère par le télégriphe électraque, par correspondance. On n'a jamais vu son pareil. Il arrive avec six vaisseaux chargés des dents qu'il a arrachées; ils sont en rade à Saint-Just.

ARTHUR.

Ah! ce que vous me dites là me fait un bien infini. Mon bon oncle sera bien heureux. D'après ce que je vois, c'est un homme très-savant... et il se nomme ?

GNAFRON.

Le grand docqueteur Chignachilus.

ARTHUR.

C'est un nom étranger.

GNAFRON.

Natif de Saint-Symphorien-d'Ozon, arrondissement de Vénissieux, département de Sédan, lisière du Cantal... avec le Puy-de-Dôme par-dessus. Il parle toutes les langues, l'arabe, le grec, le latin, *latinus*, le dauphinois... qui se parle avec les doigts... l'auvergnat, le charabia, les langues mortes et vivantes... Il les parle toutes à la fois.

ARTHUR.

Mais alors comment voulez-vous que nous puissions le comprendre ?

GNAFRON.

Soyez tranquille, je traduirai...

ARTHUR.

Monsieur Gnafron serait mon interprète ?

GNAFRON.

J'ai l'habitude de parler avec lui... Et puis j'ai fait mes études; j'ai été professeur.

ARTHUR.

Professeur de quoi ?

GNAFRON.

Professeur de quinet (1).

ARTHUR, *riant*.

Et où habite-t-il ce grand docteur ?

GNAFRON.

Vous voyez là-bas cette maison... dans la rue... c'est là qu'il demeure.

ARTHUR.

Comment ! un homme d'un tel mérite habite une maison d'aussi chétive apparence !

GNAFRON.

Oh ! Mossieu ! le talent se cache partout.

ARTHUR.

Mais il devrait habiter un palais.

GNAFRON.

Oh ! plus tard, il a l'intention de s'en faire faire un palais... du côté de Sédan. Il veut le bâtir avec les molaires qu'il a extirpées et qui sont dans ses six vaisseaux. On l'appellera le palais de la Morsure. Nous allons voir de suite s'il est chez lui. (*Il frappe Guignol entre*).

SCÈNE IV.

Les Mêmes, GUIGNOL.

ARTHUR, *saluant*.

Salut, grand docteur Chignachilus.

GUIGNOL.

Salutem desirabodo hominibus vobis.

---

(1) Le *quinet* était jadis un jeu très en faveur parmi la jeunesse des rues de Lyon. Voy. *Les frères Coq*, p. 66.

ARTHUR, *à Gnafron.*

Qu'est-ce qu'il dit ? Je ne comprends pas bien... Est-ce que c'est du latin ?

GNAFRON.

C'est du latin de Vaise. Il vous demande ce que vous désirez.

ARTHUR.

Grand docteur, je possède un oncle qui souffre cruellement d'une dent depuis trois mois. Il a vainement consulté tout le monde. La science de tous nos docteurs a échoué contre son mal, mais j'espère que vous serez plus heureux qu'eux tous.

GUIGNOL.

Ni quis deindè nimis.

GNAFRON, *àpart.*

Il parle d'une cuisse de dinde; ça me fait penser au dîner. (*Haut*). Il dit, Mossieu Arthur, que si votre oncle a mal aux dents, c'est par suite d'une imprudence. Il a pris un chaud et froid pour n'avoir pas changé de chemise un jour qu'il était un peu altéré.

GUIGNOL.

Sed si quis purgatis, lavacres.

GNAFRON.

On le saigne, on le purge, il en crève.

ARTHUR.

Peste ! c'est peu rassurant.

GNAFRON.

En d'autres mains que les siennes... Mais lui le sauve.

GUIGNOL.

Asinus asinuncle fricasse.

GNAFRON.

Sans lui votre oncle était fricassé... Il dit aussi que vous pouvez aller le chercher, quand vous voudrez.

ARTHUR.

C'est bien, docteur ! j'y cours à l'instant. Quelle heureuse nouvelle je vais annoncer à ce bon vieillard !... Gnafron, prenez-donc ces dix francs. (*Il lui donne de l'argent*).

GNAFRON.

Oh ! Mossieu Arthur, c'est pas nécessaire.... j'accepte.

ARTHUR.

A tout à l'heure, docteur. (*Il salue et sort.*)

SCÈNE V.
GUIGNOL, GNAFRON.

GNAFRON, *sautant de joie*

Entortillatus est.

GUIGNOL, *lui donnant un coup de tête.*

Cognabuntur ?

GNAFRON.

Te cognes ! pourquoi donc ça ?

GUIGNOL.

Est-ce que nous sommes pas associés ?... Te gardes l'argent ! amène donc voir cinq francs.

GNAFRON.

C'est pour le dîner, grand bête !... T'es bien pressé de mettre la main sur le *quibus*.

GUIGNOL.

Ah ! te parles latin, toi aussi !

GNAFRON.

Tiens, crois-tu que t'as été seul à recevoir de l'éducance ?... On a monté comme toi le Garillan dans sa jeunesse... et j'ai pas rien été, comme toi domestique dans un malôtru pensionnat.

J'ai été portier au Grand Collège... Je connais l'adjectif, le possessif, pluriel, masculin, singulier... Quand te seras embarassé, te peux venir me consulter... Mais, attention, Chignol, v'là le vieux qui s'amène.

GUIGNOL.

Il a l'air joliment malade.

SCÈNE VI.

Les Mêmes, M. CASSANDRE, ARTHUR.

CASSANDRE.

Ah! docteur, que je souffre! que je suis aise que vous arriviez dans un pareil moment! On m'a dit que vous avez arraché une dent au roi des Marocains : vous m'arracherez bien la mienne.

GUIGNOL.

Si derideri ab hoc et ab hac.

GNAFRON.

Il dit que si vous voulez guérir, il ne faut plus prendre de tabac.

CASSANDRE.

Comme vous voudrez, docteur!... Oh! que je souffre! que je souffre!

GUIGNOL.

Fienis coronus opat... Vénérable vieillard, je vous défricherai la mâchoire. Mais j'aime pas que les étrangers assistent à mes opérations. Faites partir votre neveu. Et vous aussi, M'sieu Gnafron, débarrassez-moi le plancher. (*Arthur et Gnafron sortent*).

SCÈNE VII.

M. CASSANDRE, GUIGNOL.

GUIGNOL.

Maintenant, vieux, ouvrez le portail.

CASSANDRE.

Ah! docteur, que je souffre! que je souffre!

GUIGNOL.

Un m'ment. Parlez pas, c'est malsain... Vous voyez bien que le grand air augmente votre douleur.

CASSANDRE.

Comment, le grand air ?

GUIGNOL.

Oui, vous comprenez bien que, quand vous parlez, l'air se filtre dans la dent... Quittez votre chapeau... Allons, couchez-vous pour que je visite cette dent cruelle. (*Cassandre se couche sur le bord du théâtre*). Maintenant, ouvrez la barquette. (*Il lui ouvre la bouche*).

CASSANDRE.

Oh! la, la! que vous me faites mal! vous me mettez le doigt sur la dent malade.

GUIGNOL.

C'est rien : si je vous dégrabole pas cette dent, je veux que la tête vous pette. Voyons, quel âge avez-vous ?

CASSANDRE.

Soixante-trois ans.

GUIGNOL.

Avez-vous été marié ?

CASSANDRE.

Trois fois.

GUIGNOL.

Avez-vous eu des enfants ?

CASSANDRE.

Trois.

GUIGNOL.

Combien faites-vous de repas par jour ?

CASSANDRE.

Trois.

GUIGNOL.

Combien buvez-vous de bouteilles de vin par jour ?

CASSANDRE..

Trois.

GUIGNOL.

Etes-vous riche ?

CASSANDRE.

Trois cent mille francs.

GUIGNOL.

Dans quelle rue demeurez-vous ?

CASSANDRE.

Rue Trois-Maries, n° 3, au 3me

GUIGNOL.

Tout par trois. Eh ben, je vais vous guérir par l'homéopathoque, en trois coups. Attendez. (*Il sort, et rentre avec un bâton*). D'abord, je vais vous pratiquer une légère friction le long de la colonne vertébroque. Attention ! (*Il frappe sur la rampe*). Au commandement de trois, vous cracherez.

CASSANDRE.

Oui.

GUIGNOL.

Une ! (*Coup de bâton*). Deux ! (*Id.*) Trois ! (*Id.*) Crachez ! Est-elle tombée ?

CASSANDRE.

Hélas, non ! docteur, vous allez me faire tomber la tête ; la dent n'a pas bougé de place.

GUIGNOL.

Elle est solide ! Nous allons recommencer.

CASSANDRE.

Non pas, non pas; vous finiriez par m'assommer. Le derrière de la tête me fait à présent plus mal que le devant. Je voudrais quelque chose de plus expéditif.

GUIGNOL.

J'ai votre affaire. (*Il sort, et rentre avec un pistolet*).

CASSANDRE.

Ne plaisantez pas avec cet instrument-là.

GUIGNOL.

Je vais vous arranger. (*Il attache la dent de Cassandre avec une ficelle, le place contre une coulisse et se met à l'autre extrémité, en tenant la ficelle*). Tenez-vous ici, et ne bugez pas. Fermez l'œil gauche.

CASSANDRE.

Est-ce que vous voulez me crever le droit ?... Ah ! docteur, vous allez me tuer.

GUIGNOL.

Aie pas peur, ganache ! buge pas. (*Coup de pistolet ; Cassandre tombe dans la coulisse ; Guignol va à lui et revient avec une mâchoire ; Cassandre le suit.*

GUIGNOL, *continuant*.

Voilà, voilà ! Eh ben, je crois que vous pouviez souffrir, avec ça ! Voyez donc ces racines ! quels crocs, nom d'un rat !... Papa, voilà l'endroit où vous mettiez votre pipe.... Mais qu'est-ce que je vois là ? un nid de sauterelles ! vous vous serez endormi sur l'herbe : c'est ça qui vous grabotait tant. J'espère qu'à présent vous voilà guéri.

CASSANDRE.

Tout à fait. Je n'ai plus qu'une petite douleur à la nuque... mais à la mâchoire, je ne sens plus rien... je me sens même un vide dans la bouche,

SCÈNE VIII.

Les Mêmes, ARTHUR, GNAFRON.

CASSANDRE, *à Arthur qui entre avec Gnafron.*

Viens, mon enfant; viens voir la belle opération du grand docteur Chignachilus.

ARTHUR.

Ah! cher oncle, vous voilà donc délivré cette fois!

CASSANDRE.

Oui, oui, je suis complètement guéri.

GUIGNOL.

Papa, je vous demande cette dent... Je veux en faire une girouette pour mon château.

CASSANDRE.

Tout ce que vous voudrez... Pour une telle opération, je ne regrette rien. Combien vous faut-il?

GUIGNOL.

On m'a dit que vous donniez cent écus.

CASSANDRE.

Cent écus! allons donc! vous voulez rire.

GUIGNOL.

Pas du tout. On m'avait dit que vous les donniez à celui qui vous râtisserait la mâchoire.

CASSANDRE.

Allons donc! ça ne vaut pas cent écus; n'est-ce pas, Arthur?

ARTHUR.

Non, mon oncle, ça ne vaut pas cent écus.

GUIGNOL.

Et combien donc que ça vaut ?

CASSANDRE.

Ça vaut... six cents francs.

GUIGNOL.

Pardon ! six cents francs !... je vous en arrache encore une par dessus le marché.

CASSANDRE.

Non, non, merci ! c'est assez comme cela.

GUIGNOL, *à Arthur.*

Et vous, jeune homme ? si vous voulez..

ARTHUR.

Merci, je m'en passe.

GUIGNOL.

Comme vous voudrez.

CASSANDRE.

Maintenant, docteur, prenez la peine de venir jusque chez moi : j'aurai l'honneur de vous compter vos six cents francs.

GUIGNOL.

Six cents francs ! Ma fortune est faite. (*Il sort avec Cassandre et Arthur*).

GNAFRON, *seul.*

Le gone n'a plus l'air de faire attention à moi. C'est pourtant moi qui lui ai valu celle-là.

SCÈNE IX.

GNAFRON, CADET, TITI (1).

CADET, *à Titi*.

Allons, te crois me faire avaler cette carotte, toi ?

TITI.

Je te dis que c'est vrai. C'est le père Gnafron qui me l'a raconté tout à l'heure. Justement le v'là !

GNAFRON.

Eh bien ! quoi qu'y n'y a ?

CADET.

Y a que Titi veut me faire croire que Guignol s'est mis dentiste à présent. Il veut me faire poser.

GNAFRON.

Oui, z'enfants ; c'est la pure vérité : Guignol vient d'opérer une dent de cent écus (*Exclamations*).

TITI.

Mais lui ne vaut pas cent écus.

---

(1) La conclusion est toujours la partie épineuse des pièces du répertoire Guignol. Elles ont rarement un dénouement arrangé. Parfois elles n'en ont point du tout. Le plus souvent, quand Guignol est sorti des difficultés de la situation, ses amis arrivent : on se dit des gandoises, on se houspille, on se cogne même; puis on chante, on danse, et on part pour aller boire ensemble. Nous donnons ici un échantillon de cette finale dont nous avons voulu éviter la trop fréquente répétition.

GNAFRON.

Z'enfants, c'est une nouvelle entreprise que nous avons commencée ensemble. Ça rend cinquante du cent. Je vous associe tous... pour aujourd'hui.

TOUS.

Allons, bravo ! vive le père Gnafron !

GNAFRON, *à part.*

Guignol reste bien longtemps. Mon estomac dégringole... Je n'ai pourtant encore pris que trois verres de vermouth d'aujourd'hui.

SCÈNE X.

Les Mêmes, GUIGNOL.

Guignol passe dans le fond, paraissant ne point faire attention aux autres.

CADET.

Eh ben ! où vas-tu donc comme ça ?

GUIGNOL.

Arrière, marauds ! je vais où je veux.

CADET.

Tiens ! il fait le fier à présent.

TITI.

V'là comme on change quand on devient riche ; il ne connaît plus ses amis.

GUIGNOL.

Qu'est-ce que c'est que tous ces commissionnaires ?

TITI.

Te veux plus trinquer avec nous?

GUIGNOL.

Qu'est-ce que c'est que ces intrus ? Ma malle est au chemin de fer; j'ai pas le temps, je prends l'express.

TITI.

Il fait sa poire... Si t'as quarante sous dans ton gousset, j'en ai ben aussi des ronds.

GUIGNOL.

Tenez, laissez-moi la paix, v'là deux sous!

TITI.

Il nous prend pour des décrotteurs.

GUIGNOL.

Est-ce que je connais des merles de votre espèce?

GNAFRON, *s'approchant de lui et bas.*

Je vois ben que te le fais pour rire.

GUIGNOL, *de même.*

Te les as donc associés?

GNAFRON, *de même.*

Oui, pour le dîner. C'est toujours les amis.

TITI.

Qu'est-ce que vous surchottez donc là-bas, comme deux grenouilles dans un étang de Bresse?

GUIGNOL.

Qu'est-ce que te dis, petit? Viens donc ici, je veux te doter. (*Il lui donne un soufflet*). V'là mon cadeau de noces.

TITI.

Eh ben, t'es gentil! nous allons nous expliquer.

GNAFRON.

Z'enfants, la paix! Nous nous expliquerons le verre en main.... A table! j'ai une faim de loup.

GUIGNOL.

Je paye un dîner à quinze francs par tête, sans le café... *Au lapin qui se rebiffe*... Et une romance au bout.

GNAFRON.

Oh! y a de quoi faire! Nous boirons, nous rirons, nous chanterons, nous danserons, nous rigolerons... En avant!

GUIGNOL.

Je veux plus d'autre état que celui de dentiste, et je m'en vais courir le monde avec une calèche à six chevaux et un chapeau galonné... Laisse-moi seulement, avant de partir, donner à la société un de mes meilleurs secrets. (*Il va chercher une bouteille de vin, qu'il place sur la rampe, en disant :*) V'là ce que c'est! Bourgogne! première qualité! (*Au public*).

AIR: *Marie, trempe ton pain!*

Pour le mal de dent,
L'extrait de sarment
Est un spécifique
Unique ;
Pour le mal de dent,
L'extrait de sarment
Est tout ce qu'y a de plus cannant.

Messieurs, si quéqu' dent creuse
Vous cause une fièvre affreuse,
Par ordr' du docteur,
Flûtez cette liqueur,
Et l' remède opèr'ra, sans douleur.

Chœur :

Pour le mal de dent, etc., etc.

FIN DU DENTISTE (1)

---

(1) La tradition attribue *Un Dentiste* à Mourguet grand-père. Si cette indication est exacte, elle montre combien était varié le talent de cet artiste. *Les Frères Coq* et *Un Dentiste,* appartiennent à des genres absolument différents, et les deux pièces sont traitées de la main d'un maître.

LE MARCHAND DE PICARLATS
PIÈCE EN DEUX TABLEAUX

LE MARCHAND DE PICARLATS

PIÈCE EN DEUX TABLEAUX

GUIGNOL, marchand de picarlats.
GNAFRON, ami de Guignol.
CADET, ami de Gnafron.

POMMADIN, perruquier.
LE BAILLI.
UN ANE.

PREMIER TABLEAU

Une place publique.

❈

SCÈNE PREMIÈRE.

GNAFRON, CADET.

GNAFRON.

Arrive donc, pauvre Cadet! Te vois comme on me traite.

CADET.

Un espicier qui nous refuse un litre à crédit! Insolent!

GNAFRON.

Il perdra ma pratique... Un espicier que je me sers chez lui depuis sept ans ! Est-ce que je lui ai jamais marqué ? est-ce que je me suis plaint de son vin ?

CADET.

Te ne lui dois rien ?

GNAFRON.

Qu'est-ce que te dis ? Je lui dois ces sept ans... Il m'a jamais présenté son dusplicata... Qui renonce perd la partie.

CADET.

Il a tort.

GNAFRON.

Il dit ben qu'il me l'a envoyé par écrit ; mais ça me regarde pas, moi ; je sais pas lire.

CADET.

En attendant, nous mourons de soif.

GNAFRON.

J'ai le gosier sec comme une éponge qui aurait resté quinze jours au soleil. Si je savais qu'on nous prête quelque chose sur ton panneau (1), je le porterais au Mont-de-Piété. (*On entend Guignol crier:* Marchand de picarlats !)(2) Mais je me trompe pas, c'est la voix de Chignol. (*Appelant*). Ohé ! Chignol ! viens par ici, mon vieux.

SCÈNE II.

Les Mêmes, GUIGNOL.

GUIGNOL. (*Il entre tenant par la bride son âne qui a des cotrets sur le dos*).

Marchand de picarlats !.... Tiens ! vous voilà, z'enfants ; qué mine vous faites ! Je parie deux sous que vous n'avez pas trois sous.

---

(1) *Sur ton panneau;* sur ton habit.
(2) *Picarlats;* cotrets.

GNAFRON.

Y en a que mettent trois fois pour deviner, mais toi te devines du premier coup.

GUIGNOL.

Tenez les amis, voilà vingt sous : allez faire tirer bouteille... Sitôt que j'aurai vendu ma charge, j'irai vous rejoindre... Comme j'ai été bien sage la semaine passée, ma femme m'a fait cadeau du prix que je vendrais ces picarlats. Je vous paye à dîner à vingt-cinq sous par tête, sans compter le café.

GNAFRON.

C'est z'accepté à l'unanirmité... Chignol, t'as mon amitié... Nous allons t'attendre chez la mère Simonne... Viens, Cadet. (*Il sort avec Cadet*).

GUIGNOL, *parlant à son âne*.

Et toi, vieux, sitôt que te seras débarrassé de ta charge, je te paye un bon picotin d'avoine avec une miche trempée dans le vin... Hein ! ça te va, ça te fait rire, gredin ! (*Criant*). Marchand de picarlats ! Personne ne veut de picarlats par là-haut !... Hue, ganache, hue !

SCÈNE III.

GUIGNOL, POMMADIN.

POMMADIN.

Ah ! ah ! c'est vous, marchand ! c'est cette charge-là qui est à vendre ?

GUIGNOL.

Vous le voyez ben, puisque je la crie.

POMMADIN.

C'est bien petit, bien chétif.

GUIGNOL.

Pardi ! c'est pas si gros qu'un bateau de foin... Hue !

POMMADIN.

Je le vois... Mais, combien en voulez-vous ?

GUIGNOL.

J'en veux cinq francs.

POMMADIN.

Cinq francs, ça ?

GUIGNOL.

Oui, cinq francs, ça.

POMMADIN.

Vous voulez rire, sans doute, c'est exorbitant !... Je vous en donne trois livres dix sous.

GUIGNOL, *tirant son âne par la bride.*

Hue !

POMMADIN.

Comment, hue !

GUIGNOL.

C'est pas à vous que je parle, c'est à mon poulet d'Inde.

POMMADIN.

Vous êtes donc tout d'un mot ?

GUIGNOL.

Vous m'en donneriez quatre francs dix sous, vingt sous, quinze sous et nonante-cinq centimes avec, que vous l'auriez pas.

POMMADIN, *à part.*

Il m'a l'air d'un imbécile ; je vais m'en amuser. (*Haut*). Tenez, je ne veux pas chipoter... Je vous donne vos cinq francs, mais il est bien convenu que vous me vendez tout le bois que porte votre âne.

GUIGNOL.

Pardi ! Est-ce que vous croyez que je vous donnerai aussi ce moineau ? Il m'a coûté sept francs dix sous à Charabara ; il aura six ans le vingt-iun de mai... Natif de St-Symphorien-d'Ozon...

Ses grands parents ont couru la poste du Moulin-à-Vent, dans les temps (1).

POMMADIN.

C'est convenu, Monsieur Guignol, veuillez conduire le bois sous ce hangar. (*Il indique la droite du spectateur*).

GUIGNOL.

Tout de suite... Hue donc, ganache ; hue ! (*A Pommadin*). Dites donc, M'sieu, si vous avez une épingle, piquez-le un peu à la joue ; il n'aime pas bien travailler le lundi... et surtout ne lui crevez pas l'œil.

POMMADIN, *piquant l'âne*.

Soyez tranquille ; hue, hue donc ! (*L'âne part. Ils sortent tous*).

GUIGNOL, *dans la coulisse*.

Ne buge donc pas tant, ganache !... Tiens, v'là que t'as cassé ta sangle. (*Il rentre en scène avec l'âne qui n'a plus sa charge et qui vient se frotter sur la bande*). Oh là ! oh là ! Arrête-toi donc, ganache. (*L'âne s'arrête*).

POMMADIN, *entrant*.

Comme il est vif votre âne !... Voilà vos cinq francs, Monsieur Guignol.

GUIGNOL.

Merci, M'sieu Pommadin... Mais, dites-donc, tenez-le, s'il vous plaît, un petit peu, que j'aille chercher son bât qu'il a laissé tomber par terre.

---

(1) Il y avait jadis sur la route de Vienne à Lyon, un service d'ânes avec relais, qu'on appelait la *Poste aux ânes*, et dont les amateurs de ce genre d'équitation se montraient fort satisfaits. Ces ânes avaient un assez mauvais caractère : il arrivait souvent que parti à cheval, on finissait son voyage à pied, la monture s'étant tout d'un coup livrée à des exercices sur le dos qui déroutaient absolument le cavalier ; mais c'étaient là des accidents prévus et qui n'avaient pas de bien funestes conséquences. Ces relais se terminaient au Moulin-à-Vent, près Lyon ; et il n'y a pas d'exemple qu'un des baudets voués à ce service ait jamais pu être déterminé par force ou par conviction à faire un pas au-delà de l'écurie dans laquelle ils avaient la coutume de prendre leur repos. Les progrès de notre temps ont fait, hélas ! beaucoup de tort à cette industrie, et elle était déjà fort en souffrance avant l'établissement du chemin de fer, qui lui a porté un coup mortel.

POMMADIN.

Son bât!... non pas, non pas... le bât est en bois : il m'appartient.

GUIGNOL.

Comment, il vous appartient?... Il est ben bien à moi... je l'ai acheté à Saint-Just.

POMMADIN.

Vous venez de me le vendre.

GUIGNOL.

Comment! vous avez le front de dire qu'en vous vendant mes picarlats, je vous ai vendu aussi le bât, le tout pour cinq francs!

POMMADIN.

Expliquons-nous sérieusement... Rappelez-vous bien qu'il a été convenu entre nous que je vous achetais tout le bois qui était sur votre âne... Le bât est en bois; donc il est à moi... Cela est clair, ce me semble.

GUIGNOL.

Me prenez-vous pour une bugne ?... Je suis marchand de picarlats et pas de bâts; j'ai crié des picarlats et pas des bâts; je vous ai vendu des picarlats et pas un bât... Cinq francs !... Ah! je ferais un joli commerce!

POMMADIN.

Ça m'est égal!... Je le tiens, je le garde.

GUIGNOL.

Ah! te le gardes, petit filou... voleur de bâts! ça ne se passera pas comme ça!... Je vais trouver M'sieu le Bailli, et il arrangera tes épinards. (A son âne). Allons! ganache, marche donc. (*Il sort, après quelques difficultés de la part de l'âne*).

POMMADIN, *seul, riant*.

Ah! ah! le bon tour! Décidément je suis l'homme le plus spirituel de mon quartier... et le premier raseur de la ville. (*Il sort, en chantant l'air de Figaro dans le* Barbier, *de Rossini*).

SCÈNE IV.

LE BAILLI, GUIGNOL.

LE BAILLI, *entrant avec Guignol.*

Dépêchez-vous, dépêchez-vous !... J'ai beaucoup d'affaires à juger aujourd'hui... Où demeure-t-il ?

GUIGNOL.

Laissez-moi vous expliquer...

LE BAILLI.

J'ai parfaitement compris vos explications... C'est très bien.

GUIGNOL.

Mais non, M'sieu, c'est très mal.

LE BAILLI.

Ne recommençons pas... Vos noms et prénoms ?

GUIGNOL.

Jean-Claude Guignol, âgé de vingt-sept ans, aux prunes Reine-Claude.

LE BAILLI.

C'est très bien, je vais entendre le nommé Pommadin. (*Frappant chez Pommadin*). Monsieur Pommadin, par ici.

SCÈNE V.

LES MÊMES, POMMADIN.

POMMADIN, *entrant.*

Ah ! Monsieur le Bailli, je vous salue. A quoi dois-je l'honneur de votre visite ?

LE BAILLI.

Vous allez le savoir. Vous retenez à Monsieur Jean-Claude Guignol, ici présent, le bât de son âne. Expliquez-vous sur ce fait... et brièvement.

POMMADIN.

Cela sera facile, Monsieur le Bailli ; voici le fait. Ce matin, Monsieur, ici présent, passait en criant : Marchand de picarlats !

GUIGNOL, *vivement.*

Je pouvais pas crier : Marchand de fromages ! p't-être.

LE BAILLI.

Silence ! laissez parler le défendeur.

GUIGNOL.

Ficelle ! voleur de bâts !

LE BAILLI.

N'invectivez pas votre adversaire.

GUIGNOL.

Je ne le victime pas.

LE BAILLI, *à Pommadin.*

Continuez !

POMMADIN.

Je lui ai demandé combien il vendait sa charge. Il me l'a faite cinq francs... c'était hors de prix.

GUIGNOL.

Fallait pas l'acheter.

LE BAILLI.

N'interrompez pas.

POMMADIN.

Vous devez comprendre, Monsieur le Bailli, que mon intention n'était pas...

GUIGNOL, *l'interrompant.*

Parce que, nécessairement, si il parle toujours, il aura raison...
(*Tous deux continuent à parler en même temps*).

LE BAILLI, *après avoir essayé de les calmer du geste, très fort.*

Silence! parlez l'un après l'autre... Pommadin, continuez.

POMMADIN.

Comme je vous l'ai dit, Monsieur le Bailli, il m'a fait sa charge cinq francs; j'ai consenti à les lui donner, mais je lui ai dit que je voulais tout le bois que portait son âne. Il en est convenu... l'âne a déposé chez moi toute sa charge, compris le bât... J'ai payé Monsieur Guignol... C'est alors qu'il a voulu reprendre le bât, prétendant qu'il lui appartient... C'est une erreur manifeste... j'ai acheté tout le bois qui était sur l'âne... le bât est en bois... il est à moi. (*Pendant cette réplique, Guignol a gesticulé et parlé seul à demi-voix*).

LE BAILLI.

C'est bien. (*A Guignol.*) Plaignant, qu'avez-vous à répondre ? (*Silence.*) Mais, répondrez-vous, plaignant ? Tout à l'heure vous ne pouviez pas vous taire; à présent vous ne voulez pas parler.

GUIGNOL.

Ah! c'est donc à moi! Mais, M'sieu, je m'appelle pas plaignant, je m'appelle Guignol.

LE BAILLI.

Vous êtes plaignant, puisque vous portes plainte. Ne me faites pas perdre mon temps. Que répondez-vous ?

GUIGNOL.

Je réponds que c'est un gueux... J'ai entendu lui vendre que ma charge de picarlats, et il a pas été parlé du bât de mon âne.

LE BAILLI.

Répondez à mes questions.... Ce bât est-il en bois ?

GUIGNOL.

Oui ; mais pas en bois de picarlat.

LE BAILLI.

Je ne vous demande pas cela... Est-il vrai que vous êtes convenu avec Monsieur que vous lui vendiez tout le bois qui était sur votre âne?

GUIGNOL.

Oui; mais nous ne parlions que de bois à brûler.

LE BAILLI.

Il fallait mieux vous expliquer... Toute clause ambiguë s'interprète contre le vendeur... Je vais rendre mon jugement : « ... Considérant que le sieur Pommadin a acheté tout le bois que « portait l'âne du sieur Guignol; considérant que le bât de l'âne « est en bois; je condamne le sieur Guignol à livrer au sieur « Pommadin tout le bois que portait son âne, le bât compris. » Jugé sans appel et en dernier ressort. Vous pouvez vous retirer.. et ne me dérangez plus...

GUIGNOL.

Mais, M'sieu le Bailli...

LE BAILLI.

En dernier ressort. (*Il sort*).

POMMADIN.

Sans appel. (*Il sort*).

GUIGNOL, *seul*.

Eh ben! en v'là une jugerie!... Ah! mauvais raseur! te m'as donné un coup de peigne, mais ça se passera pas comme ça... Je vas retrouver Gnafron, boire une bouteille et ruminer un plan. (*Il sort.*)

DEUXIÈME TABLEAU

La boutique de Pommadin.

SCÈNE PREMIÈRE.

POMMADIN, *seul*.

(*Dans la coulisse*). Allons, Thomas... Allons, Lafleur... alerte! aiguisez mes rasoirs, préparez mes savonnettes et faites chauffer de l'eau. C'est aujourd'hui mon grand jour de barbe! (*Entrant*). Ces garçons sont d'une lenteur et d'une maladresse!... On ne fait pas bien ses affaires que soi-même. (*Riant*). Ah! ah! je ris encore du marché que j'ai fait hier avec ce vendeur de picarlats...Ah! ah! on ne m'attrape pas facilement, moi! (*On entend Guignol dire*): Peut-on t'entrer?) Mais, je crois reconnaître cette voix... Entrez, Monsieur, entrez... (*Guignol entre*). Ah! c'est ce cher Monsieur Guignol.

SCÈNE II.

POMMADIN, GUIGNOL.

GUIGNOL.

Bonjour, M'sieu Pommadin, je viens vous trouver... Vous voyez que je vous en veux pas, malgré que vous m'avez joué une fameuse farce hier.

POMMADIN.

Que voulez-vous ? Je suis l'homme le plus spirituel et le plus fallacieux de mon quartier.

GUIGNOL.

C'est une affaire finie... Moi, je suis sans rancune... Pour vous le prouver, voulez-vous boire une bouteille avec moi ?

POMMADIN.

Non, merci, je ne bois jamais entre mes repas et le menton de mes pratiques.

GUIGNOL.

Vous êtes un malin... Mais, dites-moi donc, combien que vous prenez pour faire une barbe de première classe ?

POMMADIN.

Ça dépend, si c'est à la main ou au pinceau.

GUIGNOL.

Je veux être savonné au pinceau... de l'eau de Colonne dans l'eau... un coup de peigne avec de la pummade... combien que ça va coûter, tout ça ?

POMMADIN.

Pour vous, ça ne fera que vingt centimes.

GUIGNOL.

Quatre sous ?... Tenez, v'là dix sous.

POMMADIN, *refusant*.

On ne paie jamais d'avance chez moi... Puis, c'est plus que vous ne me devrez.

GUIGNOL.

C'est que je vous ai pas tout dit... Je suis en train, là-bas, en buvant bouteille, de faire un marché avec un camarade... celui qui m'apporte mon bois pour mes picarlats. C'est un bon marché que nous allons conclure; et, comme il aime beaucoup les prévenances, pour le décider, je lui paye sa barbe... Tenez, M'sieu

Pommadin, prenez ces dix sous; y aura deux sous d'étrennes pour le garçon.

POMMADIN, *recevant*.

Pour vous faire plaisir, j'accepte.

GUIGNOL.

Vous nous mettrez du linge bien blanc?

POMMADIN.

Sans doute; ma maison a la renommée de la propreté la plus exquise.

GUIGNOL.

Bien, M'sieu, je vas chercher mon camarade. (*En sortant*). Voyez-vous, M'sieu Pommadin, j'y dois gagner cinquante francs sur ce marché... C'est pour ça que je lui paye sa barbe.

POMMADIN.

Je vous comprends.

GUIGNOL, *riant*.

Pas bête, Guignol, pas bête. (*Il sort*).

POMMADIN.

(*A la cantonnade, en riant aussi*). Oh! pas bête, du tout. (*Seul*). Encore cinquante centimes d'attrapés à cet imbécile... Je vais tout préparer pour le recevoir, lui et son camarade. (*Il sort*).

SCÈNE III.

GUIGNOL, puis POMMADIN.

GUIGNOL, *entrant et tirant par la bride son âne qui fait une vive résistance*.

Allons, viendras-tu, ganache? J'ai payé pour toi; te vas être joli, gredin!... Tiens-toi donc tranquille.

POMMADIN, *entrant et voyant l'âne*.

Que vois-je? un âne chez moi! Monsieur Guignol, y pensez-vous?

GUIGNOL.

Je pense ben que j'y pense... Vous m'avez promis de me raser, moi et mon camarade... Me voila, moi, et voila mon camarade... C'est celui que m'apporte mon bois... Faut le raser... et vivement.

POMMADIN.

Je ne rase pas les ânes à quatre pattes. Emmenez cet animal!

GUIGNOL.

Qu'il ait quatre pattes ou qu'il en ait deux... c'est mon camarade... Te le raseras!

POMMADIN.

J'ai promis de raser un homme et non un quadrupède.

GUIGNOL.

Ce quadrupète est mon camarade... Y a ben des hommes qui le valent pas... Je t'ai payé; t'as reçu l'argent... te le raseras!

POMMADIN.

Je ne le raserai pas!

GUIGNOL.

Te-le-ra-se-ras!

POMMADIN.

Monsieur Guignol, mettons fin, je vous prie, à cette plaisanterie; elle a déjà trop duré.

GUIGNOL.

Oh! je ris pas... Ni toi non plus, vieux... Allons, à l'ouvrage vivement!.. T'es payé; faut travailler.

POMMADIN, *en colère*.

Ah! vous le prenez sur ce ton-là; je vais chercher Monsieur le Bailli et nous allons voir. (*Il sort*).

GUIGNOL.

Va chercher qui te voudras. (*A son âne*). Sois tranquille, vieux, te vas être bien joli garçon tout à l'heure. (*L'âne remue*). Ah! mais, ne buge pas, ne buge pas. (*L'âne remue plus fort*).

SCÈNE IV.

GUIGNOL, POMMADIN, LE BAILLI.

Le Bailli entre pendant que Guignol cherche à contenir son âne; il est culbuté.

LE BAILLI.

Tenez donc cet animal... Monsieur Pommadin, comment laissez-vous entrer de pareilles bêtes chez vous ?

POMMADIN.

Monsieur le Bailli, vous me voyez confus de ce qui arrive... C'est précisément là l'objet de ma plainte... Cet homme a fait entrer son âne chez moi, au risque de tout briser... Et maintenant, il veut que je rase cette bête. (*L'âne fait un saut*).

LE BAILLI, *effrayé.*

Mais retenez donc votre animal !

GUIGNOL, *à son âne.*

Allons, ne buge pas !... Tiens toi comme y faut.

LE BAILLI, *à Guignol.*

Expliquez-vous sur le fait de la plainte... mais brièvement... je suis pressé... Pourquoi avez-vous introduit votre âne céans.

GUIGNOL.

Il s'appelle pas Céans, il s'appelle Martin.

LE BAILLI.

Pourquoi l'avez-vous amené ici ? Répondez sans ambages.

GUIGNOL.

Sans jambages ?

LE BAILLI.

Au fait ! au fait !

GUIGNOL.

Figurez-vous, M'sieu le Bailli, que je suis venu chez M'sieu Pommadin... Je lui ai demandé combien qu'il prenait pour faire une barbe de première classe... Il m'a dit quatre sous... Je lui ai dit que j'allais venir avec mon camarade qui m'apporte mon bois, pour nous faire raser... Il m'a dit : Venez... Je lui ai dit : Tenez, voilà dix sous... J'ai payé pour tous les deux... et deux sous pour le garçon... Il m'a dit : Merci ! Il a reçu l'argent : voilà mon camarade, y faut qu'il le rase ; allez !

LE BAILLI.

Très-bien... Pommadin, qu'avez-vous à répondre ?

POMMADIN.

Je réponds que lorsque j'ai promis de raser son camarade, je croyais que c'était un homme et non un âne.

LE BAILLI.

Il fallait mieux vous expliquer. Il ressort de ce que vous venez de dire, que vous avez promis de raser le camarade de Monsieur Guignol, celui qui lui apporte son bois...

POMMADIN.

Oui, mais...

LE BAILLI.

Ne m'interrompez pas. Avez-vous reçu les cinquante centimes ?

POMMADIN.

Oui, Monsieur, et je suis prêt à les lui rendre.

GUIGNOL.

Je n'en veux pas.

LE BAILLI, à *Pommadin.*

Eh bien ! Monsieur, quand on a reçu le salaire, on doit faire l'ouvrage... Je vais rendre mon jugement : « ... Considérant « que le sieur Pommadin s'est engagé, pour un prix qu'il a reçu, « à raser le sieur Guignol et son camarade ; considérant qu'il

« n'est pas nié que l'âne ici présent soit le camarade de Guignol ;
« je condamne le sieur Pommadin à raser le sieur Guignol et son
« âne... » Jugé sans appel et en dernier ressort. Je me retire...
et ne me dérangez plus.

POMMADIN.

Mais, Monsieur le Bailli...

LE BAILLI.

Sans appel. (*Il sort*).

SCÈNE V.

GUIGNOL, POMMADIN

GUIGNOL.

En dernier ressort !... Eh ben ! vieux, quand je te le disais !...
Je pense bien que t'es décidé à présent ?

POMMADIN.

Quelle humiliation ! raser une aussi vilaine bête !

GUIGNOL.

Vilain ! mon pauvre Martin ! il est ben aussi joli garçon que toi.

POMMADIN.

Il vous ressemble, il a vos oreilles.

GUIGNOL.

Te voudrais bien avoir son esprit,... Ah ça, dépêchons,... T'es
condamné ; te vas faire la barbification, ou je te fais saisir ton
bazar... et mon bidet aidera les huissiers à la saisie.

POMMADIN.

Que va-t-on dire de moi dans le quartier ? (*Il va chercher une serviette qu'il passe au cou de l'âne*). Du linge si blanc pour une pareille bête.

GUIGNOL, *à son âne.*

Ah! gredin, te voilà content! (*A Pommadin*). Va chercher ta savonnette à présent, et qu'elle sente bonne!

POMMADIN *sort, et revient tenant un pot de chambre, qu'il met sous le museau de l'âne.*

Voilà qui est bien bon pour un tel animal. (*L'âne se jette sur le pot de chambre*). Mais il mange ma savonnette... Arrêtez-le donc, c'est un anthropophage que cet animal.

GUIGNOL.

C'est bien fait! Pourquoi lui donnes-tu un si vilain plat à barbe?... (*Pommadin emporte le pot et revient*). Allons, dépêchons... Laisse-lui la mouche et les mustaches.

POMMADIN.

Non, décidément, je ne puis m'y résoudre... Il n'aurait qu'à me mordre.

GUIGNOL.

T'as peur qu'il te morde... Eh ben, si te veux pas raser à tribord... (*Il lève la queue de l'âne et le fait retourner*) rase à bâbord.

POMMADIN, *détournant la tête.*

Baissez ça, baissez ça!... Voyons, n'y aurait-il pas moyen de s'arranger?

GUIGNOL.

Ah! te veux t'arranger, c'est facile. *Primus*, te vas me rendre le bât que te m'as carotté hier... *Secundus*, te vas me rendre mes dix sous de barbification... et *Tertius*, te me donneras cinq francs pour un picotin pour mon âne, et cinquante francs pour moi pour faire un fricot avec les amis.

POMMADIN, *poussant un soupir.*

Allons! c'est bien cher!... Mais je consens à tout ce que vous voudrez... Tenez, voilà cinquante-cinq francs cinquante centimes. (*Il lui donne de l'argent*). Je ne vous retiens pas même la valeur du savon que votre âne m'a dévoré.

GUIGNOL.

Oh ! le savon, c'est lui qui vous le rendra... demain... en venant chercher son bât ! Adieu, joli barbier ! (*Il va pour sortir*).

POMMADIN.

Adieu ! adieu, gros malin ! (*Il fredonne à demi-voix et tristement l'air de* Figaro).

GUIGNOL, *revenant*.

Eh ben ! je veux vous montrer que Guignol est un bon enfant et qu'il n'a pas de rancune... V'là les amis qui arrivent... Nous allons manger les cinquante francs... Venez les manger avec nous, je vous invite.

POMMADIN.

Moi aussi, je suis sans rancune ; j'accepte.

SCÈNE VI.

Les Mêmes, GNAFRON, CADET.

GNAFRON.

Que deviens-tu donc, Chignol ?... Je te cherche de partout, comme une épingle, depuis ce matin... J'avais envie de te faire crier par le père Berlingard (1) (*Il imite un crieur public*). On vous fait à savoir qu'on a perdu-z-hier au soir....

GUIGNOL.

Te me prends pour un roquet... Eh ben ! me voilà retrouvé... Paies-tu quéque chose ?

CADET.

C'est toi qui nous avais promis... Est-ce que te n'as pas encore vendu tes picarlats ?

---

(1) C'est encore une institution en décadence que celle des crieurs publics. Celui dont Gnafron rappelle ici le nom avait, au commencement de ce siècle, une certaine célébrité dans les rues de notre ville, par les facéties dont il assaisonnait ses publications.

GUIGNOL.

Si ; mais j'ai fait un petit marché.

GNAFRON.

Faut donc serrer la ceinture de ma culotte ?

GUIGNOL.

Gros licheur, va !

GNAFRON.

Moi !... je me contente de rien... Avec quatorze sous par jour, je folichonne comme un prince... Douze sous de vin, un sou de pain, un sou de tabac ; v'là mon gala.

GUIGNOL.

Eh ben, mon vieux, aujourd'hui, ribote complète!... J'ai cinquante francs pour les amis... Je paie à dîner aux Charpennes, chez la mère Brigousse, à cinq francs par tête.

GNAFRON.

Cinq francs!... Ah! ma pauvre tête, te vas n'en voir une belle!

GUIGNOL.

M'sieu Pommadin est des nôtres... A table, il vous racontera une histoire qui est instituée : « A trompeur, trompeur et demi. »

CADET.

Partons!... Et en avant la romance, père Gnafron !

GNAFRON.

J'ai votre affaire...

Il entonne l'air : « Quand serons-nous sages ? » qu'ils continuent tous, et ils sortent en chantant.

FIN DU MARCHAND DE PICARLATS.

LES VALETS A LA PORTE

PIÈCE EN UN ACTE

LES VALETS A LA PORTE

PIÈCE EN UN ACTE

L'INTENDANT.
GROS-PIERRE, jardinier.
GNAFRON, concierge.

GUIGNOL, valet de pied.
MONSEIGNEUR

Un Jardin ou un Parc.

SCENE PREMIERE.

L'INTENDANT, seul.

Je viens de recevoir une lettre de Monseigneur. Le pauvre sire est allé à la Martinique pour y chercher fortune... Il aurait mieux fait de rester chez lui : il est complètement ruiné, et je crois que ses biens, le château même, ne tarderont pas à être vendus... Il s'agit de songer à mes propres affaires au milieu de cette débâcle. Je vais d'abord renvoyer tous les domestiques... car je trouve qu'ils s'occupent beaucoup trop de ce qui me concerne, et je ne veux pas tant d'espions autour de moi... Ils ne sont pas payés;

mais ce sont des drôles... Gros-Pierre est un imbécile, Gnafron un ivrogne, Guignol un paresseux... Je vais les régler à ma manière, et de façon à ce qu'ils ne m'importunent plus... Voici justement Gros-Pierre, le jardinier... Commençons tout de suite.

SCÈNE II.

L'INTENDANT, GROS-PIERRE.

GROS-PIERRE (1).

Salu ben, Monsu l'intendant; je veno de commanda votrons alouétte pre notron jardin (2).

L'INTENDANT.

Mes alouettes pour le jardin ? Qu'est-ce que c'est que cela ?

GROS-PIERRE.

Votrons alouétte d'Amérique.

L'INTENDANT.

Ah! je comprends; mes aloès... Mon garçon, c'est une course inutile; nous n'avons plus besoin de rien pour le jardin.

GROS-PIERRE.

Et d'ont vint don (3), Monsu l'Intendant ?

L'INTENDANT.

Mon pauvre Gros-Pierre, j'ai une bien mauvaise nouvelle à t'annoncer... Monseigneur vient de m'écrire, il est ruiné... Il ne reviendra plus dans le pays... et on va vendre le château.

---

(1) Gros-Pierre parle le patois des paysans du Lyonnais.
(2) Je viens de commander vos alouettes pour notre jardin.
(3) Et d'où vient donc cela ?

GROS-PIERRE.

Oh ! men'arma ! iquin me fa péna (1), Monsu l'intendant.

L'INTENDANT.

Il faudra aller te placer ailleurs.

GROS-PIERRE.

Et notrons gagis ? qué donc que lous payira (2) ?

L'INTENDANT.

Tu ne perdras rien. Monseigneur m'a chargé de tous vous payer. Qu'est-ce qui t'est dû ?

GROS-PIERRE.

Monsu l'intendant, vos ou saï ben miu que mé... Vos aï ben mais de connaissance (3).

L'INTENDANT.

Combien devais-tu recevoir par an ?

GROS-PIERRE.

Vos n'in êtes pos ingnorant... Je me souais afroumi pre cent écus et vingt et cinq livres l'an (4).

L'INTENDANT.

Et depuis combien de temps es-tu au château ?

GROS-PIERRE.

Vos l'aï ben beto par écrit su votron livre, Monsu l'intendant. Vous sara très ans, Monsu l'intendant, à la Saint-Martin (5).

---

(1) Oh ! par mon âme, cela me chagrine.
(2) Et nos gages ? qui donc les payera ?
(3) Vous le savez bien mieux que moi... Vous avez bien plus de savoir.
(4) Vous ne l'ignorez pas... je me suis engagé à trois cent vingt-cinq livres l'an.
(5) Vous l'avez bien mis par écrit sur votre livre... Il y aura trois ans à la Saint-Martin.

L'INTENDANT.

Eh bien! fais ton compte toi-même.

GROS-PIERRE.

Oh! vos ou saré ben miu fare que mé, Monsu l'intendant... Vos saï ben miu chiffro (1).

L'INTENDANT.

Dis-moi ce que cela fait à ton compte.

GROS-PIERRE.

Je creyo, Monsu l'intendant, qu'ou fara ben nou cent septante cinq livres (2).

L'INTENDANT.

C'est bien! je te donnerai neuf cent soixante-quinze francs.

GROS-PIERRE.

No, pos soixanta? Je volo nou cent septante cinq livres (3).

L'INTENDANT.

C'est la même chose.

GROS-PIERRE.

La mêma chousa! à votron compto! ma je volo lo mino : nou cent septante-cinq livres... (*A part*). Vaï vos lo decevablo que me volove embouesi (4)!

L'INTENDANT.

Je te donnerai neuf cent septante-cinq livres... Mais je dois te prévenir que Monseigneur étant ruiné, il est impossible de te payer le tout en argent.

GROS-PIERRE.

Comin don que vos me payiri (5)?

---

(1) Vous le saurez bien mieux faire que moi... Vous savez bien mieux calculer.
(2) Je crois que cela fera bien neuf cent septante-cinq livres.
(3) Non; pas soixante. Je veux neuf cent septante-cinq livres.
(4) La même chose! à votre compte! mais je veux le mien : neuf cent septante-cinq livres... Voyez-vous le trompeur qui voulait me duper!
(5) Comment me payerez-vous donc?

L'INTENDANT.

En bois.

GROS-PIERRE.

Vos ne me bailliri gin de liords (1)?

L'INTENDANT.

Si bien; je te donnerai moitié en argent et moitié en bois.

GROS-PIERRE.

Et que n'in fari-jo don de votron bois? Onte don que je poré lo beto (2)?

L'INTENDANT.

Oh! tu l'emporteras sur ton dos, tu as de bonnes épaules. Puis il ne sera pas bien difficile à garder; tu en tireras bon parti.

GROS-PIERRE.

Et qué bois don que vos me bailliri (3)?

L'INTENDANT.

Il y en a de plusieurs espèces. Il y a du pommier, de l'acacia...

GROS-PIERRE.

Gni a t'é do pruni (4)?

L'INTENDANT.

Du prunier? Certainement. Est-ce que tu le préfères?

GROS-PIERRE.

Voua, Monsu l'intendant, je l'amo miu. Et lou liords, quante don que vos me lous bailliri (5)?

---

(1) Vous ne me donnerez point d'argent?
(2) Et qu'en ferai-je de votre bois? Où pourrai-je le mettre?
(3) Et quel bois me donnerez-vous?
(4) Y a-t-il du prunier?
(5) Oui... je l'aime mieux, Et l'argent, quand me le donnerez-vous?

L'INTENDANT.

Plus tard ; je te donnerai d'abord le bois, parce que je suis bien aise de m'en débarrasser.

GROS-PIERRE.

M'en bailliri vos una bouna chorgi (1) ?

L'INTENDANT.

Je t'en donnerai généreusement. Je vais tout de suite t'en chercher un échantillon. C'est du prunier, n'est-ce pas, que tu veux ?

GROS-PIERRE.

Voüa, Monsu l'intendant.

L'INTENDANT *sort et revient avec un bâton dont il frappe Gros-Pierre.*

Tiens, tiens, en voilà du prunier ! Si tu n'en as pas assez, je reviendrai (*Il sort*).

GROS-PIERRE, *seul*.

Ah ! la sala bêti ! O m'a ben bailla lo pruni et le prune. O m'a tout acramailla. Je vouai modo vé lo vétérinairo me fare beto un implatro (2). (*Il sort*).

SCÈNE III.

GNAFRON, *seul*.

N'y a plus de bonne foi dans le commerce. Aurait-on jamais vu autrefois un cabaretier venir s'établir dans un pays sans inviter tous les bons vivants à planter la crémaillère ? Eh ben ! le père Chibroc a vendu ; son remplaçant ne m'a encore rien fait dire ! Et quand je passe devant chez lui, il me regarde de travers. Ça m'empêche d'entrer... Animal ! est-ce qu'il ne devrait pas être flatté d'avoir une pratique comme moi ? Est-ce que je ne

---

(1) M'en donnerez-vous une bonne charge ?
(2) Oh ! la sale bête ! Il m'a bien donné le prunier et les prunes. Il m'a tout écrasé. Je vais aller chez le vétérinaire me faire mettre un emplâtre !

fais pas la réputation d'un établissement?... Mais on ne considère plus rien à présent que l'argent... et je n'en ai pas beaucoup... je n'en ai même pas du tout... et j'ai des dettes... Il faut que je réclame mes gages... car il n'y a plus moyen de boire à crédit... On ne m'a rien payé depuis que Monseigneur est parti ; et ça doit faire une somme conséquente... Je vas aller trouver l'intendant... Il m'avait donné trois commissions; je les ai pas faites; mais, bah ! je lui conterai quéques gandoises... c'est un filou... Le v'là ! Quand on parle du loup...

SCÈNE IV.

GNAFRON, L'INTENDANT

L'INTENDANT.

Ah ! bonjour, Gnafron, je suis bien aise de te rencontrer. As-tu fait toutes mes commissions ? Je t'avais dit de passer chez mon tailleur, mon chapelier et mon cordonnier.

GNAFRON.

Oui, M'sieu, j'ai t'été partout.

L'INTENDANT.

Eh bien ! t'a-t-on donné ce que j'ai commandé?

GNAFRON.

Non, M'sieu; ils ont tous dit qu'y fallait que vous y allissiez vous-même... Ils ont besoin de vous reprendre mesure. Le tailleur dit que vous avez une épaule plus ambitieuse que l'autre, et qu'il ne sait plus combien y faut mettre de filasse sur la petiote... Le chapelier dit que votre tête est comme une poire blette, qu'il ne peut pas attraper votre point; que pour le dernier bugne (1) qu'il vous avait fait, il avait pris mesure sur le bou-

---

(1) *Bugne* ; chapeau : expression qui appartient exclusivement au dialecte guignolesque.

teroue du château; mais que depuis qu'on l'a cassé, il ne sait plus comment faire... Le cordonnier dit qu'il aimerait autant chausser un jardin potager que vos pieds; y a des oignons, des œils-de-perdrix... que sais-je, moi ?

L'INTENDANT

C'est bon... Je changerai de fournisseurs... en attendant, je t'engage à aller chercher une autre place.

GNAFRON.

Allons donc! j'ai t'été nommé concierge par Monseigneur, et y n'y a que lui qui a le droit de me destituter.

L'INTENDANT.

Il faut partir tout de même.

GNAFRON.

Vous croyez qu'y n'y a qu'à dire : Gnafron, fais ton baluchon et va-t-en chercher une autre condition... Et les gages des domestiques! faut les pôner, pauvre vieux.

L'INTENDANT.

Monseigneur ne reviendra pas de la Martinique... il est ruiné.

GNAFRON.

Ça me regarde pas.

L'INTENDANT.

Comment! ça ne te regarde pas! Mais tu ne comprends rien... Tes gages, tu peux les perdre...

GNAFRON.

Vous m'en contez de belles; je connaisse la loi. Les domestiques passent avant tout.

L'INTENDANT.

Ecoute... Mon intention est que vous soyez tous payés... mais il faut te montrer raisonnable...

GNAFRON.

Oh! j'ai ben envie que vous me payassassiez. J'ai plus le sou... Je crève de soif. C'est au point que j'en ai le corgnolon qu'a une irritance... que j'ose plus passer devant le cabaretier, et que l'autre jour il me menaçait de faire saisir mon linge.

L'INTENDANT.

Ton linge! il aurait fait là une belle prise... Je ne t'ai jamais vu que cinq chemises, dont trois mauvaises et deux déchirées, et encore, je crois que tu les as vendues à un chiffonnier pour en boire le prix au cabaret.

GNAFRON.

Et pardi! fallait ben que j'allasse boire du vin au cabaret, puisque vous ne faites boire que de la piquette tournée aux domestiques, pendant que vous lichez le Bordeaux, vous!

L'INTENDANT.

C'est bon, c'est bon! il ne s'agit pas de ce que je bois. Puisque tu veux le montant de tes gages, je vais te régler: combien t'est-il dû?

GNAFRON.

Il m'est dû trois ans à quatre cent quarante-cinq francs.

L'INTENDANT.

Eh bien! voyons; trois ans à 445 fr. (*Il écrit sur la bande*) 445 par 3, 3 fois 5 font 15; je pose 5 et je retiens 1.

GNAFRON.

Qu'est-ce que vous retenez? Est-ce que vous avez quéque chose à retenir?... Est-ce que ce n'est pas tout à moi?

L'INTENDANT.

Fais ton compte toi-même, si tu n'as pas confiance en moi.

GNAFRON.

Je vais le faire... Mais il me faut un crayon pour cette calculance.

L'INTENDANT.

En voilà un.

GNAFRON.

On peut pas calculer trois ans de mémoire comme ça... Y a longtemps que j'ai pas fait un si gros compte... Avec le cabaretier, je compte plus, parce que je le paie pas... Voyons, 445 francs pendant trois ans... Je pose 445... Ah! sapristi, je me souviens pas bien comment on fait les 4.

L'INTENDANT.

Pour te prouver que je ne suis pas aussi méchant que tu le dis, je vais te montrer comment on fait un 4. (*Il imite sur la barre la forme d'un 4 par trois traits*). Un, deux et trois.

GNAFRON.

Comment? vous dites un, deux et trois; et ça fait un 4!

L'INTENDANT.

Oui.

GNAFRON.

Ça n'était pas comme ça qu'on les faisait de mon temps... Voyons. (*Il écrit sur la rampe*). 3 ans ça fait 3 ans, 3 fois 3 font 9. Je pose 9; un 9, un 9 et un 9, ça fait trois 9. J'additionne le tout et je multiplie par 3 : 3 fois 9... Y a trop de 9.

L'INTENDANT.

Mais, mon pauvre Gnafron, je crois que tu te trompes. Sais-tu faire une multiplication?

GNAFRON.

Otez-vous de là... Laissez-moi faire... Je suis pas fort, mais je suis juste. J'ai t'été pendant quatorze ans à l'école... et j'y ai rien appris; y a fallu me refaire mon éducance à moi seul. Les maîtres d'aujourd'hui n'apprennent rien aux enfants. Mon père a mangé un bon bien pour me faire éduquer.

L'INTENDANT.

Vous êtes donc d'une bonne famille, père Gnafron?

GNAFRON.

Pardi! mon père tenait un domaine de deux paires de bœufs... mais ils passaient par la chatière... Voyons! laissez-moi continuer mon arithmétoque : — Qui de 9 paye 9 ne peut; j'emprunte 1 qui vaut 10, 10 et 9 font 19... Qui de 19 paye 9 ne peut... j'emprunte 1... C'est assez commode d'emprunter... le mal, c'est que personne veut me prêter... Mais que je suis bête! Tous ces 9 m'appartiennent; il faut faire une addition... J'efface tous les zéros, parce que j'en veux pas... 99 et 99 font... Je sais pas s'il faut retenir 15 ou bien 12.

L'INTENDANT, *riant*.

Tu vois bien que tu retiens quelque chose.

GNAFRON.

Mais c'est moi qui retiens, ce n'est pas vous; j'en ai le droit, puisque c'est mon compte.

L'INTENDANT.

As-tu bientôt fini? Voyons le total!

GNAFRON.

Le voilà : Unités, dizaines, centaines, mille, dizaines de mille, centaines de mille, millions, dizaines de millions, centaines de millions, billards. Je crois que je me blouse.

L'INTENDANT.

Eh bien?

GNAFRON.

Ça fait dix-huit cent billards, neuf cent soixante-neuf millions, quatre cent soixante-quinze mille deux cent nonante-un francs, neuf cent quatre-vingt-dix-neuf sous. Voilà mon compte.

L'INTENDANT.

Peste! je ne croyais pas qu'il te fût dû une aussi grosse somme... Il ne sera pas possible de te payer tout en espèces... Je te donnerai la moitié en argent, et la moitié en marchandises.

GNAFRON.

En quelles marchandises?

L'INTENDANT.

En bois.

GNAFRON.

J'aimerais mieux en vin.

L'INTENDANT.

C'est impossible. Toutes les caves de Monseigneur sont scellées.

GNAFRON.

Scellées !.,. Qué que ça veut dire ?

L'INTENDANT.

On a mis les sceaux sur le vin.

GNAFRON.

Eh bien ! nous mettrons le vin dans les seaux, et nous l'emporterons.

L'INTENDANT.

Tu as la tête bien dure. La justice a mis les scellés sur le vin. Il est défendu d'y toucher.

GNAFRON.

De quoi se mêle-t-elle, la justice... Est-ce qu'on doit empêcher les honnêtes gens de boire ? Y ne devrait pas être permis de saisir le vin.

L'INTENDANT.

Enfin, que tu le veuilles ou que tu ne le veuilles pas, c'est ainsi. Je ne puis te donner que du bois.

GNAFRON.

Et quel bois allez-vous me donner ?

L'INTENDANT.

Oh! il y en a de plusieurs espèces. Tu peux choisir... Il y a du chêne, du châtaignier...

GNAFRON.

Le châtaignier, ça n'est bon qu'à faire des cannes.

L'INTENDANT.

Il y a de la racine de buis.

GNAFRON.

On peut en faire des tabatières... mais j'aime mieux autre chose.

L'INTENDANT.

Il y a du bouleau.

GNAFRON.

C'est fameux pour faire des semelles de galoches... Mais n'y en a-t-il point d'autre ?

L'INTENDANT.

Tiens ! voici ce qu'il te faut... Il y a de l'acajou ; c'est un bois précieux, excellent pour le placage.

GNAFRON.

De l'acajou ?

L'INTENDANT.

Oui, un bois très cher, qui se plaque... C'est charmant quand on l'applique.

GNAFRON.

Et m'en donnerez-vous beaucoup ?

L'INTENDANT.

Tu me diras toi-même quand tu en auras assez.

GNAFRON

Eh bien ! donnez.

L'INTENDANT.

Tout de suite. Attends-moi une seconde. (*Il sort, revient avec un bâton et frappe Gnafron*). Tiens, en as-tu assez ?

GNAFRON.

Assez! assez! (*L'intendant sort*). Ah! vieille canaille! vieux gueusard! Voilà comme te l'appliques, ton acajou ! Je me sens plus le cotivet... J'y vois tout trouble... Ça me fait le même effet qu'après une forte ribote, et ça a été plus dur à avaler... Ah! gredin! si je peux à mon tour te faire un placage!... J'ai besoin de souffler un peu pour digérer ça. (*Il se couche sur la bande*).

SCÈNE V.

GUIGNOL, GNAFRON, PUIS GROS-PIERRE.

GUIGNOL, *s'approchant de Gnafron*.

Eh! nom d'un rat! père Gnafron, y sent le roussi par ici!

GNAFRON.

Te peux ben dire le brûlé. Ça vient de chauffer dur.

GUIGNOL.

Oui, oui, j'ai entendu peter quéques coups de tavelle sur ton melon. (*A Gros-Pierre, qui entre et qui se tient la tête*). Et toi, qu'as-tu donc ?

GROS-PIERRE.

J'ai do pruni (1).

GUIGNOL.

T'as mangé de prunes ?

GROS-PIERRE.

Le prune, je ne le z'ai pos din la fontana, ma ben sus la têta (2).

---

(1) J'ai du prunier.
(2) Les prunes, je ne les ai pas dans l'estomac, mais bien sur la tête.

GNAFRON.

Moi j'ai eu les noyaux.

GUIGNOL.

Mais qu'avez-vous donc fait, z'enfants, à l'intendant pour qu'il vous ait chatouillés comme ça ?

GNAFRON.

Il vient de me payer mes gages.

GROS-PIERRE.

Et à mé itou (1).

GUIGNOL.

Et moi qui allais lui demander les miens !... Gnafron, va toucher pour moi.

GNAFRON.

J'ai assez de mon compte... Mais te ne sais pas comment il s'y est pris... Il m'a dit que Monseigneur est ruiné, qu'il a tout mangé à la Marchinique, que les domestiques allaient tout perdre. Il m'a offert de me payer en bois, et il m'a réglé en bois d'acajou.

GROS-PIERRE.

Et mé en pruni (2).

GUIGNOL.

Oh ! moi, je suis pas une panosse... Je veux pas être réglé avec cette monnaie.

GNAFRON.

Te seras bien fin, si te peux lui en tirer une autre.

GUIGNOL.

Ecoutez, z'enfants... j'ai une idée... Y faut le prendre, le vieux renard, dans son trou... Allez me chercher chacun une tavelle... et je vous dirai ce qu'y faut faire.

---

(1) Et à moi aussi.
(2) Et moi en prunier.

GNAFRON *sort, revient avec un bâton et en donne un coup sur la bande.*

Voilà.

GROS-PIERRE, *de même*

Veiquia.

GUIGNOL.

Bien !... Maintenant, cachez vous; l'intendant va venir ; il me contera ses histoires, comme à vous... Je ferai semblant d'y donner dedans. . Quand je crierai : « Il est temps ! il est temps ! » arrivez vite, et j'ai pas besoin de vous dire de cogner dur.

GNAFRON.

Ça z'y est. Et je te promets que je lui rendrai sa cognasse de tout à l'heure.

GROS-PIERRE.

Eh men'arma voua ! je vouai lo coflo com'in bou (1).

GUIGNOL.

Allons, z'enfants, c'est convenu. Cachez-vous par là; et quand je crierai : « Il est temps ! » en avant la dégelée. (*Gnafron et Gros-Pierre vont se cacher*).

GUIGNOL, *seul*.

Ah ! vieux scélérat, te veux payer tous les domestiques du château à coups de rotin, mais te n'as pas affaire à une bugne à présent... Te vas exécuter une petite danse qui te dégoûtera du métier. (*L'intendant paraît sur un des côtés du théâtre et se retire presque aussitôt*).

GUIGNOL, *en le voyant*.

Attention ! il est temps ! il est temps ! (*Gnafron et Gros-Pierre arrivent et frappent sur Guignol*).

Ah ! sapristi ! il n'est pas temps ! il n'est pas temps ! Nom d'un rat ! c'est pas lui, c'est moi ! faites donc attention.

GNAFRON.

T'as vu comme j'ai causé ?

---

(1) Par mon âme, je vais taper de façon à le faire gonfler gros comme un bœuf.

GUIGNOL.

Oui, t'as causé avec moi.

GNAFRON.

Et pourquoi donc as-tu crié, si c'était pas lui ?

GUIGNOL.

Je criais parce qu'il venait, mais il s'est méfié de quelque chose, et il n'est pas entré, le gone !

GROS-PIERRE.

Nos ans ben bian chapoto (1).

GUIGNOL.

Oui, oui ; me voilà propre à présent. Vous m'avez joliment arrangé le melon.

GNAFRON.

Ça n'est rien ; fais pas attention ; nous le payerons pour trois à la prochaine occasion.

GUIGNOL.

Tout de même, z'enfants, je vous pardonne en faveur de l'intention. Si vous le cognez comme ça, je serai content. Allons, je crois qu'il revient... cachez-vous, et cette fois ne venez pas trop tôt.

GNAFRON.

Et toi, ne fais plus de mauvaise plaisanterie ; ne nous dérange pas pour rien.

SCÈNE VI.

GUIGNOL, L'INTENDANT, puis GNAFRON
et GROS-PIERRE.

L'INTENDANT.

Ah ! te voilà, Guignol ; je te cherchais ; as-tu porté mes lettres à la poste ?

---

(1) Nous avons bien tapé, n'est-ce pas ?

GUIGNOL.

Oui, M'sieu... Mais moi aussi je vous cherchais. Y a trois ans que j'ai pas reçu de gages. J'ai plus un picaillon, et y a bien longtemps que nous nous sommes pas arrosé le corgnolon avec le père Gnafron.

L'INTENDANT.

Gnafron et toi, vous êtes des ivrognes. Si on ne vous a pas payés jusqu'à présent, cela tient à la situation gênée de Monseigneur; ce n'est pas de ma faute. Et tu n'as maintenant qu'à me dire combien il t'est dû.

GUIGNOL.

Mon compte ? Y a bien longtemps que je l'ai fait. J'en ai ben eu le temps. Il m'est dû seize cents francs.

L'INTENDANT.

C'est bien, je te donnerai seize cents francs. Mais comme Monseigneur est ruiné, si tu ne veux rien perdre, il faut que tu prennes la moitié de cette somme en bois.

GUIGNOL.

(*A part*). Nous y v'là. (*Haut*). Ça m'est égal, pourvu que je soye payé. Mais quel bois allez-vous me donner ?

L'INTENDANT.

J'en ai déjà pas mal débité... Il y a encore du noyer, du sapin, du cognassier.

GUIGNOL.

Le sapin, ça me va.

L'INTENDANT.

Ça me va aussi... J'ai ton affaire, je vais t'en chercher. (*Il sort, rentre avec un bâton, et frappe Guignol*). Tiens, en voilà du sapin, tiens, tiens ! (*Il s'esquive aussitôt*).

GUIGNOL, *criant, pendant que l'intendant le frappe.*

Il est temps ! il est temps ! il est temps ! (*Gnafron et Gros-Pierre entrent dès que l'intendant est sorti et frappent Guignol*).

GUIGNOL.

Il n'est plus temps ! il n'est plus temps ! Diantre ! vous voyez donc pas que c'est moi ? Arrêtez donc !

GNAFRON.

C'est donc encore toi, mon pauvre Chignol ? Mais pourquoi as-tu crié, si c'était pas lui ?

GUIGNOL.

Eh pardi ! c'était ben lui tout à l'heure. Il m'a ben fait aussi mon compte... mais vous êtes venus trop tard... Il avait filé... Oh ! je suis bien partagé, moi... j'ai eu trois distributions.

GNAFRON.

Que veux-tu ? t'avais des gages plus forts que les nôtres ; te devais ben recevoir davantage... Mais est-ce que nous allons rester comme ça avec ces coups de trique sur le casaquin, sans nous revenger... C'est pas possible... Et ces tavelles, pourquoi donc qu'elles sont faire ?

GUIGNOL.

Oui, vous vous en êtes si bien servis jusqu'à présent !... Ecoutez ; y faut refaire un autre plan... J'ai là quelques sous. Allons boire une bouteille ; ça nous donnera de l'idée. (*Au moment où ils vont pour sortir par le fond, ils se trouvent face à face avec Monseigneur*).

SCÈNE VII.

GUIGNOL, GNAFRON, GROS-PIERRE, MONSEIGNEUR.

LES TROIS DOMESTIQUES, *étonnés*.

Oh ! Monseigneur !... Vive Monseigneur !... Vive Monseigneur !

MONSEIGNEUR.

Chut ! chut ! mes enfants. Mais qu'avez-vous donc tous ? vous paraissez fort étonnés de mon arrivée.

GNAFRON.

Ah! Monseigneur, avant votre arrivée, y avait eu bien des sorties.

MONSEIGNEUR.

Que veux-tu dire?

GNAFRON.

Mais d'abord on nous a mis à la porte... Et puis tous vos bois s'en vont.

MONSEIGNEUR.

Je ne vous comprends pas; expliquez-vous.

GNAFRON, *à Guignol et Gros-Pierre.*

C'est moi qui manie le mieux la parole, laissez-moi faire l'harangue. Et vous, saluez toutes les fois que je dirai, Monseigneur... Monseigneur! (*Il salue ainsi que Guignol et Gros-Pierre*).

GROS-PIERRE.

Monseigneu!

GNAFRON, *à Gros-Pierre.*

Est-ce que te vas parler, toi aussi?... Te veux donc qu'on te rie au nez? (*A Monseigneur*) Monseigneur!... lorsque vous partâtes...

GUIGNOL, *le reprenant.*

Partistes!

GNAFRON.

Laisse-moi donc; je dis : Partâtes... C'est à la quatrième personne.

GUIGNOL.

A la quatrième personne, pourquoi ça?

GNAFRON.

Ne sommes-nous pas quatre, grand bête?... Si vous me coupez toujours, je pourrai rien dire... Parle toi-même... ça sera joli!

GUIGNOL.

Allons, parle donc.

GNAFRON.

Monseigneur... lorsque vous partâtes, vous laissites...

GUIGNOL.

Laissâtes !

GNAFRON.

Vous laississâtes à M'sieu l'intendant votre bazar... Et pendant que vous habitassiez la Marchinique, nous mourrissions ici de faim et de soif... Ce matin, sous prétexte de nous payassasser nos gages, il nous a fait venir, il nous a dit que vous aviez fricassassé votre bien, le château et tout le bataclan... qu'on allait tout saisir... et que si nous ne voulissions rien perdre, y fallait acceptasser nos gages moitié en argent et moitié en bois. Nous attendons encore les pécuniaux... mais il nous a donné le bois... sur les reins.

MONSEIGNEUR.

Si j'ai compris quelque chose à ce que tu m'as dit, Monsieur l'intendant a tenu de mauvais propos sur mon compte; il ne vous a pas payés et il vous a frappés.

GNAFRON.

Il nous a payé une ribote de manche à balai.

GROS-PIERRE.

Ménarma voua, Monseigneu ! ov'è mé qu'ai croquo lo pruni (1).

GNAFRON.

Moi j'ai tâté de l'acajou.

GUIGNOL.

Et moi du sapin.

MONSEIGNEUR.

Mes enfants, je vous rendrai justice. Vous restez à mon service, et Monsieur l'intendant aura ce qu'il mérite... Faites-le venir,

---

(1) Oui, par mon âme, Monseigneur ! c'est moi qui ai croqué le prunier.

adressez-lui vos réclamations. Moi, je me place dans ce coin, et je me montrerai quand il le faudra.

GUIGNOL.

Oui, Monseigneur, nous allons l'appeler.

LES TROIS DOMESTIQUES, *du côté du château.*

M'sieu, l'intendant! M'sieu l'intendant!

SCÈNE VII.

GUIGNOL, GNAFRON, GROS-PIERRE, L'INTENDANT, MONSEIGNEUR, *caché derrière les domestiques.*

L'INTENDANT.

Fainéants! que faites-vous encore ici? Et pourquoi tout ce tapage?

GNAFRON.

Nous venons pour régler nos comptes.... Vous nous avez ben donné le bois, mais nous voulons l'argent.

L'INTENDANT.

Comment, drôles! vous n'êtes pas contents!... Vous avez reçu tout ce qui vous revient, et si Monseigneur eût été ici...

GNAFRON.

Monseigneur nous aurait pas traités comme ça ; c'est un bon maître.

L'INTENDANT.

Monseigneur est un libertin qui a dévoré tout son bien dans la débauche.

GNAFRON.

Et vous, vous êtes une canaille.

L'INTENDANT.

Quelle audace! me parler de la sorte! Vous allez sortir d'ici sur l'heure. Je suis le seul maître au château.

GUIGNOL.

Le seul maître ? Tu n'y penses pas, pauvre vieux.

L'INTENDANT.

Oui, le seul maître, et j'entends...

GUIGNOL.

Et celui-là, c'est donc une truffe ? (*Les domestiques s'écartent et laissent voir Monseigneur.*)

L'INTENDANT. *troublé.*

Monseigneur!... Monseigneur a fait un heureux voyage?

MONSEIGNEUR.

Trêve de compliments, Monsieur. Je connais l'indigne conduite que vous avez tenue pendant mon absence. Depuis longtemps je soupçonnais votre friponnerie. C'est pour vous éprouver que je vous ai écrit, il y a huit jours, que j'étais ruiné. Non content de me voler, vous voulez frustrer ces fidèles serviteurs des gages qui leur sont dus... Je sais de quelle façon vous les avez traités. Mais vous n'arriverez pas à vos fins. (*Se tournant vers les domestiques*). Voyons, combien est-il dû à chacun ?

GROS-PIERRE.

A mé, nou cent septante-cinq livre.

GUIGNOL.

A moi, seize cents francs.

GNAFRON.

Et à moi, dix-huit cent billards, dix-neuf cent soixante neuf millions...

MONSEIGNEUR, *riant.*

Peste !... Mais, Gnafron, tous mes biens ne suffiront pas à te payer.

GNAFRON.

Oh ! Monseigneur, je me contenterai d'un petit coin de vigne.

MONSEIGNEUR.

Je crois que tu t'es un peu trompé dans ton compte.

GNAFRON.

Que Monseigneur le règle comme il l'entendra.

MONSEIGNEUR.

C'est bien !... Monsieur l'intendant regrette, j'en suis certain, ce qui s'est passé ce matin.

L'INTENDANT.

C'était une pure plaisanterie, Monseigneur.

GUIGNOL.

Comment donc qu'il chapote quand c'est pour de bon ?

MONSEIGNEUR.

Pour vous payer de vos gages qu'il m'a portés en compte et vous indemniser de sa mauvaise plaisanterie, il veut vous donner dix mille francs, et j'en ajoute deux mille pour les intérêts. Maintenant, vous le tenez, faites-vous payer ; et, s'il ne s'acquitte pas de bonne grâce, plaisantez avec lui comme il a plaisanté avec vous. (*Il sort*).

LES DOMESTIQUES.

Vive Monseigneur !

SCÈNE IX.

Les Mêmes, excepté MONSEIGNEUR.

GNAFRON, *à l'intendant.*

Ah ! ça, vieux ! maintenant, te vas nous lâcher les douze mille francs, à quoi Monseigneur te condamne... ou nous te brûlons la cervelle... Choisis le bois que te veux pour ça,

L'INTENDANT.

Mes amis, mes bons amis, ayez pitié d'un pauvre père de famille qui a quatre enfants... orphelins. Vous ne perdrez rien de vos gages, allez !... mais, pour vous donner douze mille francs, où les prendrais-je ?

GUIGNOL.

Vous me parlez comme à un goujon. Croyez-vous que nous ayions digéré votre sapin... Y faut lâcher la monnaie.

L'INTENDANT.

Malheureux ! vous voulez donc me réduire à la mendicité ?

GUIGNOL.

Décidément, il ne veut pas entendre raison... Allez chercher vos pistolets, vous autres !

GNAFRON.

C'est ça... Guignol, garde-moi ce gone à vue. (*Gnafron et Gros-Pierre sortent*).

L'INTENDANT.

Monsieur Guignol laissez-moi sortir, je vous en prie ; je vous donne deux mille francs.

GUIGNOL.

Non pas, non pas ; il faut cracher la somme toute ronde. (*Gnafron et Gros-Pierre rentrent avec leur bâton*).

GNAFRON.

Guignol, va chercher tes munitions; nous le gardons. (*Guignol sort*).

L'INTENDANT.

Mon bon Gnafron, vous n'aurez pas le cœur de frapper mes cheveux blancs.

GNAFRON.

T'as p't-être respecté ma perruque, toi?

L'INTENDANT.

Je vous donne trois mille francs; laissez-moi partir.

GNAFRON.

Ne buge pas, ne buge pas!

GUIGNOL, *rentrant*.

Il n'a pas choisi son bois?

GNAFRON.

Il les veut tous; il ne fait pas de jaloux.

GUIGNOL, *à l'intendant*.

Donnes-tu d'argent?

L'INTENDANT.

Je n'en ai pas, mes bons amis.

GUIGNOL.

Apprêtez vos armes! En joue! feu! (*Ils frappent tous trois sur l'intendant*).

L'INTENDANT.

Arrêtez! arrêtez! je consens à tout ce que vous voudrez.

GNAFRON.

Si'il n'est pas content de la marchandise, il est difficile.

GUIGNOL, *à l'intendant*.

Ah! te deviens donc plus raisonnable!

L'INTENDANT.

J'ai un peu d'argent sur moi. Tenez, voilà vos douze mille francs. (*Il donne l'argent à Guignol et s'enfuit*).

GUIGNOL.

Voyez-vous le gueusard, il avait déjà rempli ses poches pour filer... Monseigneur est arrivé à temps. (*A la cantonnade*). Bonsoir, vieux scélérat! à ne plus te revoir!... Maintenant, c'est fête aujourd'hui!... Toi, Gros-Pierre, te vas aller couper un beau bouquet pour l'offrir à Monseigneur.

GNAFRON.

Et moi, je lui ferai le compliment... J'y mettrai toutes les fleurs de mon éducance. (*Ils sortent en chantant et en dansant*).

FIN DES VALETS A LA PORTE.

LE DÉMÉNAGEMENT

FANTAISIE EN UN ACTE

LE DÉMÉNAGEMENT

FANTAISIE EN UN ACTE

GUIGNOL.
MADELON, sa femme.
M. CANEZOU, propriétaire
GNAFRON, ami de Guignol.
LE BAILLI.
LE BRIGADIER.
UN GENDARME.

Une Place publique à Lyon.

❊

SCÈNE PREMIÈRE.

GUIGNOL, *seul*.

Ah ! Guignol, Guignol, le guignon te porsuit d'une manière bien rebarbarative. J'ai beau me virer d'un flanc et de l'autre(1),

---

(1) Me tourner d'un côté et de l'autre.

tout va de traviole chez moi... J'ai ben changé quarante fois d'état ; je peux riussir à rien... J'ai commencé par être canut comme mon père... Comme il me disait souvent dans sa chanson :

« Le plus cannant des métiers,
« C'est l'état de taffe, taffe,
« Le plus cannant des métiers,
« C'est l'état de taffetatier »

Je boulottais tout petitement sur ma banquette... Mais voilà qu'un jour que j'allais au magasin... je demeurais en ce temps-là aux Pierres-Plantées.. je descendais la Grand'-Côte avec mes galoches, sur ces grandes cadettes qu'ils appellent des trétoirs... voilà qu'en arrivant vers la rue Neyret, je mets le pied sur quéque chose de gras qu'un marpropre avait oublié sur le trétoir... Je glisse... patatrouf... les quatre fers en l'air... et ma pièce dans le ruissiau... Quand je me relève, ils étaient là un tas de grands gognands qui ricanaient autour de moi... Y en avait un qui baliait la place avec son chapeau... un qui me disait : M'sieu, vous avez cassé le verre de votre montre ? l'autre répondait : Laisse donc, te vois ben qu'il veut aller ce soir au thiâtre, il prend un billet de parterre... Je me suis retenu de ne pas leur cogner le melon... Enfin, je me ramasse; je ramasse ma pièce dans le ruissiau, une pièce d'une couleur tendre, gorge de pigeon... ça lui avait changé la nuance... Je la porte au magasin, ils n'ont pas voulu la prendre... Y avait le premier commis, un petit faraud qui fait ses embarras... avec un morceau de vitre dans l'œil... qui me dit : Une pièce tachée ! j'aime mieux des trous à une pièce que des taches ! — Ah ben ! que j'ai dit, je veux bien... — J'ai pris des grandes ciseaux, j'ai coupé les taches tout autour... C'est égal, il a pas voulu la garder... Puis il m'a dit : — Vous vous moquez de moi, Mossieu Guignol, ne revenez plus demander d'ouvrage à la maison... et dépêchez-vous de vous en aller, mon cher, car vous ne sentez pas bon... — J'aurais bien voulu le voir, lui, s'il était tombé dedans, s'il aurait senti l'eau de Colonne... Je suis rentré à la maison; j'étais tout sale; Madelon m'a agonisé de sottises : — Te voilà ! t'es toujours le même ! t'es allé boire avec tes pillandres, te t'es battu !... —

Elle m'a appelé sac à vin, pilier de cabaret, ivrogne du Pipelu (1)... Elle m'a tout dit; enfin .. on n'en dit pas plus à la vogue de Bron (2)... La moutarde m'a monté au nez; je lui ai donné une giffle, elle m'a sauté aux yeux; nous nous sommes battus, nous avons cassé tout le ménage.

C'te histoire-là m'a dégoûté de l'état... Je me suis dit : Je vergète là depuis cinq ans sans rien gagner... y faut faire un peu de commerce... Je me suis mis revendeur de gages (3) dans la rue Trois-Massacres (4)... Mais j'ai mal débuté... J'ai acheté le mobilier d'un canut qui avait déménagé à la lune... Le propriétaire avait un bau de loyer... il a suivi son mobilier... Le commissaire est venu chez moi .. il m'a flanqué à la cave... J'ai passé une nuit avec Gaspard (5).

Mon vieux, que je me suis dit après ça, faut changer de plan... T'as entrepris quéque chose de trop conséquent... t'as voulu cracher plus haut que ta casquette... Y faut faire le commerce plus en petit... Y avait un de mes amis qui avait une partie d'éventails à vendre... je l'ai achetée... et je les criais sur le pont... Mais j'avais mal choisi mon m'ment... C'était à la Noël... j'avais beau crier :

---

(1) L'ancien quartier du Puits-Pelu répond au point où est aujourd'hui la rue du Palais-Grillet. Le dicton fort ancien que répète Guignol, prouve que ses habitants n'avaient pas renom de sobriété.

(2) La vogue de Bron, village du Dauphiné, qui a été récemment réuni au département du Rhône, était fort connue à Lyon par un usage bizarre qui rappelle les Saturnales. On pouvait s'y injurier librement sans qu'il fût permis d'exercer d'autres représailles que celles de plus fortes injures. Cet usage, dont l'origine ne nous est pas connue, n'a cessé que dans les premières années de ce siècle.

(3) On appelait jadis à Lyon *revendeur de gages*, les marchands de vieux meubles, probablement parce que ces industriels avaient l'usage de prêter sur gages aux pauvres gens.

(4) C'est ainsi que Guignol et beaucoup de Lyonnais de son quartier prononcent le nom de la rue Tramassac.

(5) Les salles basses, dites *les caves*, de l'Hôtel-de-Ville de Lyon, ont longtemps servi de prison municipale. Elles étaient fréquentées par de nombreux rats qui s'engraissaient des reliefs des prisonniers, et l'un d'eux, qui s'était fait remarquer par ses traits de gentillesse, avait reçu des habitués le nom de Gaspard qu'il a transmis à sa postérité. Or, les caves de Lyon n'ont pas enfermé seulement des vauriens et des vagabonds. Plus d'un honnête bourgeois, plus d'un homme des meilleures familles de notre ville y a passé, pendant la Révolution, de longues nuits tristement égayées par Gaspard. De là la célébrité de ce personnage dans toutes les classes de la cité lyonnaise.

Joli éventails à trois sous ! le plus beau cadeau qu'on peut faire à un enfant pour le jour de l'an !... Personne en achetait, et encore on me riait au nez.

Après ça, je me suis fait marchand de melons... Pour le coup, c'était bien au bon m'ment... c'était au mois de jeuliet... Mais quand le guignon n'en veut à un homme, il le lâche pas... C'était l'année du choléra... et les médecins défendaient le melon... J'ai été obligé de manger mon fonds... toute ma marchandise y a passé... Eh ben ! ça n'a pas arrangé mes affaires... au contraire, ça les a tout à fait derangées... J'ai déposé mon bilan... ça a fait du bruit... la justice est venue sur les lieux avec les papiers nécessaires... et elle a dit : V'là une affaire qui ne sent pas bonne... C'est égal, les créanciers ont eu bon nez, ils n'ont point réclamé de dividende.

J'ai pas eu plus de chance dans mes autres entreprises (1)...

Y a bien un quéqu'un qui m'avait conseillé de me faire avocat... parce qu'il disait que j'avais une jolie organe... Mais y en a d'autre qui m'ont dit que, pour cette chose-là, je trouverais trop de concurrence.

Ah ! j'ai eu, par exemple, un joli m'ment... je m'étais fait médecin margnétiseur, et ma femme Madelon sonnambule .. C'était un de mes amis, qui avait travaillé chez un physicien, qui m'avait donné des leçons... Madelon guérissait toutes les maladies... On n'avait qu'à lui apporter quéque chose de la personne... sa veste, ses cheveux, quoi que ce soit, enfin... Elle disait sa maladie et ce qui fallait lui faire... Les écus roulaient chez nous comme les pierres au Gourguillon... et tous les jours y avait cinq ou six fiacres à notre porte... C'est que Madelon était d'une force !... Et pour le déplacement des *essences* !... c'était le même ami qui m'avait appris ça... Elle y voyait par le bout du doigt, elle y voyait par l'estomac, de partout, enfin... Elle lisait le journal, rien qu'en s'assiyant dessus... Eh ben ! nous avons fini par avoir un accident... Y avait une jeunesse qui était malade de la poitrine ; Madelon l'a conseillée de s'ouvrir une carpe sur l'estomac et de s'asseoir sur un poêle bien chaud,

---

(1) Il va de soi que ce récit se prolonge et se varie *à gusto*.

jusqu'à ce que la carpe soye cuite... Elle a prétendu que ça lui avait fait mal... ça nous a ôté la confiance... Les fiacres sont plus venus, les écus non plus... Nous avions fait bombance pendant le bon temps, acheté un beau mobilier... y fallait payer ça... Tout a été fricassé.

Du depuis, je n'ai fait que vicoter... je suis revenu à ma canuserie... mais l'ouvrage ne va pas... Le propriétaire m'est sur les reins pour son loyer... je lui dois neuf termes... Il est venu hier... il va revenir aujourd'hui... Je sais plus où donner de la tête.

SCÈNE II.

GUIGNOL, MADELON.

MADELON.

Te voilà encore à flâner au lieu d'être sur ton métier, pillandre.

GUIGNOL.

Ah! Madelon, j'ai assez de cassement de tête comme ça... laisse-moi la paix... Le propriétaire va venir... j'ai pas d'argent à lui donner.

MADELON.

T'en a bien de l'argent pour aller au cabaret. D'où viens-tu à présent?

GUIGNOL.

Je viens de la Bourse... Le Crédit mobilier a de la hausse.

MADELON.

Oui, ils sont jolis notre crédit et notre mobilier. Te ne te corrigeras donc jamais; te ne seras jamais à ton ouvrage... toujours à boire avec des pillandres comme toi... Ta pièce n'est seulement pas à moitié...

GUIGNOL.

Madelon, si t'as envie de te disputer et de refaire connaissance avec le manche à balai, battons-nous tout de suite, parce que j'ai pas le temps.

MADELON.

T'es ben trop lâche !

GUIGNOL.

Je t'ai dit que le propriétaire va venir. As-tu d'argent à lui donner?

MADELON.

Où veux-tu que je le prenne, gueusard ? Te me manges la chair et les os.

GUIGNOL.

Es-tu décidée à lui laisser emporter ton bazar, au propriétaire?

MADELON.

Te veux donc que nous restions sur la paille ?

GUIGNOL.

Eh ben ! va faire ton paquet. Quand les pâles rayons de la lune projeteront leur éclat argenté... plus argenté que mon gousset... sur les châssis de la Grand'-Côte, y faudra changer de quartier en catimini.

MADELON.

Ah ! scélérat, voilà à quoi te me réduis !

GUIGNOL.

Garde ta langue pour une meilleure occasion, et va vite.

MADELON.

Oui j'y vas... scélérat, pendard, coquin, brigand... (*Elle sort*).

GUIGNOL.

Ah! si j'avais le temps, Madelon, comme je te règlerais ! (*Il sort aussi*).

SCÈNE III.

M. CANEZOU, puis GUIGNOL.

CANEZOU, seul.

Qu'on est malheureux d'être propriétaire aujourd'hui! J'ai été obligé de faire à mes maisons des réparations considérables. On a tellement abaissé le sol de la rue, qu'il m'a fallu y ajouter trois étages... par dessous... Avec cela, personne ne paie... La Saint-Jean est passée, la Noël est venue, et point d'argent... Il faudra que je fasse un exemple et que je fasse vendre le mobilier d'un de ces récalcitrants. J'ai surtout ce Guignol qui me doit neuf termes et qui ne répond à mes réclamations que par des balivernes... Il faut que je l'intimide, que j'obtienne de lui un à-compte, ou que je l'expulse... Allons, finissons-en... Mais mes rhumatismes ne me permettent guère de monter jusqu'à son neuvième étage, et je n'ai pas envie d'entrer chez lui; je ne sais pas comment il me recevrait... je m'en vais l'appeler... Monsieur Guignol! Monsieur Guignol! Monsieur Guignol!

GUIGNOL, de l'intérieur.

Je n'y suis pas.

CANEZOU.

Comment! vous n'y êtes pas, et vous me répondez!

GUIGNOL, de même.

Je peux pas sortir; je mets une pièce à mon pantalon qui est déchiré au coude.

CANEZOU.

J'ai à vous parler: voulez-vous descendre?

GUIGNOL, à la fenêtre.

Si je veux des cendres?... j'en ai pas besoin, j'en ai mon plein poêle.

CANEZOU.

Le drôle ne viendra pas tant qu'il saura qu'il a affaire à moi. Il faut que je déguise ma voix et que je lui fasse croire que le facteur lui apporte une lettre. (*Il frappe neuf coups avec roulement, comme frappaient jadis les facteurs de la poste, et se cache*).

GUIGNOL, *de l'intérieur*.

Qué que c'est ?

CANEZOU, *contrefaisant sa voix*.

C'est le facteur... Je vous apporte une lettre, une lettre chargée; il y a de l'argent dedans.

GUIGNOL.

De l'argent ! Je dégringole ! (*On l'entend descendre les neuf étages. — Arrivant*). Ah ! nom d'un rat ! le propriétaire !... je suis pincé !... (*A Canezou*). On n'a pas besoin de vous, mon brave homme ! on a ramoné les cheminées il y a huit jours.

CANEZOU.

Sapristi, je ne suis pas le ramoneur, je suis votre propriétaire, et je viens,..

GUIGNOL.

Ah ! c'est vous, M'sieu Canezou, je vous remettais pas, je vous demande pardon. Comment ça va-t-y ?

CANEZOU.

Ça ne va pas mal ! Je viens savoir, Monsieur Guignol...

GUIGNOL.

Ah ! y a fait un bien grand vent l'autre jour. Je me suis laissé dire qu'y avait un homme que le vent lui avait emporté son chapeau, ses bas, et tous les boutons de son pantalon ; ça le gênait pour marcher. Ça serait pas vous, par hasard ?

CANEZOU.

Il est vrai que le vent a été très fort... mais il ne s'agit pas de cela... Je viens savoir quand nous en finirons pour notre compte.

GUIGNOL.

Notre compte !.., Oh ! si vous me devez quéque petite chose, ne vous gênez pas ; je suis pas pressé.

CANEZOU.

Mais je le suis, moi!.. C'est de mon loyer que je veux parler.

GUIGNOL.

Vous voulez payer votre loyer?... Ah! vous avez bien raison... faut jamais rien devoir.

CANEZOU.

Monsieur Guignol, ces plaisanteries-là ne sont pas de bon goût!... Vous me devez neuf termes. (*Il s'avance vers lui*).

GUIGNOL.

Ah! nom d'un rat! parlez pas de si près... Il manque des dominos à votre jeu, et, quand vous êtes en colère, vous m'envoyez des postillons... comme un feu d'artifice... C'est pas cannant!

CANEZOU.

Le drôle m'insulte, mais il faut me contenir... Voulez-vous me payer, oui ou non?

GUIGNOL.

Oui.

CANEZOU.

Ah!

GUIGNOL.

Oui, je veux vous payer... mais pas de pécuniaux (1).

CANEZOU.

De pécuniaux! Qu'est-ce que c'est que ça?

GUIGNOL.

Pas d'espinchaux.

CANEZOU.

Espinchaux!... Ces gens-là ont des manières de s'exprimer!

GUIGNOL.

Pas d'escalins.

---

(1) *Des pécuniaux*; de l'argent.— V. la note p. 115. *Le Duel.*

CANEZOU.

Escalins!

GUIGNOL.

Pas de patars.

CANEZOU.

Patars!... Je ne vous comprends pas, expliquez-vous.

GUIGNOL.

Eh bien! y a rien dans le gousset.

CANEZOU.

Vous n'avez pas d'argent ? Je vous en ferai bien trouver.

GUIGNOL.

Vous me rendrez service, par exemple.

CANEZOU.

Vous avez un mobilier ?

GUIGNOL.

Oui, oui, un mobilier de luxe. On m'en donnerait bien trente sous au Mont-de-Piété !

CANEZOU.

Vous avez une commode ?

GUIGNOL.

Je l'ai plus : elle m'était devenue incommode... les logements sont si petits aujourd'hui.

CANEZOU.

Et votre miroir antique ?

GUIGNOL.

Je l'ai vendu cet été pour boire à la glace.

CANEZOU.

Vous aviez une garde-robe ?

GUIGNOL.

Il était un peu cassé. Je l'a donné à un ébénistre de la rue Raisin pour l'arranger; on a tout démoli dans cette rue et mon garde-robe avec.

CANEZOU.

Ta, ta, ta... Et votre table en noyer a-t-elle été démolie aussi ?

GUIGNOL.

Non; mais un jour, on a mis la marmite dessus... La marmite fuyait, ça a fait un trou, et la table s'est toute éclapée.

CANEZOU.

Vous me faites des contes à dormir debout.

GUIGNOL.

Vous avez bien raison... Allons nous coucher !

CANEZOU.

Voyons, Monsieur Guignol, je veux être bon pour vous... Voulez-vous gagner vingt francs ?

GUIGNOL.

Pour ça, je veux bien... Que faut-il faire ?

CANEZOU.

Je vais vous l'expliquer... Vous me devez trois cent vingt francs pour neuf termes... Eh bien, je vous laisse quitte à trois cents francs.. payez-les moi; c'est vingt francs que vous gagnez.

GUIGNOL.

Ah ! c'est donc ça ! Vous êtes un vieux malin, vous !.., Eh ben, je veux bien ; mais voilà comme nous allons nous arranger... Vous allez me donner les vingt francs en argent, et moi je vous donnerai mon billet pour les trois cent vingt... Vous aurez la signature Guignol.

CANEZOU.

Vous vous moquez de moi.. Eh bien, je vous ferai changer de ton... je vais vous faire donner un commandement.

GUIGNOL.

Les commandements ! ah ! je connais ça ; on me les a appris quand j'étais petit ;

« Tes père et mère... »

CANEZOU.

Eh bien ! il y en a un que vous avez oublié :

« Ton propriétaire tu paieras
« A Noël et à la Saint-Jean. »

GUIGNOL.

Ah ! c'est pas comme ça qu'on me l'a appris :

« A ton vilain propriétaire tu donneras,
« A chaque terme, autant d'argent
« Qu'on en donne à présent,
« Sur le pont Morand ».

CANEZOU.

Le drôle a réponse à tout.. Voyons, je veux en terminer... Je vous donne quittance ; mais à une condition... une seule... videz les lieux !

GUIGNOL.

Ah ! par exemple... c'est pas mon état... je travaille pas sur cette matière.

CANEZOU.

Eh bien ! je les ferai vider par l'huissier.

GUIGNOL.

Vous irez chercher vos huissiers à Vénissieux (1) !... Faudra ben toujours qu'ils se bouchent le nez en saisissant ça.

CANEZOU.

Décidément vous n'êtes qu'un fripon !

---

(1) Voyez, sur l'industrie de Vénissieux, la note p. 165 : *Un Dentiste*.

GUIGNOL.

Un tripon!... Venez donc me dire ça à deux pouces du bec!

CANEZOU.

Vous ne valez pas plus que votre ami Gnafron... un ivrogne, un vaurien qui me doit aussi huit termes.

SCÈNE IV.

LES MÊMES, GNAFRON.

GNAFRON, *entrant et poussant M. Canezou.*

Qu'est-ce qui parle de moi, ici?

CANEZOU.

Ah! les canailles! voilà comment vous me traitez!... Je vais chercher les huissiers, le bailli, la maréchaussée... (*Il sort furieux*).

SCÈNE V.

GUIGNOL, GNAFRON.

GNAFRON.

En quel siècle vivons-nous, mon pauvre Chignol? Se voir insurter en pleine rue par ses créanciers!

GUIGNOL.

Te lui as fait prendre le chemin de fer?

GNAFRON.

Qué qu'il te voulait, le vieux grigou?

GUIGNOL.

Oh! des bêtises; il me demandait de l'argent... Je lui dois neuf termes...

GNAFRON.

Neuf termes!... Et te lui as jamais rien donné?

GUIGNOL.

Rien.

GNAFRON.

Tiens! embrasse-moi!... Je t'ai toujours aimé, Chignol!... T'es le modèle des locataires!

GUIGNOL.

Oui, mais le vieux va revenir avec sa maréchaussée... T'es bien bon à donner un coup de main à un ami?

GNAFRON.

Y a assez longtemps que nous nous connaissons! Qué qu'y a à faire?

GUIGNOL.

Y a à boire une bouteille quand nous aurons fait changer d'air à mon bataclan qui est là-haut.

GNAFRON.

Comme ça, te prends la lune pour le soleil?

GUIGNOL.

Oui, oui... je veux plus rester dans cette maison... une baraque mal habitée... y a pas seulement un concierge...

GNAFRON.

Et ousque tu vas?

GUIGNOL.

J'ai pas encore trouvé un logement qui me convienne... Les

propriétaires sont si ridicules... ils veulent tous des arrhes.., T'as ben un coin à me prêter pour mettre mon bazar ?

GNAFRON.

J'ai ma suspente... elle a seize pieds carrés... mais, par exemple, elle est habitée...

GUIGNOL.

Habitée ! est-ce que te loges des maçons, à présent ?

GNAFRON.

Non ! mais y a une ménagerie... y a de cafards... j'en ai compté l'autre jour de quoi faire un régiment avec la musique... y a de z'aragnées... y a de puces, y a de bardanes (1).

GUIGNOL.

Sois tranquille ; nous leur porterons de la société.

GNAFRON.

Commençons-nous tout de suite ?

GUIGNOL.

Oui, oui, en avant et vivement !... Cependant, attention. Gnafron ! ménage mes porcelaines et mes bronzes d'art ! (*Il appelle.*) Madelon ! Madelon ! v'là le m'ment !

SCÈNE VI.

DÉMÉNAGEMENT. — *On voit paraître la Lune.*

GUIGNOL, GNAFRON ET MADELON passent successivement sur le devant de la scène, en portant divers objets de ménage, et repas-

---

(1) *Bardane*, punaise.

sent ensuite dans le fond pour retourner au logement de Guignol. A chaque rencontre, ils échangent des lazzis.

Il est impossible d'écrire cette scène ; elle est essentiellement *à gusto*. Le temps, le lieu, les objets déménagés font varier sans cesse le thème sur lequel s'exerce la verve de l'artiste.

Dans le défilé figurent le plus souvent *un bois de lit* en fort mauvais état, *un matelas* idem, *une commode* sans tiroirs, *une poêle percée*, *une ouche* de boulanger d'une longueur démesurée, etc., etc. Cette série se clôt toujours par deux meubles indispensables, *la seringue et le pot de chambre;* et on devine sans grands efforts d'imagination, le texte des plaisanteries dont ils sont l'objet.

A la fin du déménagement, Guignol voit venir la maréchaussée, et tous s'enfuient en criant : Sauve qui peut !

Suivant plusieurs manuscrits, l'arrivée de la maréchaussée termine la pièce. D'autres y ajoutent les scènes suivantes.

SCÈNE VII

LE BAILLI, LE BRIGADIER, LE GENDARME, puis CANEZOU.

LE BAILLI, *aux gendarmes*.

Messieurs, lorsque l'immoralité a perverti tous les cœurs...

LE GENDARME.

Ah! Mossieu le Bailli, vous avez bien raison...

LE BRIGADIER.

Taisez-vous, cavalier ; laissez parler Mossieu le Bailli.

LE BAILLI

Messieurs, lorsque l'immoralité... (*Le Brigadier éternue*).

LE GENDARME.

Ah! cette fois, brigadier, c'est vous qui interrompez Mossieu le Bailli.

LE BAILLI.

Messieurs, lorsque l'immoralité... (*On entend aboyer un chien.*) Décidément je ne peux pas faire mon discours aujourd'hui... Mais, bah! je l'ai déjà fait plusieurs fois, et...

CANEZOU, *entrant.*

Eh bien! Messieurs, avez-vous mis le mobilier de ce drôle sous la main de la justice?

LE BAILLI.

Nous vous attendions pour procéder... nous vous suivons.

CANEZOU.

Non, non! je préfère vous suivre moi-même; j'ai mes raisons.

LE BAILLI.

Gendarme, montez au neuvième étage, chez le nommé Guignol; faites-vous ouvrir et avertissez-nous.

LE GENDARME *monte.* — *Il paraît un instant à la fenêtre et dit:*

Je trouve la porte ouverte et rien dans la maison.

CANEZOU

Il n'y a rien?

LE GENDARME.

Il y a un rat.

CANEZOU.

Oh! scélérat! trop tard! trop tard!... Mais il ne nous échappera pas... il reviendra certainement ici... Monsieur le Bailli, cachez-vous,... ou plutôt feignez de dormir en ces lieux... ne dormez que d'un œil; guettez-le et emparez-vous de sa personne... Moi, je vais chercher du renfort. (*Il sort.*)

SCÈNE VIII.

LE BAILLI, LE BRIGADIER, LE GENDARME, puis GUIGNOL,

LE BAILLI.

Monsieur Canezou a raison... il faut saisir cet impudent qui s'est joué de nous... Plongeons-nous dans un sommeil feint.

Ils se couchent tous trois sur la rampe. — Guignol arrive et touche le bailli, qui se plaint d'avoir été frappé.—Les gendarmes se justifient. — Querelle. — Ils se recouchent.

Guignol reparaît et frappe successivement les deux gendarmes. — Même jeu.

Puis il revient avec un bâton et fait tomber la toque du bailli.

Il plante le bâton devant la rampe ; les gendarmes et le bailli tentent en vain de l'arracher. — Le bâton s'agite et se promène, etc., etc...

Enfin, Guignol les bat et les disperse.

Mais, au moment où il se félicite de son succès et appelle Gnafron pour boire bouteille, M. Canezou revient avec le bailli et la maréchaussée. — Guignol est saisi.

※

SCÈNE IX

GUIGNOL, M. CANEZOU, LE BAILLI, LE BRIGADIER, LE GENDARME.

CANEZOU.

Nous le tenons enfin.

LE BAILLI.

Il ne sera pas dit qu'on se sera impunément joué de nous. Conduisez-le en prison !

GUIGNOL.

En prison !... Un m'ment ! un m'ment ! On ne mène pas en

prison un gone comme moi qu'à Givors a tiré du canal trois hommes qui se noyaient.

CANEZOU.

A Givors ?

GUIGNOL.

Oui... y a douze ans... Y avait un papa à perruque qui vendait de la mort aux rats...

CANEZOU.

Arrêtez!... Ce jour-là, possédé de la passion de la pêche à la ligne, ce négociant avait jeté dans les flots du canal une ligne garnie d'un asticot dont les effets étaient irrésistibles... Tout à coup le goujon biche... le pêcheur donne un coup sec... Mais à ce moment un limaçon perfide et jaloux dirigeait ses pas dans ces lieux... le pied du pêcheur glisse... il tombe dans le canal...

GUIGNOL.

Vous le connaissez ?

CANEZOU.

Le limaçon ?

GUIGNOL.

Non, le pêcheur ?

CANEZOU.

C'était moi.

GUIGNOL.

C'était vous ! ah !

CANEZOU.

Et mon sauveur ?

GUIGNOL.

C'était moi.

CANEZOU.

C'était vous ! ah ! dans mes bras, mon sauveur ! dans mes bras ! (*Ils s'embrassent*).

LE BAILLI.

Arrêtez !... A ce moment, un homme, tourmenté par des malheurs domestiques, se promenait le long du canal en donnant un libre cours à ses mélancoliques pensées... La journée était orageuse... un vent glacial fouettait les feuilles des arbres et soulevait les ondes... Cet homme portait un parapluie feuille morte...

Un coup de vent l'enlève et le fait tourbillonner dans les airs... Désolé de perdre ce compagnon de ses rêveries, cet homme s'élance et tombe dans le canal sur un pêcheur à la ligne qui s'était précipité à la recherche de sa proie.

GUIGNOL.

Vous connaissez cet homme ?

LE BAILLI.

C'était moi.

GUIGNOL.

C'était vous ! ah !

CANEZOU.

Et le pêcheur, c'était moi !

LE BAILLI.

C'était vous ! Et mon sauveur ?

GUIGNOL.

C'était moi.

LE BAILLI.

C'était vous ! Ah ! dans mes bras, mon sauveur !

CANEZOU.

Dans nos bras, notre sauveur ! (*Ils s'embrassent*).

LE BRIGADIER.

Arrêtez !... Ce jour-là, un jeune habitant de Rive-de-Gier, trouvant que le maître d'école de l'endroit avait quelque chose de monotone et de fastidieux dans son enseignement, l'avait planté là pour aller goûter les délices du bain dans le canal...

TOUS.

Ah !

LE BRIGADIER.

Il se livrait à une coupe gracieuse, lorsqu'il sent un instrument contondant lui dégringoler sur la nuque du cou... C'était un parapluie feuille morte.

TOUS.

Ah!

LE BRIGADIER.

Il s'apprêtait à le saisir... lorsqu'il reçoit sur le dos un particulier qui s'élançait à la poursuite de ce riflard...

TOUS.

Ah!

LE BRIGADIER.

C'en était trop... il succombe... et bientôt le canal aurait tout dévoré, si un mortel généreux...

GUIGNOL.

Ce jeune habitant de Rive-de-Gier, vous le connaissez?

LE BRIGADIER.

C'était moi.

GUIGNOL.

C'était vous! ah!

LE BAILLI.

Et le parapluie, c'était moi.

LE BRIGADIER.

C'était vous!... Et mon sauveur?

GUIGNOL.

C'était moi.

LE BRIGADIER.

C'était vous! ah! dans mes bras, mon sauveur!

LE BAILLI ET CANEZOU.

Dans nos bras! notre sauveur! (*Ils s'embrassent*).

LE GENDARME.

Arrêtez!... Moi je ne suis pas tombé dans le canal... mais je voudrais en avoir goûté l'onde amère, Mossieu Guignol, pour avoir le droit de vous serrer dans mes bras. (*Ils s'embrassent tous*).

LE BAILLI.

Voilà bien des reconnaissances !

CANEZOU.

La mienne ne finira jamais... Guignol, je vous fais remise de mes neuf termes... Et ce n'est pas tout ; ma maison est désormais la vôtre, je vous la donne !...

GUIGNOL.

Allons, ça sert à quéque chose de savoir nager... C'est pas l'embarras que ça m'a donné pas mal d'agrément quand j'étais jeune... Je piquais une tête du pont de Pierre dans la Saône, à dix pas de la Mort-qui-Trompe... Je descendais de Neuville à la Quarantaine en faisant la planche, et sur les quais le monde s'accoudaient sur le parapet pour me voir filer... Allons ! me voilà propriétaire à présent... faut plus badiner... Je ferai payer d'avance, et je me méfierai de la lune. (*Au public*).

> AIR : *On dit que je suis sans malice.*
> Bien souvent dans notre ménage
> On voit que l'argent déménage.
> Si on n'y met pas de ménagement,
> On arrive au déménagement.
> Mais, pour mériter vot' suffrage,
> Guignol a b'soin qu'on l'encourage.
> Il demand' vos applaudissements :
> N'y mettez pas des ménagements.

FIN DU DÉMÉNAGEMENT (1).

---

(1) On croit que Mourguet grand-père avait dans son répertoire un *Déménagement*. C'est là, en effet, un sujet si essentiellement guignolesque, qu'on peut facilement supposer qu'il a été traité à l'origine du genre ; mais l'exécution en est aussi essentiellement variable avec les circonstances de temps et de lieu, et il est probable qu'il reste aujourd'hui peu de chose de l'œuvre primitive. Au surplus, *le Déménagement* est une des pièces le plus constamment goûtées du répertoire, et la réputation d'un théâtre Guignol s'établit sur la manière dont elle y est jouée. C'est la sommité la plus ardue de la *commedia dell'arte*.

LE TESTAMENT
PIÈCE EN UN ACTE

LE TESTAMENT

PIÈCE EN UN ACTE

Mme BOBINARD, veuve.	M. RAYMOND, rentier.
GUIGNOL, son domestique.	UN NOTAIRE.

Un salon.

※

SCÈNE PREMIÈRE

Mme BOBINARD, seule.

C'est vraiment avoir du malheur ! Je viens de chez le notaire... mon mari ne m'a absolument rien laissé. C'est une ingratitude sans pareille !... Après avoir passé ma jeunesse à le servir !... après lui avoir donné tous les soins qu'exigeait sa longue maladie !... Il me faut cependant en prendre mon parti... il faut quitter cette maison, presque ce luxe auquel je m'étais si facilement habituée... Ce n'est pas, en vérité, pour moi que je me plains, car je n'ai jamais eu grand goût à tout cela et j'ai de quoi vivre... Mais ma nièce, cette pauvre petite Caroline... j'espérais la doter

et la marier avec le fils de ce Raymond, cet avare, notre voisin...
Ce serait un charmant mariage pour elle, et je suis sûre que les
jeunes gens se plaisent... Mais Raymond n'y consentira jamais,
si Caroline n'a rien.... Ah ! je suis désolée !...

SCÈNE II.

Mme BOBINARD, GUIGNOL.

GUIGNOL.

N, i, ni, c'est fini... Faut donc partir ? Madame, je viens vous faire mes adieux.

Mme BOBINARD.

Tu pars déjà, mon pauvre Guignol.

GUIGNOL.

Faut ben que je parte, puisque vous voulez plus me garder. Je vas faire ma malle... Dites-moi, Madame, où est mon linge qui a été à la dernière lissive ?

Mme BOBINARD, *à part*.

Quelle ingratitude ! J'ai le cœur déchiré.

GUIGNOL.

Qu'avez-vous donc, Madame ? Vous me paraissez joliment triste !

Mme BOBINARD.

Ce que j'ai... c'est que, malgré mon dévouement, mon mari ne m'a absolument rien laissé... Si j'avais été riche, je t'aurais bien gardé... J'ai regret de renvoyer un serviteur tel que toi.

GUIGNOL.

Oh! oui, c'est un ingrat, votre mari... Vous qui avez eu si soin de lui !... Tout le monde, dans le quartier, croit qu'il vous a laissé son bien.... Quel homme pénible !... M'en a-t-il fait endurer, dans le temps, quand y fallait l'accompagner le long des Etroits et lui prendre des iragnes (1) pour chiper des goujons... moi qui les crains comme la peste !... Et, depuis qu'il était malade, il était toujours à me dire : Guignol, goûte-moi donc ce bullion ;... Guignol, goûte-moi donc cette tisane ;.. Guignol, goûte-moi donc ces pilules... Une fois il m'en a fait prendre une qui m'a fait courir pendant quinze jours... Et puis, la nuit, il avait toujours peur que je m'endorme... il avait mis une épingle au bout de sa canne, le vieux gredin !... Et si je fermais l'œil, crac, il me lardait !... L'autre nuit, il m'a réveillé en cerceau : j'ai sauté à bas de mon lit, le pot de machin n'était pas à sa place, et j'ai pris un bain de pieds... salé. Ça n'était pas cannant.

Mme BOBINARD.

Mais quel est le motif qui a pu lui faire oublier tous les soins que je lui ai prodigués ?

GUIGNOL.

Je le sais ben un petit peu.

Mme BOBINARD.

Comment ? tu le sais ! Dis-le-moi vite.

GUIGNOL.

Oui, quand il avait sa fièvre tigrinaque... vous savez bien, quand il battait la générale... il disait... il disait que sa femme ne l'aimait pas... qu'elle l'avait épousé comme un en-cas...

Mme BOBINARD.

Il disait cela !... On m'avait calomniée auprès de lui... Il voulait sans doute faire allusion à M. Raymond. C'est une histoire qu'il faut que tu saches : — Toute jeune, je fus demandée en mariage par M. Raymond, notre voisin... J'avais peu de fortune, mais je devais hériter d'un de mes oncles qui m'avait élevée. Ma main avait été accordée à M. Raymond, lorsque mon oncle mourut subitement, et un testament déjà ancien désignait pour héritier l'un de ses neveux. J'étais déshéritée... comme aujourd'hui.

---

(1) *Iragne*, araignée.

M. Raymond, qui n'en voulait qu'à ma fortune, refusa alors de m'épouser, en prétextant la volonté de sa famille. Quelque temps après, M. Bobinard me vit; je lui plus et il m'épousa. Tu sais le reste. Il ne m'a pas mieux traité que mon oncle, et cependant il m'avait toujours promis de ne pas m'oublier.

GUIGNOL.

Les promesses, ça coûte rien... Me parlez pas des héritages. C'est comme ma tante... ma tante Dodon... Vous l'avez bien connue?

Mme BOBINARD.

Moi? pas du tout.

GUIGNOL.

Vous avez pas connu ma tante?... Elle demeurait à la Grand'-Côte, à côté de Bibatte... Vous avez bien connu Bibatte?

Mme BOBINARD.

Bibatte! Je ne me souviens pas.

GUIGNOL.

Bibatte qui faisait tous les déménagements de la Grand'Côte... Il demeurait vers la Cour du soleil, mais il faisait aussi les déménagements à la lune... Il avait trois ânes qui valaient douze francs à eux trois... Il leur donnait pas grand'chose à manger, mais il les entreposait dans la Cour du soleil et ils buvaient à discrétion... à la pompe.

Mme BOBINARD.

Qu'est-ce que tu me racontes là?

GUIGNOL.

C'est pour en revenir à ma tante... Elle m'avait promis aussi son héritage. Elle me disait toujours : Mon petit Guignol, tout ce que j'ai, c'est pour toi... Un beau jour je reçois une lettre d'elle, qu'elle était morte à la Grive, près de Bourgoin, où elle demeurait. Vous connaissez ben la Grive?... Je prends la carriole pour y aller... Dans ce temps-là y avait pas de chemin de fer pour Bourgoin... On couchait en route... on couchait à la Verpillière... même qui m'est arrivé là des aventures bien drôles... Le conducteur disait toujours : Allons, messieurs, en voiture, la carriole va partir (1)... Puis, elle partait jamais, sa carriole... Je vous raconterai çà une autre fois... J'arrive donc à la Grive. Toutes les voisines de ma tante étaient autour de moi. Une me dit : Cette brave madame Dodon, elle m'avait promis son garde-robe, pour l'avoir veillée pendant qu'elle était malade. Je lâche le garde-robe. Une autre dit : Elle m'avait promis sa pétrière pour lui avoir blanchi son linge. Je lâche la pétrière... Enfin y avait six sous d'argent. Quand on a eu payé la mainmorte (2), le boulanger et le reste, y m'a resté 4 bouteilles de vin que ça faisait faire la grimace de le boire, 3 paires de bas qui montent jusque par-dessus le genou, et 6 chemises qui ont des petites manches comme ça (*il en montre la longueur*) et qui me vont pas du tout... Voila ce que c'est que les héritages.

Mme BOBINARD.

Babillard !

GUIGNOL.

Vous avez ben raison, Madame, mais c'est pour vous désennuyer... J'étais venu vous demander où est mon linge de la dernière lissive ; vous me l'avez pas dit.

Mme BOBINARD.

Tu le trouveras à la salle à manger. Allons, puisque tu pars, voilà 20 fr. d'étrennes en récompense de tes bons services.

GUIGNOL.

Merci bien, Madame. Allez! ça me fâche bien de vous quitter...

---

(1) Il y a ici une allusion à l'histoire comique d'un voyage de Lyon à Bourgoin au temps jadis, histoire fort connue dans les ateliers des peintres lyonnais, sous ce titre : *La carriole va partir*. Le premier auteur de ce récit, souvent revu et augmenté, est un musicien nommé Verdelet, qui vivait, comme Mourguet, dans les premières années de ce siècle, et auquel ses narrations en langage canut, plus encore que son habileté à faire danser la jeunesse lyonnaise, avaient valu une véritable célébrité.

(2) Le droit de mutation.

Si vous vouliez me garder rien que pour ma nourriture, je resterais... Je mange pas beaucoup.

MME BOBINARD.

Tu ne manges pas beaucoup, mais tu bois bien. Non, cela m'est tout à fait impossible.

GUIGNOL.

Eh ben, Madame, venez, je vous prie, voir ma malle.

MME BOBINARD.

A quoi bon ? Tu ne veux rien emporter.

GUIGNOL.

Ah ! vous savez, quand on part, on a tant à faire !... la malle est quelquefois trop grande... y a des distractions si naturelles...

MME BOBINARD.

Ce serait bien étonnant.

GUIGNOL.

Pas tant que vous croyez. On a les yeux à gauche, n'est-ce pas, et la main à droite. La gauche voit pas ce que la droite fait.

MME BOBINARD.

Quand on est honnête, ces choses-là n'arrivent guère.

GUIGNOL.

Oh que si ! Quand j'étais tout petit gone, j'allais au prunier de ma tante, et pendant que je me tenais à l'arbre de la main droite, j'avalais les prunes de la gauche.

MME BOBINARD.

Cela ne m'empêche pas d'avoir confiance en toi. Tu peux emporter ta malle sans que je la voie.

GUIGNOL.

Allons, je reviendrai tout de même vous faire mes adieux. (*Il s'éloigne et revient pour dire :*) Mais, Madame, c'est pas possible que vous ayez pas connu ma tante ?

Mme BOBINARD.

Non, je ne l'ai pas connue... Babillard, laisse-moi donc.

GUIGNOL, *en s'en allant.*

Ça m'étonne bien, ma tante Dodon!...

SCÈNE III.

Mme BOBINARD, *seule.*

Pauvre garçon ! il m'était fidèle et dévoué. (*On sonne*). Qui est-ce qui sonne ? Qui donc peut encore songer à moi dans mon délaissement ?

SCÈNE IV.

Mme BOBINARD, M. RAYMOND.

RAYMOND.

Bonjour, charmante voisine ! Comment allez-vous ?

Mme BOBINARD.

Vous ici, Monsieur Raymond ? Qu'est-ce qui peut me valoir votre visite ?

RAYMOND.

J'ai appris la mort de votre mari, en revenant de la campagne, et je venais partager vos soucis.

Mme BOBINARD.

Oui, Monsieur, je l'ai perdu... C'est une bien grande douleur pour moi.

RAYMOND.

Oh ! il était vieux, cacochyme... d'un caractère insupportable.. Vous deviez vous attendre à le perdre d'un instant à l'autre.

Mme BOBINARD.

Monsieur, vous ne m'avez pas encore expliqué votre présence ici. Vous n'y veniez pas du vivant de mon mari.

RAYMOND.

Pour dissiper vos chagrins, je venais m'entretenir avec vous d'anciens souvenirs. Vous n'avez pas oublié sans doute que vous avez été autrefois ma fiancée.

Mme BOBINARD.

(*A part*). Le perfide! il a encore l'audace de me le rappeler! (*Haut*). Vous avez bonne mémoire, Monsieur; moi, j'ai cherché à oublier comment vous m'avez délaissée, après les promesses que vous aviez faites.

RAYMOND.

Ne m'accusez pas... C'est ma bonne tante qui a contraint ma volonté; elle exigeait que l'épouse de mon choix eût une fortune équivalente à la mienne; elle m'aurait déshérité, si je vous avais épousée... Mais je puis tout réparer... Je suis veuf maintenant, je suis libre... Dans dix mois vous le serez aussi... accordez-moi votre main.

Mme BOBINARD.

Vous devriez, Monsieur, sentir l'inconvenance de votre conduite... Tant que vous m'avez cru héritière de mon oncle, vous avez promis de m'épouser; mais lorsque vous avez su que mon oncle m'avait oubliée dans son testament, vous m'avez délaissée. Vos parents n'y étaient pour rien... et ce n'est qu'après votre trahison que j'ai épousé M. Bobinard... Aujourd'hui je suis riche à mon tour; j'hérite de toute la fortune de mon mari... (*Mouvement de Raymond*) et je puis me passer de la vôtre.

RAYMOND.

Oh! j'en suis convaincu... Avec tous les mérites que vous possédez, vous ne manquerez pas de prétendants... Mais, moi, j'ai des droits anciens; accordez-moi votre main, je vous en supplie.

Mme BOBINARD.

Vous êtes bien pressant... Je suis veuve depuis si peu de temps, et je suis fort embarrassée d'affaires de toute espèce... J'ai besoin d'y réfléchir... Et si vous changiez encore d'avis!...

RAYMOND.

(*A part*). Tâchons de la lier par un coup de maître. (*Haut*). Je veux vous montrer toute ma franchise et mon empressement. Je vais promettre par écrit de vous épouser ; nous signerons tous deux un acte suivant lequel celui qui se dédira dans dix mois paiera cinquante mille francs à l'autre. D'ici à cette époque vous aurez tout le temps de réfléchir.

Mme BOBINARD.

(*A part*). Le fourbe!... mais il sera pris lui-même dans ses pièges. (*Haut*). J'accepte, à condition que vous me garderez le secret jusqu'à ce moment.

RAYMOND.

Merci, ma belle... Je ferai tout ce que vous voudrez. Je ne connaissais pas le testament de votre mari ; ce que vous venez de m'apprendre me comble de joie. Vous méritiez bien cette libéralité... Moi aussi j'ai une belle fortune... Mais je désirerais cependant lire ce testament.

Mme BOBINARD.

Doutez-vous de ma parole ? et serait-ce là le motif qui vous a fait demander ma main ?

RAYMOND.

Oh? fi donc! vous n'auriez pas un denier que je mettrais avec bonheur mon cœur et ma fortune à vos pieds... Néanmoins je désirerais le lire... Il peut y avoir certaines clauses... Les collatéraux sont si avides ! C'est dans votre intérêt que je m'en préoccupe. Les femmes ne connaissent pas bien les affaires.

Mme BOBINARD.

Je vous le montrerais volontiers ; mais je ne l'ai pas là. Je puis seulement l'envoyer chercher chez le notaire... Si vous reveniez...

RAYMOND.

Certainement je reviendrai... Oh! je ne suis pas pressé; je le lirai un autre jour.,. Voulez-vous que je revienne dans une heure et demie, dans une heure?

Mme BOBINARD.

Il faudra bien deux heures... le notaire pourrait être absent. Au revoir, Monsieur Raymond!

RAYMOND.

Bien, bien!... A bientôt, mon beau dalhia! à bientôt, ma belle rose mousseuse! à bientôt, tout ce que j'aime! (*Il sort*).

SCÈNE V.

Mme BOBINARD, *seule*.

Je m'explique sa visite... Il a pensé, comme tout le monde, que je devais être héritière de mon mari, et il est venu s'en assurer... Il veut m'engager de façon à ce que je ne lui échappe pas... Mais je ne serai pas sa femme... et il faudra bien qu'il marie son fils avec ma chère Caroline... J'aurai du plaisir à duper cet avare.

SCÈNE VI.

Mme BOBINARD, GUIGNOL.

GUIGNOL, *apportant un havre-sac*.

Madame, voilà ma malle faite. Voulez-vous venir voir dedans?

Mme BOBINARD.

Je t'ai dit déjà que cela était inutile.

GUIGNOL.

Voyons, Madame, y a donc pas moyen de me garder rien que pour ma nourriture?

Mme BOBINARD.

Je te répète que cela m'est impossible... Mais veux-tu gagner cent francs?

GUIGNOL.

Je pense bien; est-ce que ça se demande? Qu'est-ce qu'il faut faire pour ça?

Mme BOBINARD.

Il faut prendre la place de mon mari.

GUIGNOL.

Vous épouser?... Mais je demande rien pour ça; je suis tout prêt.

Mme BOBINARD.

Il ne s'agit pas de m'épouser.

GUIGNOL.

Oh! Madame! si on a vu des rois épouser des bergères...

Mme BOBINARD.

Encore une fois, il ne s'agit pas de cela.

GUIGNOL.

Mais de quoi donc? Est-ce que vous voulez que j'aille remplacer votre mari dans le royaume des taupes? Escusez! Je vois ben comment j'irais, mais je vois pas comment votre mari en reviendrait.

Mme BOBINARD.

Tais-toi donc, bavard; tu ne me laisses pas parler... Il s'agit de tromper M. Raymond, notre voisin.

GUIGNOL.

Ce grippe-sous! Tant que vous voudrez. Je lui en veux depuis qu'un jour il m'a offert une pièce de deux sous pour avoir porté sa malle... deux sous!... Ah! il est bien connu dans tout le quartier pour son avarice... c'est à qui racontera des histoires sur son compte (1).

---

(1) Guignol raconte ici *ad libitum* quelque trait comique d'avarice.

Mme BOBINARD.

Voici l'affaire... Tout à l'heure il est venu ici. Il me croit héritière de mon mari, et dans cette croyance il m'a demandé ma main... Comme il faut attendre dix mois, encore, de peur de manquer un aussi beau parti, il veut que nous signions un acte suivant lequel celui qui se dédira de ce projet de mariage paiera cinquante mille francs à l'autre... Je voudrais bien lui faire payer ce dédit... mais voilà le difficile!... Il croit que par un testament mon mari m'a fait son héritière, et il n'y a point de testament... Il faut que nous lui en montrions un... Tu vas te mettre au lit; j'irai chercher des témoins et un notaire... Justement celui qui est là dans cette rue est arrivé depuis peu de jours et ne nous connaît pas... Quand aux témoins, nous avons des voisins qui détestent Raymond et qui seront ravis de m'aider à le duper... Tu feras ton testament comme si tu étais mon mari, et nous brûlerons cet acte, quand nous aurons accompli notre dessein.

GUIGNOL.

Oh! s'il ne faut que ça, ce n'est pas ben difficile... Je suis fort pour faire le malade... Quand j'étais petit, j'étais toujours malade à l'heure d'aller à l'école, et puis le soir j'étais guéri.

Mme BOBINARD.

C'est entendu : tâche de te tirer de ton rôle avec aplomb.

GUIGNOL.

Soyez tranquille, Madame.

Mme BOBINARD.

Il faut tout préparer pour recevoir le notaire ici... Tu vas y faire ton lit... Je t'expliquerai ensuite ce que tu devras lui dire.

SCÈNE VII.

GUIGNOL, seul.

(Il emporte sa malle en disant :) Viens, toi qui as fait la campagne de Margnoles. *(Puis il sort et rentre à plusieurs reprises, apportant ce qui lui est nécessaire pour bâtir un lit qu'il établit sur le bord du théâtre : matelas, traversin, drap, couverture. En faisant le lit, il fredonne quelque refrain.)*
Nom d'un rat! j'espère que j'aurai là un lit bien mollet... Ah! n'oublions pas l'essentiel..., Quand on est malade... *(Il apporte le pot de chambre.)* Allons, c'est complet!

SCÈNE VIII.
GUIGNOL, Mme BOBINARD.

Mme BOBINARD.

Très bien, Guignol; te voilà parfaitement installé... Tout va le mieux du monde... J'ai prévenu le notaire et les témoins... Ils vont être ici à l'instant... Dépêche-toi de prendre la position d'un malade, et gémis convenablement.

GUIGNOL.

Tout de suite. Mais je suis bien mal comme ça... Je vais me déshabiller... Madame, voudriez-vous me tirer mes bottes?

Mme BOBINARD.

Ah! par exemple!... Mais cela n'est pas nécessaire. Il faut te coucher tout habillé.

GUIGNOL.

Allons, je m'y mets avec armes et bagages... Mais y me faut ben un bonnet de coton pour ressembler à un malade?

Mme BOBINARD.

Je vais te donner celui de mon mari.

GUIGNOL.

Si ça me donnait la fièvre tigrinaque!... (*Il sort et revient coiffé du bonnet de coton.*) Nom d'un rat! je vais ressembler à un mitron avec ça! (*Il se couche*). Bon! voilà une puce qui entre dans mon mollet... Elle a pris ma jambe pour l'omnibus de Sainte-Foy : aïe! aïe!

Mme BOBINARD.

Qu'as-tu donc? Un peu de patience. Tu n'es pas bien mal dans ce lit.

GUIGNOL.

C'est une coquine de puce qui me laboure le mollet... Ah! plaisante pas; si tu mords encore, je m'escanne... Mais, Madame, est-ce que vous allez rien me donner à boire?

Mme BOBINARD.

Non, tu es malade.

GUIGNOL.

Pas pour boire.... Je demande pas de mangement, rien que de buvaison. Donnez-moi une bouteille, je la mettrai sous ma couverte.

Mme BOBINARD, *lui donnant une bouteille.*

Tiens donc; il faut faire comme tu veux.

GUIGNOL, *buvant.*

C'est du bon! ça me soutiendra dans mes souffrances... Ah! nom d'un rat! voilà la puce que repique. (*On sonne*).

Mme BOBINARD.

Laisse-la faire et tiens-toi. On vient... gémis. (*Guignol gémit comme un malade*).

SCÈNE IX.

Les Mêmes, LE NOTAIRE.

LE NOTAIRE.

Madame, vous m'avez mandé pour un acte de mon ministère ; je me rends à vos ordres.

Mme BOBINARD.

Mon mari désire faire son testament.

LE NOTAIRE.

Fort bien, Madame... Voici sans doute M. Bobinard ; il paraît bien malade.

GUIGNOL.

Aïe, aïe ! oh, là, là !

LE NOTAIRE.

Vous souffrez beaucoup, Monsieur ?

GUIGNOL.

Je pense ben... je voudrais vous y voir à ma place. (*A part*). C'est ma puce.

LE NOTAIRE.

Un peu de patience... Il faut oublier vos douleurs un instant pour songer à vos dernières volontés.

GUIGNOL.

Ah ! vous venez pour mon testament ?... Mais, pauvre vieux, je suis pas encore prêt à tourner l'œil.

LE NOTAIRE.

C'est bien aussi mon avis ; mais cela ne fait pas mourir de régler ses affaires ; au contraire...

GUIGNOL.

Ah ! la coquine ! elle monte le long de mes guiboles... Veux-tu finir ? si tu continues, je prends la poudre d'escampette.

LE NOTAIRE.

(*A Mme Bobinard*). Le délire va le prendre; hâtons-nous. (*A Guignol*). Soyez calme; je n'en ai que pour quelques minutes. Si vous voulez me dicter, je suis prêt.

GUIGNOL.

Diqueter!... Comment donc qu'il faut faire pour diqueter?

LE NOTAIRE.

Cela consiste à déclarer à haute voix quelles sont vos intentions... (*A Mme Bobinard*). Où puis-je me mettre pour écrire, Madame?

Mme BOBINARD, *indiquant une des coulisses.*

Ici, dans ce cabinet, vous trouverez ce qu'il vous faut... Les témoins y sont déjà... Vous verrez et vous entendrez le malade.

LE NOTAIRE.

Fort bien, Madame. (*A Guignol*). Allons, Monsieur, parlez haut; je vous entends.

GUIGNOL.

Oh! s'il ne s'agit que de ça, c'est pas difficile, j'ai un bon coffre. (*Le notaire entre dans le cabinet. Mme Bobinard se place près du lit*).

Mme BOBINARD, *bas à Guignol.*

Répète mot à mot ce que je vais te dire.

GUIGNOL, *de même.*

Oui, Madame... Gredine de puce; elle me mange en détail.

Mme BOBINARD, *bas à Guignol qui répète à haute voix chaque mot* (1).

Moi... Jean-Mathieu-Fortuné-Félix Bobinard... je donne et lègue... à Jeanne-Julie Birotteau, ma femme, mes deux maisons de la rue Ferrachat... ma ferme de Vénissieux.

---

(1) En répétant ce que lui dicte Mme Bobinard, Guignol estropie les mots et y ajoute, *a gusto*, des réflexions de son cru.

GUIGNOL, *continuant seul.*

A côté du beau lac... avec ses fiacres (1).

LE NOTAIRE, *revenant.*

Que dites-vous ? des fiacres ?

GUIGNOL.

Oui, les fiacres de ma ferme de Vénissieux... C'est des fiacres à bondon.

LE NOTAIRE, *retournant dans le cabinet.*

Des fiacres à bondon ! Allons, écrivons : Avec les fiacres à bondon.

Mme BOBINARD, *bas.*

Plus, 80,000 francs.

GUIGNOL, *haut,*

Plus 60,000 francs.

Mme BOBINARD.

80,000 francs !

GUIGNOL.

Je sais ce que je dis : 60,000 francs.

Mme BOBINARD, *au notaire*

Monsieur, c'est 80,000 francs.

LE NOTAIRE, *revenant.*

Ah ! Madame, je dois suivre la volonté du testateur. (*A Guignol.*) Voyons, est-ce 80 ou 60,000 francs ?

GUIGNOL.

60,000 francs.

LE NOTAIRE.

Vous entendez, Madame... J'écris, 60,000 francs.

GUIGNOL.

Ah ! je suis mordu, je suis mordu. La puce monte toujours.

---

(1) Voir, pour le lac de Vénissieux et les fiacres à bondon, la note p. 165 : *Un dentiste.*

LE NOTAIRE.

Est-ce tout?

GUIGNOL.

Non, non. — Plus, je donne à mon bon... à mon brave... à mon gentil domestique Guignol, pour les soins qu'il a t-ayu de moi... la somme de 20,000 francs (1).

LE NOTAIRE.

Ah! voilà les 20,000 de différence!

Mme BOBINARD.

Y penses-tu?

GUIGNOL, *de même*.

Tiens! puisque c'est moi que meurs, et encore pour vous être agriable, je peux ben me laisser quéque chose pour vivre... (*Au notaire*). Vous avez écrit, Monsieur le notaire? Je donne à mon domestique Guignol 20,000 francs.

LE NOTAIRE.

Oui, oui.

GUIGNOL.

Ah! la puce, la puce!... Monsieur le notaire, je voudrais vous dire un mot en particulier.

LE NOTAIRE.

Que me veut-il? (*Il s'approche et se penche vers lui*).

GUIGNOL.

Je voudrais vous faire prendre quéque chose.

LE NOTAIRE.

Je vous remercie, je ne veux rien prendre.

GUIGNOL.

Si... si... si c'était un effet de votre part de me prendre une

---

(1) Souvenir du *Légataire*, de Regnard, acte IV, scène 6 : Item, je laisse et lègue à Crispin...

puce qui me larde depuis une demi-heure : elle voyage à présent entre le 45ᵉ et le 46ᵉ degré de latitude sud.

LE NOTAIRE.

Le délire le reprend; il est bien malade.

GUIGNOL.

Plus, je donne au notaire mon grand pot de machin pour s'en faire une tabatière... Plus, je lui donne mon bonnet de coton pour se faire des caneçons de laine... Plus, je lui donne mes bottes pour se faire des tuyaux de poêle...

LE NOTAIRE.

Décidément, il est bien malade.

Mᵐᵉ BOBINARD, *bas.*

Mais, Guignol, que tu es bête !

GUIGNOL, *de même.*

On est ben bête quand on est malade.

LE NOTAIRE, *apportant un parchemin.*

Il faut signer à présent.

Mᵐᵉ BOBINARD.

Je vais le faire signer... Eloignez-vous un instant... Il est fort agité... Je crains que votre présence le trouble.

LE NOTAIRE.

Je vais auprès des témoins..., Je leur ferai signer l'acte, quand il l'aura été par le testateur. (*Il s'éloigne*).

Mᵐᵉ BOBINARD, *à Guignol.*

Viens vite signer là à côté... je te tiendrai la main.

GUIGNOL.

Finissons vite, finissons vite ! la puce m'a à moitié mangé. (*Il se lève et on l'entend dire dans la pièce voisine*) : Il faut écrire mon nom... Matthieu Bobinard... Ça m'a toujours ennuyé d'écrire mon nom.. j'ai pourtant été à l'école... mais y a si longtemps !... Voyons voir comme ça s'écrit — c... h... a... ma... p... y... u... thieu... Matthieu... Voilà toujours Matthieu. — b... o... l... t... bo... b... i... s... bi... bobi... n... e... r... s... t... h... nard... Bobinard. (*Il vient se recoucher et Madame Bobinard porte le testament au notaire*).

GUIGNOL.

Allons, bon, la voilà qui me saute dans l'oreille.

LE NOTAIRE, *revenant*.

C'est bien votre signature ?

GUIGNOL.

(*Bas*). Comment le voilà encore ! attends ! je vais te faire sauver... (*Haut*). Oui, oui, c'est mon pataraphe... (*Il pousse des cris et prononce des mots sans suite*).

LE NOTAIRE, *effrayé*.

Ah ! mon Dieu ! il devient furieux. Madame, je vais faire signer les témoins.

Mme BOBINARD.

Dans quelques jours, je ferai passer chez vous pour vos honoraires.

LE NOTAIRE.

Fort bien, Madame ; ne vous dérangez pas pour cette bagatelle. (*Il sort*).

SCÈNE X.

Mme BOBINARD, GUIGNOL. (*Guignol défait le lit.*)

Mme BOBINARD.

Tu perds la tête, Guignol ! Dire au notaire toutes les bêtises que tu as débitées, et te donner 20,000 francs encore !

GUIGNOL.

Tiens, vous n'êtes pas contente! Je vous donne les maisons, la campagne, les fiacres, 60,000 francs et je n'en garde que vingt. Ça n'est pas trop cher.

Mme BOBINARD.

Je t'avais promis une récompense; tu n'auras rien.

GUIGNOL.

Hein! dis donc! t'es bien rageuse!

Mme BOBINARD.

Comment! tu te permets de me tutoyer à présent!

GUIGNOL.

Pisque je suis votre mari.

Mme BOBINARD.

Allons, c'est vrai, j'ai tort de t'en vouloir! Qu'importe ce que tu t'es donné, puisque ce testament n'a rien de sérieux... Avec ton aide j'aurai gagné la partie, et ce vilain Raymond sera joué... Mais que fais-tu donc là?

GUIGNOL, *qui a défait le lit et étalé son drap sur le devant du théâtre.*

Hé! pardine, je cherche ma puce.

Mme BOBINARD.

Tu la trouveras bien, ta puce, en faisant comme tu fais!

GUIGNOL.

Ayez pas peur! Je la reconnaîtrais entre mille. J'ai son signalement... (*En se penchant pour chercher sa puce, il met le feu à son bonnet.*)

Mme BOBINARD, *rêvant.*

Oui, quand il aura signé le dédit, il faudra bien qu'il marie son fils avec ma nièce. (*Elle voit le feu au bonnet de Guignol.*) Mais prends donc garde, Guignol, tu es en feu.

GUIGNOL.

Le feu ? Dans quel arrondissement ?

Mme BOBINARD.

A ton bonnet, malheureux !

GUIGNOL.

Ma foi, tant pis; il est pas à moi; les affaires des autres me regardent pas... Ah ! sapristi, ça commence à me chauffer la tête. *(Il plonge le bonnet dans le pot de chambre et sort).*

Mme BOBINARD, *seule.*

Je l'attends; il verra le testament et...

GUIGNOL, *revenant.*

Maintenant, Madame, que c'est fini, faut-y partir ?

Mme BOBINARD.

Tiens, voilà les 100 francs que je t'ai promis; je te remercie... Mais, je t'en prie, reste jusqu'à ce soir. *(Coup de sonnette).* On sonne. Va ouvrir.

SCÈNE XI.

Mme BOBINARD, RAYMOND.

Guignol paraît dans cette scène pour écouter, tout en feignant d'épousseter les meubles.

RAYMOND.

Bonjour, charmante voisine !.. Je reviens, suivant ma promesse... J'ai vu tout à l'heure sortir de chez vous un monsieur que je ne connais pas du tout.

Mme BOBINARD.

C'est le notaire qui a fait le testament de mon mari et qui est venu m'apporter l'acte.

RAYMOND.

Bien, bien ; je venais précisément pour en prendre connaissance.

Mme BOBINARD.

A votre gré, Monsieur Raymond ; je vais le chercher.

RAYMOND.

Fort bien !... nous allons l'examiner. Ce n'est pas que je me défie... bien au contraire. Mais dans les affaires sérieuses il faut de la prudence ; je ne m'en rapporte qu'à moi-même.

Mme BOBINARD.

Tenez, voici l'acte... Lisez.

RAYMOND, *lisant.*

C'est bien cela ; voici la clause qui vous nomme héritière universelle... *Je donne et lègue à Jeanne-Julie Birotteau, ma femme, mes deux maisons... ma ferme de Vénissieux avec ses fiacres.* Ah ! il y a des fiacres ! *Avec ses fiacres à bondon.* Quelle singulière idée de spécifier de tels objets ! Enfin, c'est fort joli d'être ainsi légataire universelle. Mais que vois-je ? *Je donne à mon domestique, Guignol pour ses bons soins, 20,000 francs.* Comment ! vous ne vous êtes pas opposée à ce legs ? C'est une folie.

Mme BOBINARD.

Mais pourquoi donc ? Guignol est un vieux serviteur, et il est bien juste de reconnaître ses services.

RAYMOND.

Ta, ta, ta ; les domestiques nous servent, nous les payons pour cela... Un vieux domestique, on lui donne 3 francs et non pas 20,000. C'est insensé. Laissez-moi faire ; je vous éviterai de payer ce legs... Donnez-moi plein pouvoir, appelez Guignol, et je me charge d'arranger cette affaire.

Mme BOBINARD.

Volontiers ; Guignol !

SCÈNE XII.

Les Mêmes, GUIGNOL.

GUIGNOL.

Présent!... Mossieu Raymond, bien le bonjour!...

RAYMOND.

Guignol, je viens de lire le testamemt de ton maître; tu as une belle récompense, mais malheureusement tu ne peux pas toucher ce legs.

GUIGNOL.

Et pourquoi donc?

RAYMOND.

C'est que Mme Bobinard s'y oppose... Tu auras un procès... C'est un legs trop fort pour un domestique... Il y a captation... Il peut même y avoir plainte au lieutenant criminel.

GUIGNOL.

Alors que faut-y donc deviendre?

RAYMOND.

Je te conseille de t'arranger... Tiens, si tu veux renoncer à ton legs moyennant 2,000 francs, je te les donne.

GUIGNOL.

Oh! 2,000 francs, c'est pas assez.

RAYMOND.

Allons, 3,000 francs.... et je paie comptant.

GUIGNOL.

Faites voir l'argent... J'accepte, si vous aboulez tout de suite.

RAYMOND.

Je vais te les chercher. (*A Mme Bobinard*). Vous voyez, Madame;

ce n'est pas plus difficile que ça!... (*A Guignol*). Je reviens, et tu me signeras une renonciation... Allons aussi de ce pas, ma toute belle, signer notre promesse de mariage. (*Raymond et Mme Bobinard sortent*).

SCÈNE XIII.

GUIGNOL, *seul*.

Eh ben, en voilà un qu'est galvanisé!...Vieux cocombre, va!... Il croit nous attraper tous, et il s'arrache une dent que va joliment le faire crier... Moi aussi je vais avoir une dot... Qué que je vais en faire?... Je vais monter un service de bateaux à vapeur pour Saint-Just.

SCÈNE XIV.

RAYMOND, GUIGNOL.

RAYMOND.

Allons, tiens, voilà tes 3,000 francs ; signe-moi ta renonciation... Voilà toutes mes affaires réglées... Ma belle veuve est à moi ; notre dédit est signé... Si elle ne tient pas sa parole, elle me paie 50,000 francs. Quelle brillante affaire !

GUIGNOL.

Ah ! vous épousez donc Mme Bobinard ; je vous fais mon compliment... Mais, dites donc, comment faut-y que je signe sur cette renonciation ? Faut-y mettre Matthieu Bobinard ?

RAYMOND.

Comment ! Bobinard ?

GUIGNOL.

Je voulais savoir s'il fallait mettre comme j'ai mis sur le testament.

RAYMOND.

Que dis-tu là, malheureux ? Ce testament que j'ai vu...

GUIGNOL.

C'est moi qui l'ai fait... c'est une frime... La bourgeoise n'a pas le sou de l'héritage de son mari... Vous avez bu un bullion, pauvre vieux.

RAYMOND.

Ah! scélérat, tu as commis un faux semblable! Je te ferai pendre.

GUIGNOL, *le cognant avec la tête.*

Tiens, pends ça, vieux!

SCÈNE XV.

Les Mêmes, Mme BOBINARD.

Mme BOBINARD.

Qu'y a-t-il donc? On se bat chez moi!

RAYMOND.

Madame, avez-vous signé la promesse?

Mme BOBINARD.

Certainement, et j'entends bien m'y tenir.

RAYMOND.

Moi, j'entends l'annuler et vous faire poursuivre criminellement... Vous avez fait un faux testament.

Mme BOBINARD.

Ce testament n'existe plus, je l'ai brûlé... Il est vrai que je n'ai pas l'héritage de mon mari; mais j'ai votre promesse.

RAYMOND.

Je plaiderai.

Mme BOBINARD.

Voyons, Monsieur Raymond, il y a moyen de tout arranger... Vous ne tenez pas à ce mariage, ni moi non plus... Mais il en est un autre que nous pouvons faire...Votre fils aime ma nièce Caroline... marions-les... Vous donnerez à votre fils les 50,000 francs du dédit que j'abandonnerai pour lui, et j'assure à ma nièce toute ma petite fortune.

RAYMOND.

Non, non, je veux plaider.

Mme BOBINARD.

Plaidez, Monsieur, contre votre signature... si vous pouvez... Cela fera un bien joli procès... pour les avocats.

GUIGNOL.

On fera votre potrait à l'audience... Y aura fête dans le quartier ce jour-là... On racontera des bien chenuses histoires.

RAYMOND.

Vous dites... votre nièce... Mlle Caroline... Au fait, elle paraît bonne femme de ménage.

Mme BOBINARD.

Faites le bonheur de ces enfants, Monsieur Raymond.

RAYMOND.

Allons, faisons le bonheur de ces enfants... (*A part*) puisque je ne peux pas faire autrement... (*A Guignol*). Et toi, scélérat, tu vas me rendre mes 3,000 francs.

GUIGNOL.

Ça fera mon cadeau de noces. — Madame, je pars, voulez-vous visiter ma malle?

Mme BOBINARD.

Non, tu resteras, au service des nouveaux époux.

GUIGNOL.

Mossieu Raymond, quand vous voudrez faire votre testament, je m'en charge; je va-t-en ville.

AU PUBLIC.

AIR : *Restez, restez, troupe jolie.*

J'ai montré ce soir, je l'espère,
Pour tester un bien beau talent.
Aussi, Messieurs, je voudrais faire
Qué'que jour votre testament ;
Faites-moi fair' votre testament.
N'ayez peur que dans le partage
Je m'adjuge vos pécuniaux.
Guignol, de tout votre héritage,
Ne veut garder que vos bravos !

Ensemble.

Messieurs, de tout votre héritage,
Nous ne voulons que vos bravos.

FIN DU TESTAMENT.

LE MARCHAND D'AIGUILLES

PIÈCE EN DEUX ACTES

LE MARCHAND D'AIGUILLES

PIÈCE EN DEUX ACTES

GUIGNOL, marchand d'aiguilles.
CASSANDRE, épicier retiré.
AMANDA, sa fille.

JULES DURANTIN.
LÉON LENOIR.
UN DOMESTIQUE.

ACTE PREMIER

Un village. — Sur un des côtés, l'entrée d'une maison de campagne.

SCÈNE PREMIÈRE.

GUIGNOL, *portant un petit éventaire, arrive en criant :*

Marchand d'aiguilles ! Marchand d'aiguilles ! Me voilà un joli état !... J'avais un petit fonds de café et de gargote à la Guillotière... L'ouvrage était pas fatigante... Y avait qu'à déboucher de bouteilles et de cruches de bière tout le long du jour... C'était assez cannant !... Mais je sais pas comme j'ai fait... Je consommais autant que les pratiques !.... J'ai avalé mon fonds !.. On a vendu tout le bazar sur la place, à l'incan :... il m'est resté sept francs dix sous... Je savais plus que faire... J'ai consurté un de me amis qui connaît l'orthographe ; Conseillemoi donc, que je lui ai dit, un état que que je puisse pas avaler ma marchandise. — Eh ben ! qui m'a dit, mets-toi marchand d'aiguilles dans les rues. J'ai fait comme il m'a dit... et je n'avale plus rien du tout. Ça me donne pas à manger, cet état-là. J'ai acheté pour six francs de marchandise y a trois jours: du depuis j'en ai vendu pour quatre sous. Aussi mon estomac est creuse... comme mon gousset.(*On entend une voix de vieille femme appeler* : Marchand d'aiguilles!)

GUIGNOL.

Qué qui appelle ?

LA VOIX.

Par ici, marchand d'aiguilles ! à droite ! au fond de l'allée ! au cintième ! le nom est sur la porte !...

GUIGNOL.

Elle est bonne tout de même, la vieille, avec son nom sur la porte ! Allons, c'est un acheteur ! escaladons ses cinq-z-étages... Un moment, Madame ! je m'ascensionne (*Il sort*).

SCÈNE II.

CASSANDRE, AMANDA.

CASSANDRE.

Mais enfin, Amanda, tu veux donc me désespérer? Le fils de mon ami Fromageot est un charmant garçon ; il est spirituel. aimable... Tu le refuses comme tous les autres... Cependant son père est fort riche, et il lui donne trois cent mille francs.

AMANDA.

Oui, Monsieur Fromageot, un ancien épicier !

CASSANDRE.

Certainement, un ancien épicier... comme moi ! C'est précisément pour ça que son fils me convient. Je veux te donner un mari de ma condition. Si j'ai fait fortune, c'est avec la cannelle et les clous de girofle.

AMANDA.

Ce n'est pas une raison pour que j'épouse un marchand de chandelles.

CASSANDRE.

Il y a gras dans la chandelle... Elle m'a rapporté d'assez jolis écus.

AMANDA.

Et moi, je vous déclare, mon père, que je n'épouserai qu'un homme titré... un prince, un duc, un marquis... c'est tout au plus si j'accepte un comte... Je veux être marquise, duchesse, princesse... Je veux vous conduire à la Cour.

CASSANDRE.

A la Cour de Brindas ou de Margnoles?... (1) Songe donc, Amanda, à ce que nous sommes. J'étais épicier, il y a quelques années; et mon père, ton aïeul, était poêlier dans la grande rue Saint-Georges.

AMANDA.

Mon grand-père était fumiste de la Cour.

CASSANDRE.

Poêlier! poêlier!... Seulement il avait fait faire un progrès à son art... Avant lui on faisait les poêles à pattes, et lui les a culottés.

AMANDA.

Vous êtes terrible, mon père, avec vos histoires. Mais qu'est-ce que cela fait? Quand on a notre fortune, on peut aspirer à tout.

CASSANDRE.

Le beau bonheur de donner nos écus à un Monsieur qui les fera danser, sans se soucier de toi... tandis qu'un bon bourgeois comme nous, qui sait le prix de l'argent, conservera ta dot et t'aimera... et ne rougira pas de son beau-père.

---

(1) Villages aux environs de Lyon.

AMANDA.

Mon père, vous m'avez fait élever dans un riche pensionnat à la mode. Toutes mes compagnes étaient des demoiselles nobles, et la plupart déjà sont mariées à de grands personnages. Elles me l'ont bien dit, allez, quand j'ai quitté le couvent : Ma chère Amanda, si tu épouses un homme du commun, un marchand d'indienne ou de quoi que ce soit, nous ne pourrions plus te voir. Comprends-tu que nous fassions arrêter notre équipage devant une boutique d'épicier, pour y faire visite à madame l'épicière, que nous trouverions occupée à peser du poivre ou de la mélasse ? C'est tout à fait impossible. Aussi, chère petite, nous serions vraiment désolées ; mais il faudrait renoncer à nous voir jamais.

CASSANDRE.

Ah ! les pécores !... Vois-tu, plutôt que de te marier à un marquis, j'aimerais mieux te voir épouser un ramoneur.

AMANDA.

Quelle horreur !

CASSANDRE.

Oui, un ramoneur !... Oh ! il y a des entrepreneurs de ramonage en grand... Tu entendrais ce cri harmonieux : *Gare là-dessous !*

AMANDA.

Mon père, rien ne me fera changer d'avis. Ma tante, au surplus, me dit bien que j'ai raison.

CASSANDRE.

Oui, ma sœur Estelle ! Vieille folle ! Elle rêvait sans cesse d'un troubadour pinçant de la guitare au pied d'une tour. Ça lui a si bien réussi, à elle !... Elle disait comme toi. Elle voulait un prince : il n'en est point venu... A présent qu'elle a cinquante-sept ans, son caractère est toujours sauce aux câpres, et si un boulanger, un mitron venait la demander en mariage, elle l'épouserait.

AMANDA

Oh ! mon père !

CASSANDRE.

Oui, un mitron.

AMANDA.

Mon père, cette conversation me fatigue. Epargnez-moi, je vous en prie; j'ai mes nerfs aujourd'hui.

CASSANDRE.

Le temps va changer. Rentre, rentre : prends de la fleur d'orange. Je crois qu'il en reste quelques flacons de mon ancien fonds.

AMANDA.

Ah! mes nerfs, mes nerfs!... Je suis horriblement souffrante. (*Elle sort.*)

SCÈNE III.

CASSANDRE, puis JULES.

CASSANDRE, *seul*.

Allons! je ne pourrai pas lui faire épouser le fils de mon ami Fromageot... En voilà cinq qu'elle refuse cette semaine... Ça ne peut pourtant pas aller toujours comme ça... Il y a déjà quelques années qu'Amanda coiffe sainte Catherine, et ses nerfs deviennent d'une susceptibilité,.. d'une délicatesse. (*Coup de sonnette*). Mais on sonne... Quel est ce jeune homme?

JULES, *entrant*.

Monsieur Cassandre, j'ai bien l'honneur de vous saluer.

CASSANDRE.

Monsieur...

JULES.

Vous ne me reconnaissez pas?

CASSANDRE.

Je ne sais, mais il me semble...

JULES.

Jules... Jules Durantin, le fils de votre ami, de votre ancien voisin le papetier.

CASSANDRE.

Oh! dans mes bras, mon garçon, dans mes bras! (*Il l'embrasse.* — *A part*). Il est vraiment très bien ce jeune homme (*Haut*). Tu me pardonnes de ne t'avoir pas reconnu tout de suite; tu as grandi, grossi depuis que je ne t'ai vu.

JULES.

Il y a déjà bien des années de cela, et j'ai fait du chemin depuis. Mais je n'ai pas perdu mon temps. Vous savez que j'étais parti pour l'Amérique après la mort de mon père. J'y ai fait quelque fortune, et je reviens avec deux millions pour m'établir en France.

CASSANDRE.

Bravo, mon garçon!

JULES.

Mais, Monsieur Cassandre, je reviens avec des projets dont la réalisation dépend de vous. J'ai revu, il y a quelques jours, Mlle Amanda, avec laquelle j'avais joué dans mon enfance. Je serais l'homme le plus heureux du monde, si vouliez m'accorder sa main.

CASSANDRE.

(*A part*). Voilà un gendre qui me convient fort... (*Haut*). Tope-là, mon cher Jules, je te l'accorde. Mais il est un autre consentement qui est moins aisé à obtenir que le mien, c'est celui de ma fille.

JULES.

Si vous voulez bien parler pour moi.

CASSANDRE.

J'aime autant que tu parles toi-même. Amanda est fort difficile... elle a déjà refusé les partis les plus brillants... Mais tu te présentes bien, tu as de l'esprit. Je vais l'appeler.

JULES.

Je ne comptais pas... ainsi... sans préparation.

CASSANDRE.

Bah! les choses improvisées sont celles qui réussissent le mieux. C'est ainsi que j'agissais dans mon commerce: j'achetais d'inspiration et je vendais d'enthousiasme... Amanda! Amanda!

AMANDA, *dans la coulisse.*

Je viens, mon père.

JULES.

J'avoue que je suis un peu troublé.

CASSANDRE.

Allons! du courage, sac à papier! Sois galant, spirituel, tendre et brillant.

SCÈNE IV.

CASSANDRE, JULES, AMANDA.

CASSANDRE, *prenant sa fille par la main.*

Mon cher Jules, je te présente la plus belle fleur de mon jardin.

AMANDA, *à part.*

Pas trop mal pour un ancien épicier.

CASSANDRE, *bas à Amanda.*

Tu vois qu'on sait encore se tirer d'affaire. (*A part*). J'ai appris cette phrase-là au théâtre.

JULES, *saluant.*

Mademoiselle...

CASSANDRE.

Ma fille, je te présente M. Jules, le fils d'un de mes meilleurs amis. (*Bas*). Il a deux millions!

AMANDA.

Monsieur, les amis de mon père doivent user de sa maison sans cérémonie. (*A part*). Ce jeune homme est vraiment très bien. (*Haut*). Mon père, vous avez retenu sans doute Monsieur à dîner ?

CASSANDRE.

Sans doute, sans doute, j'allais le lui dire.

JULES.

Mademoiselle, je suis bien touché d'être aussi gracieusement accueilli dans une maison où je voudrais passer toute ma vie.

CASSANDRE, *bas, à Jules*.

Bien, mon garçon ! Cependant tu es trop froid, trop embarrassé. Un peu de chaleur, saperlotte !... Oh ! les jeunes gens d'aujourd'hui sont sans énergie. Quand je faisais la cour à Mme Cassandre, c'était autre chose.

JULES.

Mademoiselle, veuillez excuser ma témérité ; mais Monsieur votre père veut que je vous fasse connaître à l'instant même le motif qui m'a amené ici... Je suis venu lui demander votre main.

AMANDA.

Votre demande nous honore beaucoup, Monsieur ; mais vous me permettrez de n'être pas aussi prompte que mon père. Il connaît depuis longtemps vos mérites ; moi...

JULES.

Il me suffit que vous ne me repoussiez pas. J'attendrai, Mademoiselle.

AMANDA.

Aujourd'hui, c'est entendu, vous restez à dîner avec nous. Je vais donner les ordres nécessaires pour qu'on remise votre voiture... Quelles sont vos armoiries, Monsieur ?

CASSANDRE, *à part.*

Aïe, aïe, aïe ! nous y voilà !

JULES.

Mes armoiries ?

AMANDA.

D'azur à la croix d'argent, ou de gueules à trois besants d'or,... avec une couronne de marquis, sans doute ?

JULES.

Je ne suis pas marquis, Mademoiselle.

AMANDA.

Peut-être duc ?

JULES.

Non, Mademoiselle ; ni duc, ni marquis, pas même baron.

AMANDA.

Mais vous portez au moins le *de*, Monsieur ?

JULES.

Hélas non ! Mademoiselle ; Jules Durantin tout court. J'ai bien un de mes cousins qui écrit notre nom D, apostrophe, Urantin ; mais je n'en suis pas encore là. J'écris comme mon père : Durantin, tout d'un mot.

AMANDA.

Comment, mon père, avez-vous pu autoriser M. Durantin à demander ma main, lorsque vous connaissez ma ferme résolution de n'épouser qu'un homme titré ?

CASSANDRE, *à demi-voix à sa fille.*

Mais, ma fille, Jules est un charmant garçon... il a deux millions... sa famille est très honorable... son père avait les plus beaux parchemins.

AMANDA,

Des parchemins ?

JULES.

M. Cassandre plaisante, et il a raison... Mon père était papetier.

AMANDA.

Papetier ! Quelle ignominie !

JULES.

Je ne croyais pas, Mademoiselle, que votre famille...

AMANDA, *vivement*.

Notre famille a eu un emploi à la Cour.

CASSANDRE, *à demi-voix*

Poêlier du roi !

JULES.

Je vois, Mademoiselle, que je n'ai plus rien à faire ici... Le fils d'un papetier ne peut aspirer à la main d'une personne d'une aussi haute extraction. Un poêlier de la Cour pour aïeul !... Quelle noblesse !... Adieu, Monsieur de Cassandre. Je vous conseille de faire placer vos armes sur la porte de votre château : un bâton de réglisse et un bâton de cannelle en sautoir, avec un poêle enflammé brochant sur le tout... Mademoiselle, je suis votre très humble serviteur. (*Il sort*).

CASSANDRE.

Encore un de congédié !... et il se moque de moi, par-dessus le marché !... Voilà ce que tu me vaux avec tes manies !

AMANDA.

Oh ! mon père, vous me rendrez tout à fait malade. J'ai les nerfs dans un état épouvantable !... Mais aussi, à quoi pensez-vous de me présenter un M. Durantin ? (*Elle sort*).

SCÈNE V.
CASSANDRE, puis LÉON.

CASSANDRE, *seul*.

Jules s'est retiré trop tôt... Les jeunes gens d'aujourd'hui n'ont point de persévérance... Quand j'ai épousé Mme Cassandre, elle m'avait refusé quatre fois. A la cinquième, j'ai triomphé. Les grandes passions triomphent toujours... Aujourd'hui, tout dégénère. *(Coup de sonnette)*. On sonne encore! Un autre jeune homme!

LÉON.

M. Cassandre, je suis bien votre serviteur.

CASSANDRE.

Monsieur...

LÉON.

Vous ne me reconnaissez pas?

CASSANDRE.

Non, Monsieur, je l'avoue; cependant...

LÉON.

Léon... Léon Lenoir; le fils de votre ancien voisin de la rue Saint-Georges.

CASSANDRE.

Oh! dans mes bras, mon garçon, dans mes bras! *(Ils s'embrassent)*. Ton père était marchand de charbon... un de mes plus vieux amis; je l'ai bien regretté.

LÉON.

Vous m'avez fait danser sur vos genoux.

CASSANDRE.

Oui, oui. M'en as-tu mangé de ma mélasse?

LÉON.

Je crois la manger encore.

CASSANDRE.

Et mes pruneaux !... Tu as bien changé... tu as des moustaches... ton père n'en portait pas.

LÉON.

Vous, vous êtes toujours le même; pas un cheveu blanc.

CASSANDRE, *embarrassé*.

Oui, oui.

LÉON.

Mais il me semble que vos cheveux étaient blonds.

CASSANDRE.

Oui, oui; on voit des gens dont les cheveux ont blanchi en une nuit.

LÉON.

Les vôtres sont devenus noirs.

CASSANDRE.

Ne parlons plus de cela... Et il me paraît que tu as réussi.

LÉON.

Oui, Monsieur Cassandre... Vous vous souvenez peut-être de mon départ pour les Grandes-Indes avec mon oncle... J'y ai fait le commerce sous sa direction, je lui ai succédé, et j'ai maintenant une fortune assez ronde.

CASSANDRE.

(*A part*). Voilà encore un gendre qui me conviendrait bien. (*Haut*). Et reviens-tu maintenant au milieu de nous?

LÉON.

Oui, Monsieur. J'ai assez des Indiens, des éléphants et des tigres du Bengale. Je viens manger en France les revenus de mes quatre millions.

CASSANDRE, *à part*.

Il a quatre millions!

LÉON.

De plus, je veux me marier...

CASSANDRE.

Est-ce que je connais la personne que tu veux épouser? Désires-tu que j'aille parler de toi à ses parents?

LÉON.

Mon bonheur dépend de vous.

CASSANDRE.

Comment l'entends-tu?

LÉON.

Les anciennes relations de nos deux familles m'ont enhardi à venir vous demander la main de Mlle Amanda, dont j'ai entendu vanter partout la beauté, l'esprit et le caractère.

CASSANDRE.

Comment! c'est ma fille que tu veux épouser et tu as mis tant de façons à me le dire! Mon garçon, je ne vais pas par quatre chemins. Tu me conviens et j'ai aimé ton père comme mon propre frère. Je vais te présenter à ma fille. Si tu lui plais, si elle t'agrée, c'est une affaire conclue... Mais, je t'en préviens, elle est difficile... elle a des idées saugrenues de noblesse, de titres... Sois aimable, le sort de ta demande est entre tes mains.

LÉON.

Ma foi, Monsieur, vous le savez, je ne suis pas plus noble que vous.

CASSANDRE.

Nous l'éblouirons en lui parlant des Grandes-Indes. Sois aimable seulement.

LÉON.

La vivacité du désir que j'ai de devenir votre gendre m'inspirera mieux que mon mérite.

CASSANDRE.

La voici! De l'aplomb et de l'amabilité!

SCÈNE VI.

CASSANDRE, LÉON, AMANDA.

AMANDA, *entrant.*

Mon père!... Ah!...

CASSANDRE.

Ma fille, je te présente mon ami Léon qui revient des Grandes-Indes... le pays des diamants, des châles de cachemire, des dents d'éléphant et des tigres du Bengale.

LÉON, *saluant.*

Mademoiselle...

CASSANDRE.

Mon cher Léon, je te présente la plus belle fleur de mon jardin.

AMANDA, *à part.*

Papa se répète un peu... Mais ceci m'annonce un nouveau prétendant... Si c'est encore un roturier, je le traite de la belle façon...

CASSANDRE.

Léon, qui nous connaît depuis longtemps, a passé les mers exprès pour venir me demander ta main. (*Bas, à sa fille*). Il a quatre millions.

LÉON.

Mademoiselle, tout ce que j'ai appris de vous m'avait déjà déterminé à faire cette demande. Aujourd'hui que je vous ai vue, je serais au désespoir, si elle était repoussée.

CASSANDRE, *bas, à Léon.*

Pas mal... Continue.

LÉON.

Monsieur votre père a bien voulu me permettre de lui en parler. J'attends de vous la même grâce.

CASSANDRE, *de même,*

Bien, mais pas assez de feu.

AMANDA.

Votre famille, Monsieur, est sans doute encore aux Grandes-Indes ?

LÉON.

Non, Mademoiselle, je suis Français... ma famille habitait cette ville.

AMANDA.

Quelle était sa condition ?

CASSANDRE, *vivement*.

Son père avait une mine.

AMANDA.

Une mine de diamants ?

LÉON, *riant*.

Non, non; une mine de charbon.

AMANDA.

Ah!... Mon père ne m'a pas encore dit votre nom, Monsieur.

LÉON.

Léon Lenoir.

AMANDA.

Comte ?... marquis ?... duc ?...

LÉON.

Je voudrais être roi, Mademoiselle, pour mettre à vos pieds ma couronne...; mais je ne suis rien que le fils d'un riche marchand, qui ai augmenté mon bien par mon travail.

AMANDA.

Monsieur, je suis désolée que mon père vous ait fait faire une démarche inconsidérée. Je ne m'appellerai jamais Mme Lenoir, et je ne compterai pas un marchand de charbon parmi mes aïeux.

LÉON.

Mademoiselle, si mon père vendait du charbon, M. Cassandre vendait des cotrets... des picarlats comme nous disions en bon lyonnais; et ce sont là deux genres de noblesse qui se ressemblent.

AMANDA.

Mon père, ces scènes-là me sont très pénibles, et je vous ai prié de me les épargner. (*Riant avec affectation*). Ah! ah! ah! Mme Lenoir! Quel beau nom pour être annoncé dans un salon! (*Avec colère*). Quand on s'appelle Lenoir et qu'on a vendu du charbon, avoir l'audace de demander ma main! Vraiment, j'en suis suffoquée!

CASSANDRE.

Amanda, modère-toi.

AMANDA.

Ah! ah! ah! je me trouve mal... Mon père, enmenez-moi, je vous prie.

CASSANDRE.

Allons, bon! en voilà d'un autre. (*A Léon*). Léon, ne te décourage pas; reviens un autre jour, nous réussirons.

LÉON, *en colère*.

Vous voulez rire, Monsieur Cassandre; cette réception me suffit... Votre fille est une trop grande dame pour moi... Quant à vous, vous êtes un vieux crustacé.

CASSANDRE.

Un crustacé! Qu'est-ce que c'est que ça?

LÉON.

C'est un titre de noblesse aux Grandes-Indes.

AMANDA.

Mon père, emmenez-moi, emmenez-moi!... Ah! ah! ah! (*Ils sortent*).

SCÈNE VII.

LÉON, puis JULES.

LÉON, *seul*.

Quel aimable caractère! et que j'aurais de plaisir à donner une leçon à cette petite pimbêche!

JULES, *arrivant*.

Comment! Léon ici!... Tu as la mine bien longue, mon cher. (*Riant*). Ah! ah! ah! je vois ce qui t'arrive. Jeune papillon, tu es venu brûler tes ailes au feu des yeux de la belle Amanda... Tu n'es pas duc, tu as été éconduit.

LÉON.

Tu connais bien le pays, mon cher... Aurais-tu subi même infortune?

JULES.

Oui, oui... comme toi refusé, et moqué!

LÉON.

Et bafoué!

JULES.

Et vilipendé!

LÉON.

Par la fille d'un marchand de chandelles!

JULES.

La petite-fille d'un fumiste!

LÉON.

Première noblesse de la grande rue Saint-Georges!

JULES.

Noblesse gagnée au feu!

LÉON.

Et il n'y a pas de feu sans fumiste!

TOUS DEUX *riant.*

Ah! ah! ah!

LÉON.

Eh bien! tu ne te décourages pas, puisque tu reviens.

JULES.

J'ai à parler au père Cassandre d'une tout autre affaire... Puis je suis bien aise de lui dire encore une fois ce que je pense de sa fille.

LÉON.

Moi je suis furieux; et si je pouvais me venger de l'impertinence de cette péronelle... *(On entend Guignol crier :* Marchand d'aiguilles! marchand d'aiguilles!*)*

JULES.

Tais-toi; je crois que je tiens notre vengeance.

LÉON.

Comment cela?

JULES.

Laisse-moi faire et dis comme moi. *(Ils se retirent au fond du théâtre et causent à voix basse).*

SCÈNE VIII.

GUIGNOL, JULES, LÉON.

GUIGNOL.

La vieille m'a gardé plus de deux heures. Elle m'a fait défaire tous mes paquets... et puis elle m'a acheté pour six liards... Ah! c'est pas un état, ça! *(Criant :)* Marchand d'aiguilles! Qué qui veut des aiguilles par ici?...

JULES, *s'avançant.*

Je ne me trompe pas, c'est bien lui. *(Il salue).*

LÉON, *de même.*

C'est lui, à n'en pas douter!... Quelle ressemblance! (*Il salue*).

GUIGNOL.

Qué qu'ils ont donc, ces particuliers, à me dévisager comme ça? (*Léon et Jules saluent encore*). En voilà de salutances! (*Il salue aussi*). Faut pas être malhonnête.

JULES.

Prince!

LÉON.

Altesse!

GUIGNOL.

A qui donc qu'il parle, çui-là!

JULES.

A vous, grand prince. Il n'est plus temps de feindre. Quittez ce déguisement sous lequel se cache Votre Grandeur. A ce port majestueux, au feu qui brille dans vos yeux, à ce nez d'aigle, nous ne pouvons vous méconnaître.

GUIGNOL, *à part.*

C'est des farceurs qui veulent me faire poser. (*Haut*). Voyons, pour qui me prenez-vous?

LÉON.

Pour un des plus grands princes de la terre, le fils du roi du Monomotapa.

GUIGNOL.

Du moineau?

LÉON.

Du Monomotapa; un souverain qui règne sur des peuples innombrables et sur d'immenses trésors.

GUIGNOL.

Mais mon père était canut... aux Pierres-Plantées.

JULES.

Vous n'êtes pas né à Lyon. Enlevé par des corsaires dès l'âge le plus tendre, par suite des machinations du premier vizir Abazi-Bazou-Ababout, qui voulait mettre son fils à votre place, vous avez été transporté dans cette ville et recueilli par d'honnêtes ouvriers qui ont pris soin de votre enfance. Mais votre père, le roi du Monomotapa, a découvert la fraude de l'infâme Abazi-Bazou-Ababout. Il a fait justice de ce misérable et vous a fait chercher partout. Il y a quatre ans que nous parcourons le monde entier à votre recherche. Nous vous reconnaissons à votre ressemblance avec votre auguste père, qui vous attend pour partager avec vous ses richesses.

GUIGNOL.

Ses richesses! Il a donc bien des espinchaux (1), ce père là?.

JULES.

Immensément.

GUIGNOL.

Nom d'un rat! c'est assez cannant, un papa comme ça ..

LÉON.

Venez, prince, votre peuple vous appelle à régner.

GUIGNOL.

Je ne sis pas une araignée.

LÉON.

A régner sur lui.

GUIGNOL.

Mais vous autres, qui êtes-vous donc?

---

(1) *Des espinchaux*; de l'argent. — V. *Le duel* p. 115; *Le déménagement*, p. 249

JULES.

Prince, je suis votre premier chambellan.

GUIGNOL.

Ah! c'est toi que bêles. Et toi?

LÉON.

Je suis le ministre des finances de votre royaume.

GUIGNOL.

Ah! c'est toi que finances... Fais donc voir tes médailles.

LÉON, *lui donnant de l'argent.*

Voilà tout ce que nous avons sur nous. Mais daignez venir avec nous, et nous mettrons notre cassette à votre disposition.

GUIGNOL, *à part.*

C'est pas des farceurs! Voilà bien de la vraie argent! (*Haut.*) Allons! c'est entendu! bonsoir les aiguilles! (*Il jette au loin son éventaire*). Vous avez raison, Messieurs.. Je commence à croire que je suis bien le prince du Mo...

JULES.

Du Monomotapa.

GUIGNOL.

Du Mornotopapa... Allons trouver l'auteur de mes jours et son magot.

JULES.

Venez, prince, venez prendre des habits plus convenables à votre rang.

GUIGNOL.

Je peux pas changer... je sis comme l'escargot, je porte tout mon bien sur le dos.

JULES.

Nous avons apporté votre garde-robe. Nous ferons ensuite les préparatifs de votre départ.

GUIGNOL.

Ça me bouliverse tout de même... Donnez-moi donc votre bras : les jambes me flageolent... avec ça que j'ai pas déjeuné bien solidement.

LÉON.

Venez, prince ; nous allons vous faire servir un repas somptueux.

GUIGNOL.

Un repas somptueux !... Décidément, c'est pas des farceurs !... Marchons !...

LÉON.

Passez, Monseigneur, nous vous suivons.

GUIGNOL.

Allons donc, ganache, donne-moi le bras ; je sis pas fier... Allons boire un coup à la santé du roi du Mornotopapa.

ACTE II.

Un salon.

SCÈNE PREMIÈRE

CASSANDRE, *seul*.

Sac à papier! la tête me pète!... Amanda est d'une humeur!... Il a fallu employer deux bouteilles d'eau de fleurs d'oranger et trois flacons de vinaigre des quatre voleurs pour la faire revenir... Elle a cassé deux vases de porcelaine... et maintenant elle s'en est prise à son piano... Ah! voilà un instrument qui en voit des croches et des doubles-croches pour le quart-d'heure!... Il faudra décidément que je lui cherche un comte ou un marquis pour le lui faire épouser... Mais il ne s'en est point encore présenté.

SCÈNE II.

CASSANDRE, un DOMESTIQUE.

LE DOMESTIQUE.

Monsieur, il y a là deux Turcs qui demandent à vous parler.

CASSANDRE.

Des Turcs!... Ah! je sais ce que c'est... des marchands de dattes.. Dis-leur que j'ai quitté les affaires.

LE DOMESTIQUE.

Monsieur, ils disent qu'ils viennent de la part d'un prince.

CASSANDRE.

D'un prince ! Qu'est-ce que cela signifie ?

LE DOMESTIQUE.

Monsieur, ils sont très bien mis : ils ont un soleil dans le dos et une lune sur la tête.

CASSANDRE.

Allons ! fais-les entrer.

SCÈNE III.

CASSANDRE, LÉON et JULES, *habillés à l'orientale.*

JULES.

Recevez, Monsieur, les hommages de vos humbles esclaves.

CASSANDRE.

Jules et Léon ! Que signifient ces déguisements ?

LÉON.

Ce n'est point un déguisement ; c'est le costume de notre pays et de la cour de notre souverain. Nous vous avons trompé ce matin : nous appartenons l'un et l'autre à la cour du roi du Monomotapa. Le roi notre maître, ayant entendu parler de la merveilleuse beauté de votre fille, nous avait envoyés en ces lieux pour la voir. Il veut en faire la femme de son fils, de l'héritier présomptif de sa couronne, un prince accompli que le monde entier a surnommé la lumière de l'Orient.

CASSANDRE.

Ce n'est pas possible !... Le fils du roi du Mo...to...

LÉON *très vite.*

Du Monomotapa.

JULES.

Il était venu lui-même dans ce pays... pour prendre les eaux de Charbonnières. Il a vu votre fille, il a été saisi d'admiration, et il m'a dit : Va, cherche cette jeune beauté; interroge son père; dis-moi si, par son éducation, elle est digne de devenir ma compagne.

CASSANDRE.

Vous n'avez point gardé quelque rancune de ce qui s'est passé ce matin ?

LÉON.

Point du tout. Cette noble fierté, cette grandeur de sentiments conviennent à celle qui doit être une puissante reine; et notre maître a bondi de joie, quand nous lui avons rapporté les paroles de sa fiancée. Il va venir lui-même, tout à l'heure, vous demander la main de Mlle Amanda.

CASSANDRE.

Sac à papier ! mais j'en perds la tête moi-même. Beau-père du roi du...Moinococola!... Je voudrais bien pourtant prendre quelques renseignements... c'est l'usage...

LÉON.

Des renseignements sur un prince! Vous plaisantez... D'ailleurs, nous sommes là, vous nous connaissez.

JULES.

Le roi du Monomotapa est connu dans le monde entier.

CASSANDRE.

Oui, oui... Mais redites-moi donc ce nom-là... J'ai de la peine à le retenir : Mo... cro...

JULES ET LÉON *disent ensemble et* CASSANDRE *répète après eux, syllabe par syllabe :*

Mo...no...mo...ta...pa.

CASSANDRE, *seul*.

Monotutapa.

LÉON.

Le prince veut vous attacher à sa cour... il vous nomme grand Crustacé du palais.

CASSANDRE.

Ah! oui, oui, Crustacé; je connais ça : tu m'en as parlé ce matin. Quel honneur!

JULES.

Le prince peut-il se présenter ?

CASSANDRE.

Certainement... Qu'il se présente. (*A part.*) J'espère qu'il conviendra à Amanda, celui-là... (*Haut.*) Je vais prévenir ma fille.

LÉON.

Nous serons ici dans un instant avec le prince qui va se faire précéder par des présents magnifiques, des diamants, des cachemires de l'Inde et des perles de Visapour. (*Jules et Léon sortent.*)

SCÈNE IV.

CASSANDRE, puis AMANDA

CASSANDRE, *appelant.*

Ma fille!... Amanda!... Amanda!... ma fille!

AMANDA, *entrant.*

Que me voulez-vous, mon père?... S'agit-il encore d'un de vos prétendants?

CASSANDRE.

Oui; mais c'est un prétendant que tu ne refuseras pas. Ce n'est pas un papetier, ni un marchand de charbons. Un prince, un prince accompli... la bougie, la chandelle de l'orient... le fils du roi du Monotutapa.

AMANDA.

Oh! mon père, je me soutiens à peine... Je vous l'avais bien dit qu'il s'en présenterait un digne de nous.

CASSANDRE.

J'ai vu ses ambassadeurs... Il me nomme grand Crustacé... Il va être ici dans un instant.

AMANDA.

Dans un instant!... Ciel! je n'ai pas le temps de m'évanouir!

CASSANDRE.

La corbeille va arriver; elle est splendide... Des kilogrammes de diamants, des montagnes de cachemires et des perles de Visaufour.

AMANDA.

Et ma toilette qui est en désordre! Je n'aurai jamais le temps de me vêtir convenablement.

CASSANDRE.

Va vite, car j'entends la musique. Voilà le cortège qui entre dans le jardin. (*Il sortent*).

SCÈNE V.

CORTÈGE DU PRINCE : *Esclaves, soldats, nègres portant la corbeille.* — *Musique.*

JULES ET LÉON, GUIGNOL *dans un costume oriental burlesque,* PUIS CASSANDRE ET AMANDA.

GUIGNOL.

Nom d'un rat! ils m'ont ficelé comme une andouille! Je ressemble au bœuf gras, à présent... Eh bien! est-ce qu'y a personne dans cette cassine? Où est cette jeune beauté et cette respectable ganache de père Cassandre? (*Cassandre et Amanda entrent*).

JULES.

Voici M. de Cassandre et sa fille. (*A Guignol*). Allons, prince, votre compliment.

GUIGNOL.

(*A part*). Nom d'un rat! pourvu que l'aie pas oublié!... En tout cas, j'y mettrai du mien. (*Il fait un grand salut ridicule à Amanda*). — Astre radieux de l'Occident, le feu de vos beaux yeux, plus brûlant que les pâles rayons du soleil, est venu me larder jusque sur les côtes du Mornotopapa, où j'ai ma demeurance dans un palais tout pavé de diamants... Je mets à vos pieds ces présents, indignes de vous... quoiqu'il n'y ait pas par ici un particulier qui soit fichu pour vous en faire voir d'aussi chenus que ça. C'est pourtant que de la gnognotte, que des équevilles (1), en comparaison de tous les bibelots que vous verrez chez moi et chez mon papa, qui est un vieux, brodé sur toutes les coutures .. Si vous daignez, sublime colombe, m'accorder votre main, vous en passerez des jours tramés d'or et de soie ; et la banquette de votre existence sera un trône de félicité... avec lequel j'ai l'honneur d'être votre enflammé futur. (*A Jules*). Il me semble que ça va pas mal.

JULES.

Admirable ! sublime !

AMANDA.

Que d'esprit ! que de majesté !... Prince, je ne sais comment exprimer mon bonheur.

CASSANDRE.

Permettez, sire, que je me jette à vos pieds.

GUIGNOL.

Relève-toi, j'ai des agacins (2)... Papa, nous allons signer le contrat et boire une bouteille de vieux madère... Nous en faisons au Mornotopapa.

CASSANDRE.

Il paraît que c'est comme en France... Mais, sire, je n'ai point averti de notaire.

LÉON.

Nous avons ici nos imans, qui sont les notaires du Monomotapa. Ils ont dressé le contrat ; on peut le signer tout de suite dans la pièce voisine.

GUIGNOL.

Signons, signons.

CASSANDRE.

Amanda, qu'en penses-tu ?

---

(1) *Equevilles* : balayures.
(2) Des cors.

AMANDA.

Signons, mon père.

GUIGNOL.

Vous me convenez, papa Cassandre ; je vous emmène chez mes Mornototapains.

CASSANDRE.

Votre Altesse est bien bonne... Elle m'a déjà fait l'honneur de me nommer grand Crustacé.

GUIGNOL.

Oui, oui, Cruche cassée... vous en avez la capacité, papa.

CASSANDRE.

Il est charmant, le prince... il a le mot pour rire.

GUIGNOL, *à Amanda*.

Sublime colombe, veuillez acceptez mon aile. (*Il lui présente son bras. — Ils passent dans la pièce voisine pour signer*).

GUIGNOL, *dans la coulisse*.

A vous, belle Amanda... A moi, à présent... Malek-Adel-Kara-Barassou, prince du Mornotopapa... Je ne suis pas bien fort sur l'écriture.

CASSANDRE, *de même*.

Comment, prince !...

GUIGNOL, *de même*.

Est-ce que je me suis amusé à ces puérilités ?... Pour aller plus vite, je m'en vais faire ma croix.

CASSANDRE, *de même*.

Vous la faites bien grande.

GUIGNOL, *de même*.

Les princes font tout en grand.

CASSANDRE, *de même*.

Et moi, voilà ma signature : Benoît Cassandre.

GUIGNOL, *de même.*

Ajoutez : Cruche cassée de la cour (*Ils rentrent*).

GUIGNOL.

Papa Cassandre, nous allons passer à présent à la salle à manger, pour nous mettre quelque chose sous le nez... Il n'y a pas de bonne noce sans un fricot... Marchons, Messieurs les ambassadeurs !

LÉON.

Notre mission est finie... Vous êtes uni, grand prince, à la belle Amanda... Heureux époux, voguez à présent vers votre empire... Bon voyage ! (*Léon et Jules s'éloignent*).

CASSANDRE, *les retenant.*

Quel est ce langage ?

JULES.

Restez avec votre illustre gendre, Monsieur le grand Crustacé.

CASSANDRE.

Mon gendre ! mon gendre !

LÉON.

Il est digne de votre illustre famille... Voyez plutôt : Mlle de Cassandre a épousé Guignol, le marchand d'aiguilles. (*Il enlève la coiffure de Guignol*).

CASSANDRE.

Sac à papier ! ils se sont encore moqués de moi.

AMANDA.

Je suis jouée. (*Elle s'évanouit*).

GUIGNOL.

Ah ! nom d'un rat ! je me trouve mal aussi. (*Il tombe sur la bande*). Donnez-moi un peu d'eau d'arquebuse.

AMANDA, *se relevant.*

Quel sort affreux ! Etre unie à un être pareil !

GUIGNOL, *se relevant aussi.*

Soyez tranquille, Mamzelle... Vous voyez ben que Guignol n'est pas un turc... Ces particuliers qui nous ont mariés sont des farceurs... Je vais mettre le contrat en morceaux, et j'en ferai des petits paquets pour plier mes aiguilles... Pourvu que je retrouve mon panier !

CASSANDRE.

Tu es un bon garçon, je ne veux pas que tu nous quittes... Je te garde pour concierge de ma maison de campagne. Tu vendras tout de même tes aiguilles.

AMANDA.

Quelle leçon !

CASSANDRE.

Pourvu qu'elle soit bonne ! Allons, demain je lui présenterai le fils de mon ami Fromageot.

GUIGNOL.

Un descendant de la famille de Mont-d'Or ou de Rougeret (1). (*Au public*). — Messieurs, ma boîte d'aiguilles est un peu désorganisée, mais je m'en vais la refaire... Et si vous avez trouvé mes aiguilles bien piquantes, si elles ont bien piqué la vanité, la sottise, la noblesse de contrebande, je vous en vendrai toujours à juste prix ; je serai payé par le plaisir de vous avoir réjouis.

FIN DU MARCHAND D'AIGUILLES.

---

(1) Le *rougeret* est un petit fromage fort goûté des vieux Lyonnais, quand ses qualités traditionnelles n'ont pas été altérées par les progrès de l'industrie moderne. Le *mont-d'or* est connu dans le monde entier.

LES VOLEURS VOLÉS

PIÈCE EN UN ACTE

LES VOLEURS VOLÉS

PIÈCE EN UN ACTE

GUIGNOL, entrepreneur.	THIBAUT, fermier.
MADELON, sa femme.	FINEMOUCHE,) voleurs.
GRIPARDIN, propriétaire, usurier.	REVERSI,

Un village. D'un côté, la maison de Guignol ; de l'autre, celle de Gripardin.

※

SCÈNE PREMIÈRE.

GUIGNOL, puis MADELON.

GUIGNOL, *arrivant du côté opposé à sa maison ; il appelle :*
Madelon ! Madelon ! Viens vite, j'apporte une bonne nouvelle.

MADELON, *sortant de sa maison.*
Qué qu'y a donc ?

GUIGNOL.

Y a qu'on m'a donné l'entreprise du morceau de la nouvelle route qui traverse la commune, avec le pont à faire sur le ruissiau ; y a ben à gagner par là une pièce de 5,000 francs.

MADELON.

Oh ! que c'est cannant ! que c'est cannant ! Tiens, je t'embrasse.

GUIGNOL.

J'ai ben eu mes peines à l'avoir... Y avait là un M'sieu avec un gros ventre et des lunettes d'or... qui portait la tête droite et qui m'a fait un tas de questions... mais je li ai bien levé mon chapeau, je li ai parlé avec ma petite voix; ça li a fait plaisir à cet homme comme y faut... Il a mis la main dans son gilet, en croisant ses bras derrière le dos... il a fait trois tours dans son bureau... et il m'a dit avec une voix majepstueuse... et un geste comme dans une pièce de théâtre : Guignol, vous êtes un bon zigue; empoignez-moi ce morceau de route; je vous l'octroye.

MADELON.

Te lui as sauté au cou ?

GUIGNOL.

Non ; j'ai eu peur de lui casser ses lunettes.

MADELON.

Est-ce que te vas bientot te mettre en ouvrage ?

GUIGNOL.

Y a une petite sarimonie à faire avant.

MADELON.

Quoi donc encore ?

GUIGNOL.

Y faut poner (1) un cautionnement de 3,000 francs... Combien avons-nous à la maison.

MADELON.

Quéque chose comme 1,200 francs... que t'as gagné dans ton darnier travail.

GUIGNOL.

Comme ça, c'est 1,800 francs qu'y faut trouver à emprunter ?

---

(1) *Poner :* déposer.

MADELON.

Manquablement... A qui veux-tu que nous demandions ça ?

GUIGNOL.

Y a le cousin Pierre.

MADELON.

Il n'est pas plus riche que nous.

GUIGNOL.

C'est vrai... y a chez lui plus de noyaux de pêche que de billets de banque... Et le voisin Gripardin... là en face ?

MADELON.

Il est ben trop avare... Il ne prête qu'à gros intérêts.

GUIGNOL.

Eh bien, nous lui offrirons de lui en payer, des intérêts... Ça en vaut la peine... y a à gagner.

MADELON.

Il ne voudra pas prêter à des petites gens comme nous.

GUIGNOL.

P't-être que si... il est toujours bien honnête avec nous... il nous dit bonjour.

MADELON.

Il est bien bon à donner des coups de chapeau... des conseils encore... mais d'argent, bernique !

GUIGNOL.

Ça ne coûte rien d'essayer.

MADELON.

Nous essayerons, si tu veux... mais tout à l'heure... A présent tu dois avoir faim... Viens déjeuner.

GUIGNOL.

Oui... je suis venu à pied de la ville ce matin... y a quatre lieues... Te m'as trempé ma soupe?

MADELON.

Oui, oui... et puis t'auras une oreille de cochon... et une bouteille du bon.

GUIGNOL.

Allons! je sens que l'appétit me grabotte l'estom. *(Ils entrent dans leur maison.)*

SCÈNE II.

GRIPARDIN, seul. — *Il sort de chez lui.*

Je suis inquiet... Il est midi et cinq minutes... et Thibaut, qui est ordinairement si exact ne m'a point encore apporté son année de ferme qui est échue hier... *(Il aperçoit par terre un morceau de chiffon et le ramasse).* Qui est-ce-donc qui laisse traîner ces choses-là?... Ça se vend six liards la livre. *(Il l'emporte chez lui)...* C'est fort désagréable ces retards de paiement... Le terme est de 3,000 francs... On perd un jour, deux jours d'intérêt... Au bout de l'année, ça fait une somme... Thibaut me payera ce retard... Son bail est à fin; j'essayerai de lui faire une augmentation. *(On entend chanter Thibaut).* Ah! le voici; c'est sa voix... Mes trois mille francs s'approchent! Ah!... mon cœur bat...

SCÈNE III.

GRIPARDIN, THIBAUT.

Ce dernier entre en chantant et porte un sac d'écus.

GRIPARDIN.

Bonjour, mon cher Thibaut.

THIBAUT.

Salu ben, Monsu Gripardin... Veiquia voutro liords (1). (*Il met le sac d'écus sur la bande*).

GRIPARDIN.

Bien, mon ami. (*Il se précipite sur le sac et l'emporte chez lui*).

THIBAUT, *seul*.

Ol é lesto, notro Monsu (2).

GRIPARDIN, *revenant*.

Le compte y est bien, n'est-ce pas?

THIBAUT.

Je lous ai compto pus d'una vé, Monsu Gripardin. Je cré ben qu'ol y sara (3).

GRIPARDIN.

J'ai confiance en toi... Je les recompterai tout à l'heure... Mais dis-moi, tu es bien content cette année; tu as eu de bonnes récoltes.

THIBAUT.

Oh que nanni, Monsu Gripardin! Tot a éto par lo travars (4).

GRIPARDIN.

Tu as eu beaucoup de blé.

THIBAUT.

N'y a eu gin, Monsu Gripardin... On n'a gin pu seno in bon temps... y a geio in Avri... lou vars ant migi lo resto... et lo pou que s'è meissonna n'a rindu que de pailli (5).

---

(1) Je vous salue, Monsieur Gripardin. Voilà votre argent.
(2) Il est leste, notre monsieur.
(3) Je les ai comptés plus d'une fois... Je crois ben qu'il y est.
(4) Oh que non!... tout est allé de travers.
(5) Il n'y en a point eu... On n'a pas pu semer au moment favorable... Il a gelé en avril... les vers ont mangé le surplus, et le peu qu'on a moissonné n'a rendu que de la paille.

GRIPARDIN.

Et tes vins ? Les vendanges ont été superbes partout.

THIBAUT.

Vé chi nous, no... La gréla a tot ablagi... J'ai fat la meitia de moins que l'an passo, Monsu Gripardin (1).

GRIPARDIN.

Tu te plains toujours.

THIBAUT.

O n'est pos siŋ causa... Nos n'avons ayu que de disastros c'tu printemps... Notra plus bella vachi a crevo pre avé migi trop de treflo;... notron cayon n'a gin fat de proufit... et notron coquo (*il pleure*) s'a cassa una patta, Monsu Gripardin (2).

GRIPARDIN.

Cela se rencontre mal, car ton bail est à sa fin, et il faut que je t'augmente de 5oo francs.

THIBAUT.

5oo francs! Monsu Gripardin!... Vos n'y pensos pos... Nos somos ben luin de compto... Je veno atenant vo demando una deminution de 5oo francs... Je ne poyo pus fare à c'tu prix : je me migi (3).

GRIPARDIN.

Il le faut cependant.

THIBAUT.

Monsu Gripardin, faut être raisonnoblo... ne faut pos écorchi lou pauro païsan... vos êtes ben trop richi (4).

---

(1) Pas chez nous... La grêle a tout ravagé... J'ai récolté la moitié moins que l'an passé.
(2) Ce n'est pas sans motif... Nous n'avons eu que des malheurs ce printemps... Notre plus belle vache est morte pour avoir mangé trop de trèfle; notre cochon n'a point fait de profit, et notre coq s'est cassé la patte.
(3) Cinq cents francs!... Vous n'y pensez pas! Nous sommes bien loin d'être d'accord... Je viens précisément vous demander une diminution de 5oo francs... Je ne peux plus faire mes affaires à ce prix; je me ruine.
(4) Il faut être raisonnable... Il ne faut pas écorcher le pauvre paysan... vous êtes bien trop riche.

GRIPARDIN.

Moi, riche ! Veux-tu bien te taire... Qui t'a dit cela ? Je suis plus pauvre que toi.. Tu gagnes, toi... moi je suis vieux ; je ne puis plus travailler.

THIBAUT.

Voutro liords travaillent à la placi de voutro bras (1).

GRIPARDIN.

L'argent ne rend rien... Mais écoute ; je veux être accommodant... Tu me donneras 500 francs de plus, et j'ajouterai à ta ferme mon pré de la Cailloutière.

THIBAUT.

Votron pra de la Caillouteri ; je n'en volo gin... n'y a que de pire (2).

GRIPARDIN.

Quand tu l'auras cultivé quelques années, tu pourras y semer de la luzerne.

THIBAUT.

To lo fumi de notron villagi n'in podri pas fare sorti una ronci de votron pra (3).

GRIPARDIN.

Je prendrai un autre fermier.

THIBAUT.

Vos n'in trovari gin coma me... que vos payi atenant à la San Martin (4).

GRIPARDIN.

Allons ! allons ! Je vais préparer ton bail... tu le signeras tout à l'heure... nous boirons un coup.

---

(1) Vos écus travaillent en remplacement de vos bras.
(2) Votre pré de la Cailloutière je n'en veux point ; il n'y a que des pierres.
(3) Tout le fumier de notre village n'y pourrait pas faire pousser une ronce, dans votre pré.
(4) Vous n'en trouverez point comme moi qui vous paye exactement à la Saint-Martin.

THIBAUT.

Je vouai passo vé mon cosin Toino... je goûtarai avouai ello. (*A part*). Monsu Gripardin me bailliri un morceau de pan et me fari bère d'aigua o de piquetta... Toino me bara de bon vin et una soupa de lord (1).

GRIPARDIN.

C'est ça, c'est ça... dîne avec ton cousin Toine. (*A part*). J'aime mieux ça. *(Haut)*. Ce soir nous terminerons notre affaire.

THIBAUT.

Oua, je tornarai incanot, Monsu Gripardin...Ma je ne signarai gin d'ogmentation (2). (*Il sort*).

SCÈNE IV.

GRIPARDIN, *seul*.

J'en aurai raison ce soir... Quand il reviendra de chez son cousin, il aura bu, et s'il le faut absolunent, je mettrai encore une bouteille de vin par-dessus sa ration... Allons défaire ce sac et compter ces mille écus... Une à une... chaque pièce... les palper, les aligner, les mettre en pile, les remettre dans le sac... les faire sonner... doucement... doucement... pour que les voisins n'entendent pas... Quel plaisir ! (*Il rentre chez lui*).

SCÈNE V.

GUIGNOL, MADELON.

GUIGNOL.

Es-tu sûre de ce que tu dis, not' femme ?

---

(1) **Je vais aller chez mon cousin Antoine; je dînerai avec lui... Monsieur Gripardin me donnerait un morceau de pain et me ferait boire de l'eau ou de la piquette... Antoine me donnera du bon vin et une soupe au lard.

(2) Oui, je reviendrai ce soir; mais je ne signerai point d'augmentation.

MADELON.

J'ai vu arriver Thibaut, il avait un sac à la main. Le père Gripardin a pris le sac et l'a emporté chez lui... Puis ils sont restés longtemps à causer.

GUIGNOL.

Le moment est bon... faut frapper chez lui. (*Il frappe*). M'sieu Gripardin ! M'sieu Gripardin ! Personne répond... Il y est pas.

MADELON.

Je viens de le voir rentrer.

GUIGNOL, *frappant encore et appelant.*

M'sieu Gripardin ! M'sieu Gripardin !... Ah ! il veut pas sortir... Si nous jetions une pierre contre ses vitres, il sortirait bien... Attends... je vais faire comme nous faisions quand nous étions petits gones, pour le faire sortir... Je vais crier au feu !

MADELON.

C'est une idée chenuse.

GUIGNOL, *criant.*

Au feu ! au feu !

SCÈNE VI.

Les Mêmes, GRIPARDIN.

GRIPARDIN, *sortant précipitamment.*

Qu'est-ce que c'est ?... vite les pompiers... Où est le feu ?

GUIGNOL, *riant.*

Il est à ma cheminée, papa Gripardin... Je fais des matefains. A votre service !

GRIPARDIN, *riant d'une manière forcée*

Ah ! ah ! ah ! (*A part.*) Animal ! (*Haut.*) Allons ! j'aime mieux ça... Au revoir, voisins !

GUIGNOL, *l'arrêtant.*

C'est que, voyez-vous, voisin, j'ai quelque chose à vous demander... J'ai frappé chez vous... Comme vous ne répondiez pas, j'ai émaginé de crier au feu.

GRIPARDIN.

Toujours plaisant, Monsieur Guignol... Allons, allons, vous faites bien de ne pas engendrer mélancolie.

MADELON.

Nous voulions vous prier de quéque chose

GRIPARDIN.

De quoi, mes amis? (*Madelon s'approche de la porte de la maison de Gripardin: il la repousse.*) Attendez, attendez. (*Il ferme la porte.*) Je suis tout à vous, mes chers voisins.

GUIGNOL.

Voilà ce que c'est : Vous savez bien que j'ai fait quéques entreprises de route dans ces derniers temps.

GRIPARDIN.

Oui, oui, vous êtes travailleur, mon voisin... c'est très bien... Il faut économiser; il faut amasser à présent...

MADELON.

Oh! nous mettons ben quéque chose de côté.

GRIPARDIN.

Quelque chose! quelque chose! il faut mettre tout de côté.

GUIGNOL.

Faut ben vivre.

GRIPARDIN.

On a le temps de vivre quand on est vieux... D'ailleurs, on vit de si peu quand on sait s'y prendre... Voyons, Madame Guignol, je suis sûr que vous donnez à votre mari du vin à tous ses repas.

MADELON.

Le pauvre homme travaille bien assez pour ça.

GRIPARDIN.

C'est une prodigalité... Une fois par jour suffit... et même tous les deux... trois ou quatre jours serait préférable... Il y a de l'eau si bonne dans le village... Avec ça, nourrissez-le de fortes soupes... des haricots, des fèves.

MADELON.

Il faut ben du beurre à la soupe.

GRIPARDIN.

Il en faut!... il en faut!... pas beaucoup. Tenez, j'avais un oncle... lorsque la soupe cuisait... il faisait chauffer son couteau.. il le passait sur le beurre, et il le trempait dans son bouillon... Sa soupe était excellente... et une livre de beurre lui durait trois mois.

GUIGNOL.

Il devait ben être un peu fort, son beurre.

GRIPARDIN.

Il n'en avait que plus de goût... Le pauvre cher homme était comme un cent de clous... Il s'est tout épargné jusqu'à son dernier jour... mais il a laissé une belle fortune.

GUIGNOL.

Pour en revenir, M'sieu Gripardin...

GRIPARDIN.

Vous êtes de braves gens, je vous aime beaucoup.

GUIGNOL.

Pour en revenir...

GRIPARDIN.

Toutes les fois que mes conseils pourront vous être utiles.

GUIGNOL.

Pour en revenir... vous savez ben la route qui doit traverser le village... c'est moi qui ai la déjudication d'un morceau avec le pont sur le ruissiau... Je n'en suis tout joyeux.

GRIPARDIN.

Ça me fait plaisir pour vous, voisin... Vous mènerez ça très bien, j'en suis sûr... et vous y gagnerez une sixaine de mille francs.

GUIGNOL.

P't-être ben... Seulement, y faut que je pone un cautionnement de 3,000 francs, et j'ai à la maison que 1,200 francs... Si vous pouviez nous prêter ce qui manque... vous nous feriez ben plaisir... Nous vous paierons les intérêts.

GRIPARDIN.

Des intérêts!... Allons donc! Est-ce qu'entre voisins on parle d'intérêts! Moi, je n'en veux pas... c'est 1,800 francs qu'il vous faut?

GUIGNOL.

Pas plus... (*Bas à Madelon*). Te vois ben qu'il n'est pas si mauvais que te croyais.

MADELON, *de même.*

Tant mieux!

GRIPARDIN.

Eh bien! je vais faire de l'argent, et dans quelques mois...

GUIGNOL.

Mais c'est tout de suite qu'il me les faudrait... Si je n'ai pas poné après-demain, on donne la déjudication à un autre.

GRIPARDIN.

J'en suis désolé... je n'ai pas d'argent; je ne sais pas comment je finirai le mois... Les fermiers ne paient pas.

MADELON.

Je croyais cependant que votre fermier Thibaut...

GRIPARDIN.

Non, non... voilà bien des semaines que je n'ai pas fait une rentrée... L'argent est d'un rare.

GUIGNOL.

Comme ça vous ne pouvez pas me rendre ce service ?

GRIPARDIN.

Impossible, mon cher voisin... Si vous obteniez un retard de quelques mois, nous verrions... Au reste, ne m'épargnez pas, mes bons voisins... Pour les conseils, pour les démarches... je suis à vous de tout mon cœur. (*Il rentre chez lui et ferme sa porte*).

SCÈNE VII.
GUIGNOL, MADELON.

MADELON.

Hein ! te l'avais-je pas dit ?

GUIGNOL.

Il est toujours le même; c'est un vieux grigou ben conservé dans le vinaigre.

MADELON.

Nous v'là ben plantés.

GUIGNOL.

Je ferai une tournée chez quelques amis.

MADELON.

Ah ! ouiche ! tes amis... des pilleraux... ils sont chargés d'écus comme un noyer est chargé de prunes.

GUIGNOL.

Bah ! entre eux tous... Puis j'irai demander un petit retard... En attendant, je suis las de mon voyage de ce matin... Je vais me mettre sus mon lit un m'ment... ça fera pousser de-z-idées... Allons, femme, te chagrine pas... Nous trouverons ben moyen de moyenner. (*Ils entrent dans leur maison.*)

SCÈNE VIII.

GRIPARDIN, seul.

Il sort de chez lui avec précaution et regarde du côté de la maison de Guignol.

Ils sont rentrés, bon !... (*Il entre en scène.*) Leur prêter 1,800 fr. !... Et sur quoi, grand Dieu ?... Leur maison vaut 900 fr. à peine... leur entreprise peut ne pas réussir... et puis prêter à des voisins, à des gens qui sont toujours auprès de vous, qu'il faut ménager ! On ne peut pas leur demander des intérêts convenables... on ne peut exiger de la ponctualité à l'échéance... Moi, je place mon argent à la ville... mes emprunteurs ne me connaissent pas... Je fais convenir des intérêts par un tiers... et ils sont bons, les intérêts ! Ah ! ceux qui ont besoin de l'argent doivent le payer... ah ! ah ! ah ! (*Il rit*)... Mais il est déjà tard ; je ne puis aller à la ville ce soir... Et que faire de ces 3,000 fr. que m'a apportés Thibaud ? Les garder chez moi, c'est un danger... on peut avoir vu Thibaut... on peut voir le sac chez moi... il y a tant de malfaiteurs dans le pays... J'ai là une cachette (*Il montre le bas de la maison*) dont j'ai usé plusieurs fois... Elle est excellente... Sous cette pierre... Mon grand-père y plaçait déjà ses économies... personne ne peut soupçonner... allons chercher mon sac. (*Il entre chez lui et revient immédiatement avec le sac. Un voleur l'observe du fond du théâtre*)... Ah ! mon bijou, mon trésor, mon cœur ! Il faut nous séparer, mais ne te chagrine pas, ce ne sera pas pour longtemps. Personne ne me voit ? (*Il regarde autour de lui*)... Allons, il le faut !... (*Il cache le sac*). Tiens-toi bien tranquille, cher ami, jusqu'à demain, au revoir ! (*Le voleur l'a épié*)... Là ! voilà qui est fait. Ah ! ah ! ah ! (*Il rit*) et dire qu'il y a des gens qui passeront ici, et personne ne se doutera qu'il y a un sac d'argent sous cette pierre... Ah ! ah ! ah ! (*Il rentre chez lui*).

SCÈNE IX.

REVERSI, seul.

Excepté moi, vieux farceur! Ah!... tu mets ton argent en terre!... Tu veux le faire germer... C'est moi qui vais lever la récolte. (*Il prend le sac*). Fameux! Fameux!... Je ne sais pas au juste ce qu'il y a dedans; mais je ne suis pas regardant, moi; je prends sans compter... Sapristi!... il y a gras. Qu'est-ce que je vais faire de tout ça à présent? Aller partager avec les camarades, ça ne me va pas... La troupe est mal composée, je veux la quitter... Si je rentre avec cela... il faut montrer la prise à l'arrivée... ma part sera trop courte. Je vais cacher le sac... (*Un autre voleur l'observe*). Mais où?... Ah! là!... Voilà un coin favorable. (*Il indique l'angle de la maison de Guignol*). Ce soir, à la nuit close, je viens le prendre et je file loin d'ici. (*Il cache le sac*). C'est ça! Recouvert avec ces feuilles et ces équevilles... Il faudrait un filou plus filou que moi pour se douter qu'il y a là une tire-lire numéro un! Allons retrouver la troupe jusqu'à ce soir. (*Il sort*).

※

SCÈNE X.

FINEMOUCHE, seul.

Tu demandes un filou plus filou que toi... Eh ben, me v'là!... Ah! Reversi, mon ami, tu prends du goujon et tu veux manger la friture sans les camarades. Ça peut te coûter cher... Extirpons d'abord le coco! (*Il déterre le sac; Guignol le voit de sa fenêtre*). Ah! ah! il est assez gentil. Je comprends que Reversi ait voulu le garder pour lui tout seul... Il faut agir avec prudence et savoir au juste quelles étaient ses intentions... Cachons le sac ailleurs... là, au pied de cet arbre... Les cachettes les plus simples sont les plus sûres. (*Il cache le sac dans le fond du théâtre. Guignol le voit*). Là!... Piétinons par-dessus, et c'est fait... A présent, je cours à Reversi... S'il est franc, nous nous entendons... sinon je le dénonce, et son affaire est claire. (*Il sort*).

SCÈNE XI.

GUIGNOL, *seul, sortant de chez lui.*

Nom d'un rat! j'en ai entendu des belles... Quels filous!... Pour les mettre d'accord, je prends le sac et je l'emporte chez moi. (*Il déterre le sac et l'emporte*).

SCÈNE XII.

REVERSI, FINEMOUCHE.

REVERSI, *entre en courant.*

Peste! peste! on est à mes trousses... Voilà un quart-d'heure que j'entends des pas derrière moi... Tiens, c'est Finemouche, que me veut-il?

FINEMOUCHE.

Comme tu files!... On dirait que tu as une compagnie de maréchaussée sur les talons... J'ai eu de la peine à te rattraper.

REVERSI.

Est-ce que le capitaine me demande?

FINEMOUCHE.

Non... mais je voulais causer avec toi... On ne peut plus te parler... Tu fuis les camarades depuis quelque temps.

REVERSI.

Ah! quelle idée!... Mon cher Finemouche, tu es mon meilleur ami.

FINEMOUCHE.

Merci, Reversi!... Ton amitié m'encourage à te demander l'explication d'un rêve qui me tracasse; tu es fils de bohémiens, tu t'y connais.

REVERSI.

Je t'écoute.

FINEMOUCHE.

C'est moi qui ai fait la garde cette nuit. Au matin, je me suis endormi au pied d'un chêne, et j'ai rêvé que tu avais trouvé, en te promenant, un sac qui pouvait bien contenir mille écus.

REVERSI, *à part.*

Il sait tout.

FINEMOUCHE.

Et tu me disais : « Mon vieux, nous sommes les plus anciens de la troupe... Il n'y a pas de l'eau à boire par ici... partageons ça à nous deux et quittons ce maudit pays... Ce songe m'avait rendu bien heureux. Mais, à mon réveil, plus rien... Songe, mensonge!... et tu n'étais pas là pour me consoler.

REVERSI, *à part.*

Allons ! il faut s'exécuter ; une autre fois, je prendrai mieux mes mesures. *(Haut).* Il y a de grandes singularités dans la vie, mon cher Finemouche... Tu ne le croirais pas; eh bien ! ton rêve est une réalité.. J'ai trouvé, en effet, un sac... qui peut bien contenir mille écus... comme dans ton rêve... et, comme dans ton rêve encore, je l'ai mis de côté pour que nous le partagions... Tiens, il est là. *(Il va chercher vers la maison de Guignol).* Il est assez rondelet. *(Il cherche).* Ah! mais, c'est bien là que je l'ai mis... Il n'y est plus... Sarpéjeu! Malheur à celui qui l'a pris !

FINEMOUCHE, *riant.*

Ah! ah! ah! c'est comme ça que tu travailles ! Tu n'as pas bien fermé ta caisse... Allons, allons, n'aie pas peur. Voilà ce que c'est que d'avoir de bons camarades. Tu avais mal caché ton magot, il était fort exposé... moi, je l'ai mis en lieu sûr... Tiens, il est là. *(Il va chercher dans le fond).* La cachette est supérieure. *(Il cherche).* Diantre ! Je l'ai trop bien caché; je ne le trouve plus... Ah ! le sang me monte à la tête... Est-ce que ?... ou bien, si ?... Ah ! Reversi, tu l'as déterré... Donne-moi ma moitié, ou gare à toi ! *(Il le menace).*

REVERSI.

C'est bon, c'est bon! Assez de frimes comme ça... Tu m'as volé... Rends le sac, ou sinon...

FINEMOUCHE.

Tu n'en profiteras pas, gredin de bohémien.

REVERSI.

Je vais te faire rendre gorge, traître. (*Ils se battent*).

SCÈNE XIII.

Les Mêmes, GUIGNOL.

GUIGNOL, *entrant et frappant les deux voleurs avec un bâton.*

Ah! bringands! coquins! scélérats!... Au voleur! au voleur! (*Les voleurs s'enfuient*). Eh ben! voilà votre monnaie... vous n'avez pas besoin de partager à présent; vous avez chacun votre compte... Je vais poser ma trique... et j'irai faire ma déclaration à M. le bailli. (*Il rentre chez lui*).

SCÈNE XIV.

GRIPARDIN, *seul*.

J'ai entendu du bruit; je ne suis pas tranquille... Ce sac me tient en souci... Il est en sûreté, et cependant... un coup d'œil me fera du bien. (*Il regarde sa cachette*). Ciel! La pierre est enlevée!... Le trou!... Je ne vois rien... rien... Mon sac... rien... Ah! ah! ah!... je me trouve mal... à l'assassin! à l'assassin!... je suis mort... mort. (*Il tombe sur la rampe*).

SCÈNE XV.

GRIPARDIN, GUIGNOL, MADELON.

GUIGNOL.

Qué qu'y a donc!... Ah! nom d'un rat, voilà le vieux qui tourne l'œil... Madelon, va chercher le pot à l'eau. (*A Gripardin; en lui frappant sur la tête*). Allons, vieux, pas de bêtises ! Revenez ; faites-vous courage.

GRIPARDIN, *se relevant*.

Qu'y a-t-il ?... où suis-je ?... courez ; on m'a pris... Ah ! si c'est vous, rendez-le moi.

GUIGNOL.

Quoi !

GRIPARDIN.

Mon sac... Je suis ruiné.

GUIGNOL.

Qué sac ?

GRIPARDIN.

Un sac d'argent que j'avais là

MADELON.

Mais... vous disiez tantôt que vous n'aviez pas le sou.

GRIPARDIN.

Je ne pensais pas à cet argent... j'en suis puni... Mes chers voisins, aidez-moi... accompagnez-moi chez le bailli... ou plutôt allez-y pour moi... mes jambes ne peuvent plus me porter... Je vous paierai votre commission... si l'on me rend mon argent... car je n'ai plus rien.

GUIGNOL.

Dites donc... j'en ai bien trouvé un... sac.

GRIPARDIN.

C'est le mien... c'est le mien... je le reconnais.

GUIGNOL.

Vous l'avez pas encore vu... Comment est-il donc ?

GRIPARDIN.

C'est un sac... un joli sac... rond... qui a un son agréable. Il est attaché avec une ficelle.

GUIGNOL.

Je vais vous faire voir celui que j'ai. Si c'est pas le vôtre, vous le direz. (*Il rentre chez lui.*)

GRIPARDIN.

Je vous le jure, mon cher Guignol.

GUIGNOL, *revenant avec le sac.*

Est-ce ça, vieux ?

GRIPARDIN.

C'est lui, c'est lui !... c'est toi !... Pourvu que rien n'y manque ! (*Il se jette sur le sac et l'emporte chez lui.*)

MADELON.

Il dit seulement pas merci

GUIGNOL.

Ça m'est bien égal.

GRIPARDIN, *revenant et riant.*

Ah ! ah ! ah ! c'est bien lui... tout y est... rien n'y manque, mes chers voisins.

GUIGNOL.

Vous avez pas eu le temps de compter.

GRIPARDIN.

Je n'ai pas besoin de compter... J'ai un nœud ; un nœud à moi... le nœud n'a pas été défait... Guignol, vous êtes un honnête homme.

GUIGNOL.

J'ai fait mon devoir... Adieu M'sieu.

GRIPARDIN.

Ne partez pas. Dites-moi... où l'avez-vous trouvé ?

GUIGNOL.

C'est des voleurs qui l'avaient soupesé... et je leur l'ai repris... en leur cognant ma trique sur le cotivet (1).

GRIPARDIN.

Des voleurs !... Ils sont arrêtés, n'est-ce pas ?

GUIGNOL.

Je sais pas... je me suis occupé de leur-z-y prendre le sac, et de le mettre à la soûte (2)... J'ai bien crié, mais je les ai laissés courir... Ils courent encore... manquablement.

GRIPARDIN.

Ils courent encore !... mais ils peuvent revenir... ils peuvent entrer dans ma maison... ils peuvent m'assassiner... ils vont me croire riche... Ah ! Monsieur Guignol, ne me laissez pas seul cette nuit... venez coucher chez moi.

GUIGNOL.

J'ai mes affaires, voisin... Bonsoir !

GRIPARDIN.

Venez souper avec moi, tous les deux.

GUIGNOL.

Merci, merci ! votre couteau met pas assez de beurre à la soupe.

GRIPARDIN.

Attendez ! (*Il rentre chez lui précipitamment*).

MADELON.

Que va-t-il faire ?

---

(1) *Le cotivet ;* la nuque.
(2) *A la soûte ;* à l'abri.

GRIPARDIN, *revenant avec le sac et le donnant à Guignol.*

Tenez, Guignol; vous avez besoin d'argent pour votre cautionnement... Prenez celui-là, je vous le prête... vous me le rendrez quand vous aurez fini votre entreprise... et nous nous entendrons plus tard pour les intérêts. (*A part*). Le sac sera plus en sûreté chez lui que chez moi.

GUIGNOL.

Merci, M'sieu.

GRIPARDIN.

Mais vous allez venir souper avec moi... ne me laissez pas seul... et Mme Guignol aussi... Je vous retiendrai jusqu'à demain matin.

GUIGNOL.

La cuisine sera-t-elle toujours d'haricots et de fèves... avec la piquette des grenouilles ?

GRIPARDIN.

Oh ! nous ferons bombance... Je vous donnerai d'un vin que je gardais... pour quand je serai vieux... Nous mettrons un saucisson... Mme Guignol fera un tour à la basse-cour et saignera un poulet.

MADELON.

Quand les avares s'y mettent... n'est-ce pas, Monsieur Gripardin ?

SCÈNE XVI.

LES MÊMES, THIBAUT.

THIBAUT.

Monsu Gripardin, je veno bère un coup avouai vos, como vos m'avé dit. (*Voyant Guignol qui a le sac*). Tiens, veiquia lo sac que je vos ai addu c'tu matin (1).

MADELON.

Il me semblait bien aussi que j'avais vu Thibaut.

---

(1) Je viens boire un coup avec vous, comme vous me l'avez dit... Tiens voilà le sac que je vous ai apporté ce matin.

GRIPARDIN.

Oui, oui... je l'avais oublié... Thibaut, tu souperas avec nous.

THIBAUT.

Oua, Monsu Gripardin;... J'ons ben gouta avouai Toino, ma je soperai ben tot de memo (1).

GRIPARDIN.

Et nous signerons le bail.

THIBAUT.

Avouai gin d'ogmentation (2) ?

GRIPARDIN.

Oui, oui, sans augmentation... Je suis trop content ce soir... mon sac est sauvé... mais tu nous chanteras une chanson, Thibaut.

THIBAUT.

Je volo ben, Monsu Gripardin... Je vos chantarai la *Parneta*. (*Il chante la chanson de la* Pernette, *et les autres personnages répètent le refrain*:

> La Pernette se lève,
> Tra la la la, la la la la, tra la la la ;
> La Pernette se lève
> Trois heures avant le jour,
> Trois heures avant le jour, our (3)

(*Le rideau tombe*)

FIN DES VOLEURS VOLÉS.

---

(1) Oui... j'ai dîné avec Antoine, mais je souperai bien tout de même.
(2) Sans augmentation ?
(3) La chanson de la *Pernette*, qui est fort connue dans nos campagnes, a eu l'honneur d'être citée dans les Instructions du Comité de la langue, de l'histoire et des arts pour le Recueil des poésies populaires de la France (*Bulletin du comité*, t. I, 1853, p. 259). Elle n'est pas chantée seulement, comme l'indique ce travail, dans le Lyonnais et en Auvergne ; elle l'est aussi en Dauphiné, en Savoie, en Bresse et Bugey. Elle ne paraît pas fort ancienne. La plupart des versions qui se chantent, versions assez différentes dans leur développement et dans leurs détails, sont en français populaire. Toutefois, la *Revue du Lyonnais* de 1867, t. II, p. 68, en a donné une leçon dans laquelle le récit est en patois des environs de Valence, ainsi que les répliques de Pernette, celles de la mère de Pernette sont en français.

TU CHANTERAS
TU NE CHANTERAS PAS

POCHADE EN UN ACTE

TU CHANTERAS
TU NE CHANTERAS PAS

POCHADE EN UN ACTE

❈

BONNARD, rentier.
CHALAMEL, médecin.
LE SERGENT HUBERT.

BAJAZOU, restaurateur.
GUIGNOL, domestique sans place.
JASMIN, domestique de Bonnard.

Une place publique.

❈

SCÈNE PREMIÈRE

BONNARD, CHALAMEL.

BONNARD.

Comment, docteur, tu me quittes ? Ma femme souffre beaucoup.

CHALAMEL.

Ne t'inquiète pas, mon ami.... Madame Bonnard n'accouchera pas avant demain. Je serai de retour ce soir, entre huit et neuf.

BONNARD.

C'est égal... je suis contrarié de te voir partir.

CHALAMEL.

Ne crains rien... Je t'apporterai un lièvre.

BONNARD.

Comment! tu vas à la chasse?

CHALAMEL.

Oui, mon ami. C'est une partie projetée depuis huit jours... Nous sommes nombreux... La plaine de Montluel retentira de nos exploits... Je ne veux pas qu'il y reste une pièce de gibier.

BONNARD.

Au moins, reviens de bonne heure.

CHALAMEL.

D'ici là ne néglige pas mes prescriptions... Surtout prends tes mesures pour éviter tout tapage sur cette place. Dans l'état où est ta femme, le bruit peut lui être funeste.

BONNARD.

Comment veux-tu que je fasse? Cette place est une des plus bruyantes de la ville. Les marchands, le matin;... les orgues de Barbarie et les musiciens de toute espèce, au milieu du jour;... et les ivrognes, le soir.

CHALAMEL.

Il n'est pas bien difficile de se débarrasser de ces gens-là. Si c'est un ivrogne, donne-lui vingt sous, en le priant d'aller chanter au cabaret; il t'obéira avec enthousiasme... Un musicien? Donne-lui dix sous à condition qu'il s'éloignera; c'est toute la recette qu'il peut faire sur cette place... il ira ailleurs... Un marchand? Fais-lui une petite emplette, sous la même condition.

BONNARD.

Tu as raison, Docteur. Tu as un esprit de ressources admirable.

CHALAMEL.

Allons, mon cher Bonnard, je te quitte. Tu auras ce soir de mes nouvelles... et de mon gibier. (*Il sort*).

SCÈNE II.

BONNARD, *seul*.

C'est un charmant médecin que mon ami Chalamel... Il prend le plus grand soin de ses malades. Il leur fait manger plus de cailles et de perdrix, qu'il ne leur ordonne de juleps et de médecines... C'est sa méthode à lui... elle ne manque pas d'originalité... C'est aussi un homme d'esprit et de bon conseil... Allons donner à mes domestiques les ordres nécessaires. (*Il entre chez lui*).

SCÈNE III.

LE SERGENT, *seul*.

(*A la cantonade*). Fiez-vous à moi, camarades... La noce sera majestueuse... Je vais faire les choses superlativement. (*Il vient en scène*). Trois promotions dans le régiment! Il s'ensuit conséquemment une fête, ou plutôt trois fêtes, où nous nous amuserons comme quatre... approximativement. C'est moi qui suis l'ordonnateur... J'ai choisi le cabaret du père Bajazou, à l'enseigne du *Chien à trois pattes*... Allons! vive la gaîté française! Plaisir et bombance! (*Il appelle*). Père Bajazou! père Bajazou!

SCÈNE IV.

LE SERGENT, BAJAZOU.

BAJAZOU.

Que faut-il vous servir, sergent?

LE SERGENT.

Quarante couverts et votre nectar le plus divin.

BAJAZOU.

C'est donc une noce?

LE SERGENT.

Mieux que ça. Trois promotions dans le régiment... Et je vous ai choisi pour arroser avec l'aide du dieu Bacchus, libéralement les galons des camarades.

BAJAZOU.

Je vous remercie, sergent; je vais me mettre à mes fourneaux.

LE SERGENT.

Distinguez-vous, Bajazou... Je veux un festin comme ceux que dégustait jadis, à Rome, le général Sardanapale.

BAJAZOU.

Soyez tranquille, sergent. Le général Sardinapate se serait liché les cinq doigts et le pouce du gala que je vais vous confectionner.

LE SERGENT.

En attendant, Bajazou, apportez insensiblement votre bouteille d'absinthe... et je m'en vais lui dire deux mots subséquemment.

BAJAZOU.

Entrez, sergent, militairement; et je vous sers sur-le-champ instantanément tambour battant. (*Ils entrent chez Bajazou*).

※

SCÈNE V.

GUIGNOL, *seul*.

(*A la cantonnade*). C'est bon! c'est bon! vieux bugnon! On en trouvera ben une place que vaudra la tienne. Crois-tu que je n'en verserai des pleurs de quitter ta cassine? (*Il vient en scène*). Je sais pas comme je m'y prends... mais voilà quéque temps que je peux pas faire pus de huit jours dans une place... Ce matin je m'étais levé tout guilleret.., j'avais fait un joli rêve... J'avais rêvé que je mangeais des châtagnes... à l'eau... dans un pot jaune... au coin du feu... Ça veut dire qu'on recevra de l'argent dans la journée, de rêver de châtagnes (1). Eh ben! ça a tourné tout detraviole... A neuf heures, mon maître me dit : Guignol, apporte-moi vite mon déjeuner, je suis pressé.—Oui, borgeois, que je li réponds. — Je cours à l'office pour prendre la soupière... j'empoigne quéque chose... j'arrive avec mon quéque chose... quand je vais pour le mettre sur la table, je vois que j'ai biché le... oui, nom d'un rat! je le tenais... C'était la cuisinière qui l'avait entreposé là... Je veux le remporter, mais le borgeois l'avais vu... Il se monte comme une soupe au lait... J'ai beau m'escuser —Borgeois, c'est pour m'être trop pressé, pour avoir trop voulu bien faire... Y a que ceux qui font rien qui se trompent pas. — Ah! ouich! il m'écoute pas... il me fait mon compte..., sept et sept dix-huit, et sept vingt-neuf, et neuf septante-deux... Il me donne trois francs douze sous... il me flanque un certificat de bonne conduite... avec son soulier... au-dessous des reins... Et me voilà sur le pavé... mais, comme dit Gnafron, faut jamais se faire de mauvais sang. (*Il chante sur l'air de Préville et Taconnet :*)

> Quand j'ai pas le sou, je chante pour être pas triste ;
> Quand j'ai de l'argent, je chante parce que je suis gai. *(bis)*

SCÈNE VI.

GUIGNOL, LE SERGENT.

Le Sergent entre doucement et met la main sur la bouche de Guignol, pendant qu'il chante encore.

GUIGNOL, *se débattant.*

Ah ça, sergent, restez-donc tranquille

LE SERGENT.

L'ami, tu as une voix superbe et ton chant est l'égal du rossignol... Si tu veux continuer de chanter... consécutivement devant cette auberge... il y a cent sous pour toi.

---

(1) Le songe de Guignol, *a gusto*.

GUIGNOL.

Cent sous !... Est-ce que vous les avez sur vous, sergent ?

LE SERGENT.

Voilà. (*Il lui donne de l'argent*).

GUIGNOL.

C'est convenu : je chanterai.

LE SERGENT.

Et si ton gosier se dessèche, tu entreras chez le père Bajazou pour boire un coup avec des camarades... qui sont des fameux lapins... Et chante-nous quelque chose de belliqueusement guerrier. (*Il rentre au cabaret*).

SCÈNE VII.

GUIGNOL, *seul*.

Ça me va, sergent, ça me va... Nom d'un rat ! je chanterai ben tout ce qu'il voudra pour cent sous... Me voila chanteur à appointements... comme au Grand Opéra. Tout de même, il me demande quéque chose de guerrier..! ça me gêne un peu... je sais que des complaintes... Le *Juif-Errant, Henriette et Damon*... Ah ! j'y suis !... je vas leur zy chanter Marbrouk. (*Il chante*) :

Marbrouk s'en va-t-en guerre... (1).

SCÈNE VIII.

GUIGNOL, JASMIN.

JASMIN.

Dites donc, l'ami ; est-ce que vous ne pourriez pas aller brailler un peu plus loin ?

---

(1) Ou tout autre refrain.

GUIGNOL.

Est-il malhonnête, ce gone ! Qué que tu demandes, grand flandrin ? Dis donc, est-ce que tu as entendu souvent des organes comme çui-là ? (*Il recommence à chanter*).

JASMIN.

Je vous prie d'aller chanter plus loin ; la femme de mon maître est malade.

GUIGNOL.

J'en suis navré pour elle, mon vieux... mais comme je suis payé pour chanter, faut que je gagne l'argent qu'on me donne.

JASMIN.

Combien vous donne-t-on ?

GUIGNOL.

Dix francs.

JASMIN.

Ce n'est pas cher pour une aussi jolie voix.

GUIGNOL.

Qué que tu dis l'enrhumé ?

JASMIN.

Je vous donne quinze francs pour vous taire.

GUIGNOL.

Fais voir l'argent... je suis pas fier.

JASMIN, *lui donnant de l'argent.*

Voilà !... mais que je n'entende plus votre délicieux organe. (*Il sort.*)

SCÈNE IX.

GUIGNOL, puis LE SERGENT, puis JASMIN.

GUIGNOL, *seul*.

En voilà un qu'est assez chenu. Y en a qui paient pour travailler, çui-là paie pour rien faire... Allons, je veux pas lui voler son argent... je vais me bercer. (*Il se couche sur la bande, et se berce en chantonnant : No, no, l'enfant do.*)

LE SERGENT *arrive et frappe Guignol sur la tête.*

Dis donc, farceur, est-ce que tu me prends pour un conscrit ? Je t'ai payé pour chanter. Qu'est-ce que tu fais là ?

GUIGNOL.

Je chante : *No, no, l'enfant do*...

LE SERGENT.

Tu veux rire, morbleu... moi, je ne ris aucunement.

GUIGNOL.

C'est que, voyez-vous, y est venu quéqu'un qui me paie pour rien faire... et comme j'aime mieux son travail que le vôtre... voilà pourquoi je fais rien.

LE SERGENT.

Quelqu'un marche sur mes brisées... morbleu !... Et combien te donne-t-on totalement ?

GUIGNOL.

Vingt francs, sergent.

LE SERGENT.

En voilà trente... mais chante, et chante bien... sinon je te fais faire connaissance avec la lame de mon sabre.

GUIGNOL.

Ah ! ne badinez donc pas, militaire !... avec le machin que coupe ?

LE SERGENT.

Je ne dis que ça. Prends-y garde. *(Il sort)*.

GUIGNOL.

Il serait dans le cas de me faire une boutonnière... Nom d'un rat ! chantons vite. *(Il chante)* :

En avant, Fanfan la Tulipe...

Jasmin entre, et Guignol, en chantant, lui donne à chaque mesure un coup sur la tête

JASMIN.

Ah ! mais ! laissez-moi donc... que vous me faites mal.

GUIGNOL.

Comment trouves-tu le bullion ?

JASMIN.

Un peu salé... Tenez, voilà mon écot. *(Il lui donne un coup)*.

GUIGNOL *lui en donne un aussi.*

Tu me donnes trop ; voilà ta monnaie.

JASMIN.

Assez de gestes... Il s'agit d'autre chose... Vous êtes joliment un homme de parole... Je vous ai payé pour vous taire, et vous beuglez plus fort qu'auparavant.

GUIGNOL.

Mais, benoît, l'autre est revenu. Il me donne quarante francs pour que je chante.

JASMIN.

En voilà soixante pour vous taire.

GUIGNOL, *embarrassé.*

C'est que, voyez-vous, c'est pus fort que moi... sitôt que je suis réveillé, faut que je chante.

JASMIN.

Eh bien ! dormez... je vous paie pour dormir... Mais surtout ne chantez plus... parce que je vous règlerai cette fois avec une autre monnaie, mon gaillard. (*Il sort*).

GUIGNOL.

C'est entendu ; je tape de l'œil. (*Il se couche sur la bande et ronfle. Le sergent arrive, voit Guignol couché, sort et revient avec un bâton.*

LE SERGENT.

Bataillon ! garde à vos !

GUIGNOL, *toujours couché*.

Garde à vos, tant que tu voudras.

LE SERGENT.

Division ! apprêtez vos armes ! Joue !

GUIGNOL, *de même*.

Sur la joue, sur le flanc, ran tan plan, tambour battant.

LE SERGENT.

Feu ! (*Il lui donne un coup*).

GUIGNOL, *se relevant*.

Gredin, comme tu appuies sur la gâchette !

LE SERGENT.

Je t'ai payé pour chanter.

GUIGNOL.

Vous m'avez demandé quéque chose de ronflant, je ronfle.

LE SERGENT.

Pas de bêtises ! Tu vas marcher au pas accéléré. (*Il tape*).

GUIGNOL.

Oui, sergent. (*Il chante :*)

Ah ! quel plaisir d'être sordat !

JASMIN, *avec un bâton.*

Tu es payé pour dormir, dors! (*Il lui donne un coup*).

GUIGNOL.

Ah!... tout de suite. (*Il se couche*).

LE SERGENT, *tapant.*

Chante.

GUIGNOL, *se relevant.*

Oui, sergent. (*Il chante*) :

Ils sont là-bas qui dorment sous la neige.

JASMIN, *tapant.*

Dors.

GUIGNOL.

Ah! mais... dites-donc, ça commence à m'ennuyer. Vous tapez comme des compagnons maréchaux sur une enclume.

LE SERGENT, *tapant.*

Chante.

JASMIN, *tapant.*

Dors.

GUIGNOL.

Atatends! ça va finir. (*Il saisit le bâton de Jasmin et tape des deux côtés*).

JASMIN.

A la garde! à la garde!

SCÈNE X.

Les Mêmes, BONNARD.

BONNARD.

Qu'est ce qu'il y a donc ici? On se bat.

JASMIN.

Monsieur, ce drôle a reçu votre argent pour ne plus chanter... Mais il continue de plus belle... et vous voyez comme il me traite.

BONNARD.

Mes amis, chantez tant que vous voudrez... et chantez tous. Ma femme a accouché... je ne me sens pas de joie. Tenez, voilà de l'argent pour boire à ma santé et à celle de Madame Bonnard.

TOUS.

Vivent Monsieur et Madame Bonnard! (*Ils chantent*).

SCÈNE XII.

Les Mêmes, CHALAMEL.

CHALAMEL. *Il apporte un lièvre.*

Me voilà, mon ami, me voilà! Nous avons fait une chasse superbe... Mais on n'observe guère ici les recommandations que j'ai faites ce matin... Comment va ta femme?

BONNARD.

A merveille, docteur... mieux que tu ne penses.

CHALAMEL.

Que veux-tu dire?

BONNARD.

C'est fait, mon ami... Elle a accouché... très heureusement.

CHALAMEL.

Déjà!... et que t'a-t-elle donné?

BONNARD.

Un gros garçon... un gaillard qui aura des dispositions pour la musique. (*On entend crier l'enfant*). Ecoute-le. Il a une voix superbe.

GUIGNOL.

Pardi! il m'a entendu... Ça lui a tout de suite donné le goût des arts... Je le retiens pour notre orphéon.

CHALAMEL.

Embrassons-nous, mon cher Bonnard... Je te fais mon compliment... Si je n'ai pas aidé ce gaillard-là à faire ses débuts dans le monde, je me suis cependant occupé de lui; je lui ai tué un lièvre... Tiens; nous allons le manger à sa santé.

BONNARD.

Je veux que tout le quartier soit en joie. Buvez encore vingt bouteilles à la santé du jeune Bonnard. (*Il donne de l'argent à Guignol*).

GUIGNOL.

L'argent est-il pour chanter ou pour pas chanter?

BONNARD.

Pour chanter, rire et boire.

GUIGNOL.

J'aime mieux ça... Tu chanteras, tu chanteras pas!... J'étais comme un chat entre deux melettes (1)... A présent, je connais l'ouvrage... Boire et chanter... et recevoir d'argent pour ça... Voilà une place d'où je me ferai jamais mettre à la porte. (*Bonnard entre chez lui avec Chalamel. Les autres chantent et dansent*).

FIN DE TU CHANTERAS, TU NE CHANTERAS PAS (2).

---

(1) *Melettes*; débris de mouton que les tripiers préparent et vendent pour le régal des chats.

(2) Le théâtre de Guignol a un grand nombre de pochades et de petits tableaux populaires qui se jouent habituellement comme lever de rideau. *Tu chanteras* et les deux pièces suivantes ont été choisies parmi les plus anciennes de cette catégorie.

L'ENROLEMENT

PIÈCE EN UN ACTE

L'ENROLEMENT

PIÈCE EN UN ACTE

GUIGNOL, jeune savetier.
GNAFRON, savetier.

MADELON, sa fille.
HUBERT, sergent recruteur.

Une place publique.

❈

SCÈNE PREMIÈRE.

GUIGNOL, seul.

Qu'a donc le père Gnafron ? Je lui ai demandé sa fille Madelon en mariage ; il m'avait promis, et voilà que depuis quéques jours il me conte de gandoises que j'y comprends goutte... Il dit qu'il a toujours eu envie d'un gendre qu'aye été sordat... qu'un homme que n'a pas servi n'a pas rempli son devoir envers son pays... qu'un ancien milllitaire comme lui peut donner sa fille qu'à un vrai troupier... Est-ce ma faute à moi, si j'ai pas été milllitaire ?... J'ai été esempté parce que j'avais pas la taille...

un autre faire porter respect à ma femme... Et puis, lui, il dit qu'il a été militaire... Je sais pas dans quel régiment il a servi... En tout cas c'est pas dans la marine, il craint trop l'eau. Enfin, il me mitonne quéque chose de pas drôle, et il faut que je soye sur l'œil... Mais voilà Madelon... elle en sait p't-être pus long que moi là-dessus.

SCÈNE II.

GUIGNOL, MADELON.

GUIGNOL.

Bonjour, Mam'selle Madelon.

MADELON.

Oh! Monsieur Guignol, bonjour; mais allez-vous-en, je vous prie... Mon père m'a défendu de vous parler; il ne veut plus de notre mariage.

GUIGNOL.

Mais qu'est-ce qui lui a donc pris, à votre père? Il était ben consentant y a quinze jours; à présent c'est pus ça. Il vire donc comme un toton.

MADELON.

J'y comprends rien; il dit qu'il veut pas d'un gendre qui a pas servi.

GUIGNOL.

Oui; il m'a déjà chanté cette romance... Tout ça me chagrine, voyez-vous, je deviens maigre comme un picarlat.

MADELON.

Je crois que je connais ses projets. Il veut me marier à Cadet, qui vient d'hériter de douze cents francs de sa tante Grisolet, qui est premier garçon au cabaret de Chibroc, et qui doit acheter le fonds.

GUIGNOL.

Ah! c'est ça; il irait souvent aider à son gendre à tirer le vin...

Mais enfin il m'a promis à moi... et voyez-vous, Mam'selle Madelon, je tiens à sa promesse.

MADELON.

Moi aussi, Monsieur Guignol.

GUIGNOL.

Eh ben! c'est bon; je le ferai appeler devant le bailli; je lui demanderai des dommages-intérêts... Je connais un avocat qui le fera marcher.

MADELON.

Gardez-vous-en bien! Y vaut mieux le prendre par la douceur.

GUIGNOL.

J'ai ben employé la douceur... je lui ai assez payé des chopines... Aussi, il peut pas se dégager d'avec moi.... Il m'a promis; il m'a tapé dans la main... c'est sacré, ça.

MADELON.

Je crois ben qu'il est un peu embarrassé de sa promesse... Mais méfiez-vous, il arrange quéque manigance.

GUIGNOL.

Soyez tranquille, Madelon; je vais le soigner... J'ai comme ça l'air un peu bête; mais c'est d'enfance, voyez-vous;... j'ai oublié de l'être tout à fait.

MADELON.

Sauvez-vous, voilà mon père... S'il me voit avec vous, il me tapera.

GUIGNOL.

Je m'ensauve, Madelon; mais vous faites pas de mauvais sang... je serai votre mari... Père Gnafron, je vous perds pas de vue.

MADELON, *seule*.

Pauvre garçon! comme il est plus gentil que ce Cadet qu'est toujours pochard, brutal et grossier comme pain d'orge!... Je l'haïs, ce Cadet, je l'haïs.

SCÈNE III.

MADELON, GNAFRON.

GNAFRON.

Qué que tu fais là? Je suis sûr que tu attends Guignol. Si je te rattrape à lui parler...

MADELON.

Mais, p'pa, qué qu'il vous a donc fait, Guignol? Y a quinze jours, vous me défendiez pas de lui parler.

GNAFRON.

Y passe de l'eau sous le pont en quinze jours... J'ai réfléchi... j'en veux pas, mille bombes! de ton Guignol... Un homme qui n'a pas servi, qui n'a jamais porté le mousquet!

MADELON.

Mais, p'pa, vous m'aviez jamais dit que vous aviez été militaire, c'est donc vrai?...

GNAFRON.

Si j'ai été milllitaire!... malheureuse, tu en doutes!... Je ne l'ai pas été autant que je l'aurais voulu... Mais un canon ne m'a jamais fait peur.

MADELON, *à part.*

Oui, chez le marchand de vin.

GNAFRON.

Et d'ailleurs, j'ai manqué d'être sergent dans la garde nationale.

MADELON.

Enfin, vous lui avez promis, à Guignol... Vous avez donc point de parole?... Comment que vous ferez pour vous dégager?

GNAFRON.

C'est bon, c'est bon!... ça ne te regarde pas... Je lui ai promis, s'il me convenait... Mais il ne me convient pas. Par conséquence, file d'ici; va à ton ouvrage... et que je te voie plus avec Guignol... Sinon... je te dis que ça... gare les giroflées à cinq feuilles.

MADELON.

Allons donc, p'pa... un vieux milllitaire comme vous voudrait pas battre sa fille... un soldat français! (*Elle s'enfuit*).

GNAFRON, *la menaçant*.

Atatends! atatends!

SCÈNE IV.

GNAFRON, *seul*.

Elle tient à son Guignol... qu'est ben un bon garçon, c'est vrai... mais trop gnioche (1), trop catole (2); ça ne sait pas se retourner... Et il n'a rien... Au lieur que Cadet a douze cents francs... et il est dans le commerce... le premier de tous les commerces, le commerce des vins... Enfin, il me va... J'ai fait la bêtise de promettre à Guignol... Mai j'ai tiré un plan qui est un peu finard... J'attends ici mon cousin, le sergent Hubert... un fameux lapin... S'il veut me prêter la main, avant huit jours je suis débarrassé de Guignol, et Cadet est mon gendre.

SCÈNE V.

GNAFRON, LE SERGENT.

LE SERGENT.

Je vous trouve au rendez-vous, papa Gnafron... Vous m'avez fait appeler. Je ne suis pas éloigné de croire que vous avez à me parler de quelque chose.

GNAFRON.

Vous avez deviné, sergent. Voilà ce que c'est... Y a deux rivaux

---

(1) *Gnioche*; niais, imbécile.
(2) *Catole*; timide, stupide.

qui se disputent la main de ma fille : Cadet et Guignol. Je l'accorde à Cadet, parce qu'il a servi et qu'il a douze cents francs... Mais j'avais quasiment promis à Guignol, et je voudrais m'en débarrasser... Vous qu'êtes sergent racoleur, pourriez-vous pas lui insinuer qu'il faut qu'il s'engage, que c'est le seul moyen d'avoir mon consentement ?... Une fois engagé, vous le faites partir et Madelon épouse Cadet.

LE SERGENT.

Papa Gnafron, vous êtes subtil... Et vous auriez fait un bon jardinier, je ne suis pas éloigné de le croire; car vous cultivez la carotte avec supériorité... Mais c'est assez chatouilleux, ce que vous me proposez là. Si l'on vient à savoir que je me suis mêlé d'une affaire aussi entortillée, je serai cassé.

GNAFRON.

Nous sommes cousins, Hubert. Il faut bien faire quelque chose pour sa famille... Cadet et moi nous serons généreux... D'ailleurs, Guignol est trop dadais pour qu'il vous arrive malheur... et c'est pour son bien à ce jeune homme. Si vous en faites un soldat, ça le dégourdira, mille-z-yeux!

LE SERGENT.

Vous êtes crânement persuasif, père Gnafron... Je parlerai à ce jeune serin.

GNAFRON.

Vous me rendez un vrai service.

LE SERGENT.

Ça n'ira p't-être pas tout seul. Il faudra que vous me veniez en aide. Ne vous éloignez pas...

GNAFRON.

Je vais faire tirer pot au cabaret de la mère Bonichon... Si vous avez besoin de moi, faites-moi signe... Tenez, voilà justement Guignol qui vient de ce côté... Travaillez-le aux oiseaux. (*Il sort*).

SCÈNE VI.

GUIGNOL, LE SERGENT.

GUIGNOL, *d'un air triste.*

C'est donc vous qu'êtes là, sergent Hubert?

LE SERGENT.

Eh oui, corbleu!... Mais qu'as-tu donc, Guignol? Quel sinistre visage! Ah! jeune homme, je ne suis pas éloigné de croire que vous êtes tracassé par des peines de cœur.

GUIGNOL.

Eh ben! oui, sergent; je vous le confie à vous: mais n'en dites rien dans le quartier, parce qu'on se moquerait de moi... Je devais me marier à Madelon, la fille du père Gnafron... Il me l'avait promise et voilà qu'à présent il se dédit... C'est un moulin à vent c't homme... Ça me chagrine, ça me chagrine, voyez-vous, que je m'en cognerais le melon sur les cadettes (1) de la rue Saint-Georges... Mais quoi qu'il a donc, quoi qu'il a donc contre moi, ce vieux pochard?

LE SERGENT.

Guignol, tu m'intéresses... Je connais les motifs du refus de Gnafron; il me les a dits, c'est mon cousin... Je veux te les dévoiler et te donner les moyens de vaincre sa résistance... Le père Gnafron a servi.

GUIGNOL.

Dans quel régiment? Dans les pompiers?

LE SERGENT.

Je ne suis pas éloigné de le croire. Dans tous les cas, vois-tu, il ne veut pas d'un clampin dans sa famille... Si tu tiens à être son gendre, fais-toi soldat.

---

(1) *Cadette*; dalle, trottoir.

GUIGNOL.

Sordat pour de vrai ? Mais il faudra partir pour l'armée, et alors bonsoir le mariage.

LE SERGENT.

Non. Je te fais un engagement... une fois soldat, il ne peut te refuser sa fille... et le mariage conclu, je fais casser l'engagement par mes protections.

GUIGNOL.

Vous êtes un bon enfant, sergent... Mais qui me dit que c'est pas une frime du père Gnafron ?... Je le connais, c't homme, il va et vient comme une girouette.

LE SERGENT

Il m'a dit lui-même qu'il te donnerait sa fille, s'il te voyait une fois le mousquet sur l'épaule.

GUIGNOL.

Je me fie pas à ce qu'il dit.

LE SERGENT.

Corbleu ! Est-ce qu'il voudrait se moquer de toi-z-et de moi ?.. Si cela était, mille bombes ! mon sabre taillerait quelques boutonnières dans son individu... Il n'y a pas de cousin qui tienne... Ecoute ; parlons peu et parlons bien. Je vais appeler le père Gnafron... Tu te cacheras là ; je le ferai expliquer catégoriquement. Tu entendras tout ce qu'il dira, et tu sauras ensuite ce qu'il te reste à faire.

GUIGNOL.

C'est une bonne idée, sergent ; ça fait que vous me servirez de témoin, si y se dédit encore.

LE SERGENT.

Certainement.

GUIGNOL.

Faites-le parler, sergent... Je me cache. (*Il se place dans la coulisse*)

LE SERGENT.

Cela marche à merveille; le serin entre de lui-même dans la cage... Holà! papa Gnafron, venez par ici.

SCÈNE VII.

LE SERGENT, GNAFRON, GUIGNOL, *caché*.

GNAFRON.

Qué qu'y a, sergent Hubert?

LE SERGENT, *bas à Gnafron*.

Il est là; il nous écoute... Répondez en conséquence à mes questions.

GNAFRON, *de même*.

Surficit... allez tout de go.

LE SERGENT, *haut*.

Ne m'avez-vous pas dit que le seul obstacle au mariage de Guignol, c'est qu'il n'avait pas été soldat? que s'il s'engageait, vous lui donneriez votre fille sans autres conditions?

GNAFRON.

Certainement, je l'ai dit et je m'en dédis pas... Si Guignol était soldat, mille tonnerres! il aurait la colombe. Vous pouvez lui dire ça de ma part.

LE SERGENT.

C'est bien, père Gnafron; vous êtes un vieux brave... C'est tout ce que je voulais savoir... Au revoir!

GNAFRON.

Au revoir, sergent! (*Il sort*).

SCÈNE VIII.

LE SERGENT, GUIGNOL.

GUIGNOL, *arrivant précipitamment.*

Sergent, je veux être sordat... tout de suite, tout de suite:

LE SERGENT.

Allons, jeune tourlourou, suis-moi; je vais te faire ton engagement et tu prendras ta première leçon d'exercice. Le cœur du père Gnafron, je ne suis pas éloigné de le croire, ne résistera pas à la vue de tes grâces et de ta facilité sous l'uniforme. (*Ils sortent*).

SCÈNE IX.

GNAFRON, *seul, entrant.*

Ah! ah! ah! (*Il rit*). Les voilà partis; le goujon a mordu à l'asticot... On n'en remontre pas au papa Gnafron... Allons finir la bouteille, et prévenir Cadet de se tenir prêt pour la noce. (*Il s'en va en riant*).

SCÈNE X.

LE SERGENT, GUIGNOL, *vêtu d'un uniforme ridicule : il a un bonnet de police, dont le gland lui tombe sur les yeux.*

GUIGNOL.

Sergent, vous m'avez joliment ficelé tout de même... N'y a que ce machin d'en haut que me danse là devant le z'œil...

LE SERGENT.

Tu t'y feras... Allons, conscrit, à l'exercice! De la grâce et de la souplesse. D'abord, les talons sur la ligne, et rapprochés autant que la conformation le permet; les pieds un peu moins ouverts que l'équerre, la ceinture effacée, le haut du corps en avant

(*Guignol se penche*) la tête droite. (*Guignol se renverse*), la ceinture effacée. (*Guignol se penche. Il le redresse*). Attention donc, morbleu !

GUIGNOL.

Nom d'un rat ! c'est pas facile.

LE SERGENT.

Les bras pendant naturellement, le petit doigt sentant la couture de la culotte, le menton rapproché de la cravate, sans la couvrir ; les yeux à quinze pas devant toi.

GUIGNOL.

Comment est-ce que mes yeux peuvent être à quinze pas plus loin que moi ?... Ils sont ben toujours dans ma tête.

LE SERGENT.

Cela veut dire qu'il faut regarder à quinze pas.

GUIGNOL.

Mais alors, sergent, mettez-vous donc un peu en arrière. Comment voulez-vous que je regarde à quinze pas, si vous êtes devant moi ?

LE SERGENT.

Silence, conscrit.

GUIGNOL.

Avec ça y a ce machin qui me danse devant le z'œil.

LE SERGENT.

Garde à vos ! (*Guignol s'enfuit vivement*). Eh bien, où vas-tu donc ?

GUIGNOL.

Pardi, vous me dites de prendre garde à moi ; je m'ensauve.

LE SERGENT.

Mais, imbécile, garde à vos ! c'est un terme d'avertissement. Je t'avertis.

GUIGNOL.

Avertissez-moi, sergent... vous avez raison.

LE SERGENT.

Allons, peloton !

GUIGNOL.

Vous voulez un peloton ?

LE SERGENT.

Quand je dis : peloton ! c'est à toi que je parle.

GUIGNOL.

Je ne suis ni en fil ni en laine.

LE SERGENT

C'est comme si je parlais à vingt hommes ; tu sauras ça... Il faut maintenant apprendre à marcher. Nous allons partir du pied gauche... Pied gauche, en avant ! marche ! (*Guignol se baisse*). Qu'est-ce que tu regardes ?

GUIGNOL.

Vous dites de partir du pied gauche... Je regarde où il est le gauche.

LE SERGENT.

Eh bien ! c'est celui-ci... Ah çà, tu ne connais donc pas ta main droite d'avec ta gauche.

GUIGNOL.

Comment voulez-vous qn'on les connaisse ? Elles sont ben faites l'une comme l'autre.

LE SERGENT.

Quelle faible intelligence ! C'est un homme à former totalement. Voyons, au commandement de Marche ! vous portez vivement le pied gauche en avant, le jarret tendu, la pointe du pied un peu baissée et légèrement tournée en dehors, ainsi que le genou ; vous balancez le corps sans raideur sur la jambe droite ;

vous abaissez la jambe gauche et portez la jambe droite en avant, et ainsi successivement, jusqu'au commandement de Halte! (*Il le fait marcher en le prenant par le milieu du corps*). Pas accéléré; en avant, marche! gauche! droite! gauche! droite! halte!

GUIGNOL.

Ça m'ennuie, sergent. N'allons-nous pas bientôt à la gamelle ?

LE SERGENT.

On ne parle pas sous les armes. Maintenant, tu vas faire par le flanc droit et par le flanc gauche. Attends, je vais te chercher ton arme.

GUIGNOL.

C'est pas amusant d'être militaire... C'est donc pas encore fini ?

LE SERGENT.

Cinq minutes seulement. Voilà ton arme. (*Il lui donne un bâton*).

GUIGNOL.

Vous appelez ça une arme... c'est un éventail à bourrique.

LE SERGENT.

C'est pour figurer le mousquet... Quand je te dirai par le flanc droit, droite, tu tournes de ce côté. (*Il le fait tourner*). Quand je te dirai par le flanc gauche, gauche, de celui-là.

GUIGNOL.

Vous me bouliguez trop, sergent.

LE SERGENT.

Voyons, y est-tu ? Tiens bien ton arme.

GUIGNOL.

Oui, ma tavelle; j'y suis.

LE SERGENT.

Silence! Par le flanc droit, droite!

GUIGNOL.

Voilà. (*Il se tourne lentement*).

LE SERGENT.

Tu n'attraperas pas un chaud et froid, en allant comme ça.

GUIGNOL.

Je pense ben... Je les crains, les chaud et froid.

LE SERGENT.

Allons, plus vivement! Par le flanc gauche, gauche!

GUIGNOL.

Vivement! (*En se tournant, il frappe le sergent de son bâton*).

LE SERGENT.

Aïe! prends donc garde, imbécile!

GUIGNOL.

Gauche! droite! gauche! droite! (*Il frappe encore le sergent*).

LE SERGENT.

Tu me frappes encore, conscrit!

GUIGNOL.

C'est que c'est pas facile à tenir ce mousquet. (*Il laisse tomber son bâton sur le nez du sergent*).

LE SERGENT.

Ah'ça, dis donc, Guignol; tu me fais l'effet d'un farceur, je ne suis pas éloigné de le croire.

GUIGNOL.

Vous l'êtes pas farceur, vous, sergent... Je connais p't-être pas votre manigance avec le père Gnafron.

LE SERGENT.

Que veux-tu dire?

GUIGNOL.

Vous m'avez pris pour un jeune serin... Mais deux vieux merles comme vous m'attraperont pas.

LE SERGENT.

Guignol, pas de propos incohérents.

GUIGNOL.

Fâchez pas, sergent... vous croyez ben m'avoir engagé... Eh ben, j'ai pas signé de mon nom, et c'est un papier que tu peux mettre aux équevilles... A présent, si vous dites quéque chose, sergent, je vas tout raconter à votre capitaine... et gare la salle de police... et ce qui s'en suit, je-ne-suis-pas-éloigné-de-le-croire.

LE SERGENT.

Ah! Guignol, pas de bêtises! sois bon enfant.

GUIGNOL.

Je suis bon enfant... mais à présent, sergent, y faut passer de mon côté, et me donner un coup de main contre le père Gnafron pour mon mariage.

LE SERGENT.

Allons, allons, tu m'intéresses beaucoup. Tope là ; je suis avec toi... que faut-il faire ?

GUIGNOL.

Vous allez voir... Justement, voilà Gnafron... Peloton, alignement, pas accéléré, halte !

SCÈNE XI.

Les Mêmes, GNAFRON.

GUIGNOL. (*Il fait mine d'être un peu ivre*).

Oui, sergent, mille bombes! mille tonnerres! que c'est cannant d'être militaire, corbleu! saperjeu !

GNAFRON.

Comment, Guignol, c'est toi qui fais tout ce tapage !

GUIGNOL.

Ah! père Gnafron, c'est vous; topez là! (*Il lui prend la main et la secoue*). Ça m'enflamme de voir un vieux brave comme vous.

GNAFRON.

Comme te voilà dégourdi !

GUIGNOL.

Oh! n'y a rien qui décatole un jeune homme comme l'uniforme... Eh bien! voyons, vétéran; à quand mon mariage avec votre fille ? Demain ? aujourd'hui ? Me voilà sordat.

GNAFRON.

N'y a rien qui presse... Il faut que tu fasses ton service... nous verrons après.

GUIGNOL.

Comment, père Gnafron, vous barguignez encore!... Je n'entends pas la plaisanterie, mille-z-yeux !

GNAFRON.

Que veux-tu dire ?

GUIGNOL.

Je veux dire que vous avez promis, et encore devant le sergent que si je me faisais sordat, vous me donneriez votre fille, sans autres conditions... Me voilà sordat; il me faut Madelon... ou bien, vous savez, entre milllitaires, comment se traitent les affaires.

GNAFRON.

Peste! l'uniforme l'a trop dégourdi.

GUIGNOL.

Allons, faut s'aligner.

GNAFRON.

Mais, sergent, que dit-il donc là ?

GUIGNOL.

Le sergent nous servira de témoin.

LE SERGENT.

Ce jeune homme a raison; c'est une affaire d'honneur.

GNAFRON, *bas au sergent*.

Vous ne le faites donc pas partir, cousin.

LE SERGENT, *de même*.

Que voulez-vons, il a obtenu un congé... par des protections.

GUIGNOL, *qui est allé chercher des sabres, en présente un à Gnafron*.

Père Gnafron, voilà des lardoires; faut s'embrocher.

GNAFRON, *ému*.

Farceur, tu... tu... veux rire.

GUIGNOL.

Pas du tout... Faites voir votre talent au briquet, papa. Moi j'ai pris une première leçon tout à l'heure ; c'est une bonne occasion pour répéter.

LE SERGENT.

Allons, Messieurs, en garde ! saluez-vous.

GNAFRON.

Un m'ment, un m'ment ! Je ne suis pas un Bédouin, peste !... Qu'est-ce que je voulais. moi ? Savoir si Guignol était un brave... Eh bien ! je le sais à présent... Guignol, la main de ma fille est à toi.

LE SERGENT.

Voilà qui est bien parler.

GUIGNOL.

A la bonne heure ! Entre vieux de la vieille, on parvient toujours à s'entendre... Votre main, papa beau-père !

SCÈNE XIII.

LES MÊMES, MADELON.

MADELON.

Papa, voila Cadet qui vous demande... Il dit qu'il vient chercher votre réponse.

GNAFRON.

Eh bien ! dis-lui de repasser demain... un peu tard.

GUIGNOL.

Non, Madelon, invite-le à notre noce.

MADELON.

Est-ce que c'est vrai, mon père, ce que dit Guignol ?

GNAFRON.

Oui, oui, ma fille ; Guignol est un brave, je te le donne pour mari.

MADELON.

Oh ! quel bonheur ! quel bonheur !

GNAFRON, *bas à Guignol.*

Mais, enfin, dans quel régiment t'es-tu donc engagé ?

GUIGNOL, *de même.*

Dans le régiment où vous avez gagné vos galons.

GNAFRON, *à part.*

Il m'a fait aller... mais cet égal, c'est le gendre qu'il me fallait... (*Avec un soupir.*) Cadet n'avait pour lui que son commerce.

GUIGNOL.

Commençons la noce tout de suite... Sergent, vous en êtes... c'est à vous de commander la manœuvre.

LE SERGENT.

Volontiers... Peloton, alignement, par file à gauche, en avant, marche ! (*Il s'en vont tous en chantant.*)

FIN DE L'ENROLEMENT (1).

---

(1) Il n'y a que des analogies éloignées entre notre pièce et *l'Enrôlement supposé*, comédie de Guillemain, jouée au théâtre des Variétés amusantes en 1781: et remise au théâtre de la Cité Variétés en 1797.

LA RACINE MERVEILLEUSE
PIÈCE EN UN ACTE

LA RACINE MERVEILLEUSE
PIÈCE EN UN ACTE

M. JÉROME MOUTON. | MADELON, femme de Guignol.
GUIGNOL, tailleur. | GNAFRON, cousin de Guignol, savetier.

Une place publique.

※

SCÈNE PREMIÈRE

MOUTON, *seul.*

Me voilà donc de retour dans mon cher Lyon!... Mon cœur bat, en se retrouvant dans ce quartier, où je suis né, où j'ai passé mon enfance... Il me semble que je vais revoir tous mes anciens camarades... mais, hélas! c'est une illusion. Que de changements déjà j'ai remarqués dans les rues, dans les maisons, dans l'apparence extérieure de toutes choses!... Des démolitions de ce côté, de nouveaux bâtiments de l'autre... ainsi va la vie... Mais les hommes vieillissent encore plus vite que leurs demeures. Combien de mes amis sont absents, peut-être morts! Combien m'ont oublié et ne me reconnaîtront plus!... A mon départ pour la Martinique, j'avais un domestique nommé Guignol, un brave garçon qui m'était fort attaché... très fidèle et assez bavard. Je voudrais bien le retrouver... Mieux que personne il me donnerait sur mes anciennes connaissances des renseignements que je désire beaucoup... Il faut que je m'informe de ce qu'il est devenu.

SCÈNE II.

MOUTON, GNAFRON

GNAFRON, *entre en chantant :*

A boire ! à boire ! à boire !
Nous quitterons-nous sans boire ?

MOUTON.

Voici un gaillard qui a l'accent du quartier.... c'est mon affaire. (*A Gnafron*). Dites-moi, mon ami... Mais je ne me trompe pas : c'est Gnafron, le cousin de Guignol.

GNAFRON.

M'sieu !... Oh ! saperlotte ! M'sieu Mouton ! Comment ? c'est vous par ici ?... Ça me fait bien plaisir de vous voir... Vous voilà donc revenu de la Marchinique... Ça a-t-y marché là-bas comme vous vouliez ?

MOUTON.

Oui, mon cher Gnafron ; je reviens riche et heureux ; je reviens pour me fixer tout à fait à Lyon et y finir mes jours... Et vous, Gnafron, comment faites-vous vos affaires ?

GNAFRON.

Eh ! M'sieu Mouton, ça n'a guère changé depuis vous... Toujours médecin de la chaussure humaine... Quand y a du travail, on le fait ; et quand y a un coup à boire avec les amis, on le boit.

MOUTON.

Parmi vos amis, vous aviez mon ancien domestique, Guignol... Qu'est-il devenu, ce brave garçon ?

GNAFRON, *tristement.*

Oh ! m'en parlez pas... il est mort !

MOUTON.

Mort! si jeune!... Oh! cela me fait beaucoup de peine.

GNAFRON.

Quand je dis mort, c'est par manière de parler ; mais c'est tout comme... Il s'est marié... Il est mort pour la société... Il a pris une femme méchante, mais méchante, qu'on peut pas dire comment... un tigre, un cocodrille, un rhinoféros, quoi!... Elle le mène, faut voir... Elle le laisse pas sortir, elle ne veut plus que je le fréquentasse... Elle le bat, M'sieu Mouton! et dans le quartier, à ce carnaval, on voulait le promener sur l'âne (1)... C'est lui qui fait le ménage; il balie la maison, il décrasse le petit et ce qui s'ensuit, il ratisse les légumes, il écume l'onde du pot au feu, il va à la platte et il tricotte... Enfin, ça n'est plus un homme.

MOUTON.

C'est fort triste, cela... Je voudrais bien le voir... Dites-lui, je vous prie, que je suis ici, que je le demande.

GNAFRON.

Ah! ouiche! D'abord j'entre plus chez lui... son dogue me sauterait aux yeux... Puis il sort pas sans la permission de sa femme, qui lui permet jamais.

MOUTON.

Mais il n'est pas possible de laisser un honnête homme passer sa vie ainsi... Vous me comprenez, Gnafron... Vous avez été marié ?...

GNAFRON.

Oh! trois fois, M'sieu Mouton.

---

(1) L'usage de promener sur un âne les maris qui se laissaient battre par leurs femmes est attesté pour Lyon par de nombreux témoignages. Il existe deux récits solennels de ces *chevauchées*; l'un de 1566, l'autre de 1578. La dernière édition qui en ait été donnée est le *Recueil des chevauchées de l'asne faites en 1566 et 1578, augmenté d'une complainte du temps, par les maris battus par leurs femmes.* Lyon, Scheuring. 1862.

MOUTON.

Vous avez de l'expérience... Eh bien, il faut rendre le courage à Guignol, lui donner un bon conseil... C'est un service que vous lui devez, vous, son ami, son cousin.

GNAFRON.

Je lui ai bien déjà parlé, mais il est sourd. D'ailleurs, je peux plus l'approcher... Ce n'est que d'hasard que je lui donne quéquefois une poignée de main... et ça me met la larme à l'œil de le voir devenu si panosse (1).

MOUTON.

Ecoutez, Gnafron : il faut le tirer de là, et pour cela employer la ruse... Tâchez de le voir et parlez-lui de moi... Dites-lui que je suis arrivé, que je loge à l'hôtel de l'Europe, que je le prie de venir m'y voir... Dites-lui aussi que j'ai apporté de l'Amérique une racine merveilleuse qui rend douces comme des agneaux les femmes les plus méchantes... S'il vous demande des explications, montrez-lui un bon bâton et dites-lui que je lui apprendrai à s'en servir... Guignol est d'un caractère faible, mais il n'est pas sot... il avait confiance en moi ; il vous comprendra.

GNAFRON.

Je sais pas si nous riussirons.

MOUTON.

Tenez, Gnafron, voilà quarante francs ; vous boirez à ma santé. Si vous m'amenez Guignol, je vous en donnerai autant et nous déjeunerons tous trois ensemble... Adieu !... Vous n'oublierez pas... je suis à l'hôtel de l'Europe.

GNAFRON.

Oui, oui, je sais... hôtel de l'Urope... J'y ai un ami... qui relave la vaisselle.

---

(1) *Panosse*; lâche, sans énergie.

MOUTON.

Au revoir! (*Il sort*).

SCÈNE III.

GNAFRON, puis MADELON.

GNAFRON.

C'est pas facile ça qu'il demande, le p'pa Mouton... J'aimerais autant entrer dans la cage d'un ours blanc que chez c'te femme... Cependant j'ai reçu l'argent... faut faire l'ouvrage... Essayons au moins. (*Il frappe chez Guignol*). Guignol! Guignol! descends donc un m'ment; on veut te parler.

GUIGNOL, *de l'intérieur*.

Qu'est-ce qui chapote?

GNAFRON.

Bon! il y est.

MADELON, *de l'intérieur*.

Qui qui vient dérangeasser mon homme de son ouvrage?... Attendez un m'ment! on y va.

GNAFRON.

Peste! c'est la cousine! Soyons solide et rusé.

MADELON, *entrant*.

Ah! c'est vous, donneur de mauvais conseils, gueux, pillandre ivrogne, qui me fesiez battre les autres fois par Guignol... Canaille que vous êtes... que venez-vous encore faire ici?... Débarrassez-moi le plancher... et à la course.

GNAFRON.

Cousine, pas d'emportement!... attendez de savoir ce qui m'amène... Je viens vous inviter à déjeuner à trois francs par tête.

MADELON.

Vous venez encore pour me dérangeasser Guignol, le mener

au cabaret, le faire boire... vous me le rendrez pochard, ce soir ou demain matin.

GNAFRON.

Mais, cousine, je vous invite tous les deux... c'est un déjeuner de famille... tout ce qu'y a de plus comme y faut... Tenez, regardez voir ces petits jaunets. *(Il lui montre des pièces d'or).* Voilà des jolis taillons de pastonnade (1).

MADELON.

C'est différent; je vais prendre mon châle. *(Elle sort et revient avec un bâton).*

GNAFRON, *à part.*

Ça va! elle a bien donné dedans, la cousine!... Je vais les faire boire; Madelon ne craint pas le néquetar de Bacchus... Au dessert, nous partons avec Guignol, nous la laissons en plan et nous allons rejoindre le p'pa Mouton.

MADELON, *le frappant.*

Ah! brigand! canaille! tiens! tiens!

GNAFRON.

Assez, cousine, vous me faites mal. *(Il sort).*

※

SCÈNE IV.

MADELON, *seule.*

Le gueusard! il voulait m'emmener Guignol... Il me croyait donc bien peu d'aime (2)... Je les connais, ces scélérats d'hommes; je sais comment il faut les mener... Autrement on serait plus malheureuse que les pierres du Gourguillon... Je lui ai donné une leçon qui lui cuira... Mais ça m'a émuée tout de même; je me sens besoin de prendre quéque chose. Je m'en vas aller chez

---

(1) *Pastonnade;* racine jaune.
(2) *Aime;* esprit, intelligence.

la voisine l'épicière qui me donnera une goutte de cassis ou de moldavie... Avec tout ça, ne laissons pas mon homme sans rien faire... faut lui tracer son ouvrage. (*A la cantonnade*). Guignol! (*On entend Guignol répondre d'une voix faible : Femme!*) Je sors... Pendant que j'y suis pas, te feras le ménage, te mettras du sel à la soupe et t'auras bien soin que la marmite répande pas... Décrasse le petit et n'oublie pas la pâtée de ce pauvre Minet... (*Voix de Guignol : Oui, femme!*) Te n'iras pas à la platte aujourd'hui... Sois bien sage... en revenant je t'apporterai un sou de noisettes... Allons chez la voisine. (*Elle sort*).

SCÈNE V.

GNAFRON, puis GUIGNOL

GNAFRON, *seul*.

Elle est sortie... Ah! la gredine!... comme elle m'a aplati le melon!... je crois qu'il est un peu fêlé et j'y vois tout trouble... Sois tranquille, cousine, je te revaudrai cette dégelée. (*Il appelle*). Guignol! Guignol!

GUIGNOL, *à la fenêtre*.

C'est toi, Gnafron... Va-t en, va-t-en! Ma femme veut pas que je te fréquente, elle dit comme ça que te me perds.

GNAFRON.

Imbécile! elle t'a rendu bien gentil, ta femme... Si te savais comme on te traite dans le quartier... Avance ici, j'ai à te parler.

GUIGNOL, *de même*.

Je descends. (*Il entre*).

GNAFRON.

Te sais bien, ton ancien maître, M'sieu Mouton... il est revenu de la Marchinique.

GUIGNOL.

M. Mouton! vrai, te l'as vu?

GNAFRON.

Certainement... et il voudrait te voir aussi; il a à te parler.

GUIGNOL.

Madelon me donnera pas la permission.

GNAFRON.

C'est ce que je lui ai dit... et j'ai dit aussi que ta femme était un vrai diable qui te laissait plus voir tes amis... qui te faisait faire son ouvrage... et qui te battait.

GUIGNOL.

Qué qu'il a dit ?

GNAFRON.

Il s'est moqué de toi... Il a dit que c'était pas croyable... qu'on était pas un homme, quand on se laissait mener comme ça.

GUIGNOL.

Je voudrais bien le voir à ma place.

GNAFRON.

Alors il m'a dit qu'il avait apporté d'Amérique une racine merveilleuse qui rend douces comme des petits agneaux les femmes les plus enragées.

GUIGNOL.

Tais-toi donc; j'en mets dans le bouillon gras, des paquets de racines de toute sorte... Ça lui fait rien.

GNAFRON.

Ça n'est pas de la bonne... Il m'en a donné une plante, de sa racine de l'Amérique... Attends-moi, je vais la chercher. (*Il sort.*)

GUIGNOL, *seul*.

Qué qu'il me chante donc avec sa racine ?... Bah !... Madelon dira ce qu'elle voudra... j'ai bien envie d'aller voir mon ancien maître... J'irai.

GNAFRON, *rentrant avec un bâton.*

Tiens! voilà ce que c'est.

GUIGNOL.

Ah! je connais ça... une clarinette à faire danser les ours! Te sais bien que le médecin m'a défendu de la remoucher, parce qu'elle prenait des crises de nerfes.

GNAFRON.

M. Mouton m'a appris à s'en servir, de sa racine.

GUIGNOL.

Ça se prend-y en infusion?

GNAFRON.

Non, on en fait des applications... Y a des paroles pour la faire marcher... Vois-tu; te signifieras à ta Madelon que tu veux aller voir ton ancien maître. Elle se fâchera, elle criera; te lui diras tranquillement : Femme, connais-tu la racine d'Amérique?

GUIGNOL.

Ah! (*Il répète*). Femme, connais-tu la racine d'Amérique?

GNAFRON.

Elle continuera; alors te la lui fais voir, et te lui dis encore tout tranquillement, avec un petit balancement : Femme, voilà la racine d'Amérique!

GUIGNOL.

Bon! (*Il répète*). Femme, voilà la racine d'Amérique! avec un petit balancement.

GNAFRON.

Possible que sur ce mot elle te tape.

GUIGNOL.

Ça va sans dire.

GNAFRON.

Alors te lui dis comme ça : Femme, prends un peu de la racine d'Amérique! et grrrand balancement. (*Il frappe Guignol*).

GUIGNOL.

Ouf! t'appuies trop fort.

GNAFRON.

C'est pour mieux te faire entrer la chose dans la tête.

GUIGNOL.

Ça n'est tout de même pas trop nigaud... Mais j'aurais besoin de m'essayer un peu à l'avance.

GNAFRON.

Allons, essaye-toi.

GUIGNOL.

Comment qu'y faut dire ?

GNAFRON.

Je vas te souffler... Tiens, prends la racine. (*Il lui donne le bâton*).

GUIGNOL.

Attends ! fais comme si tu étais Madelon... je dirai les paroles.

GNAFRON.

Ça va... (*Il imite la voix de Madelon*). Ah! t'es là, canaille... te n'as pas fini ton ouvrage... Que fais-tu là à te bambaner dans la rue ?

GUIGNOL.

Je sors pour aller voir mon ancien maître, M. Mouton.

GNAFRON, *de même*.

Sortir ! Je te le défends, entends-tu ?

GUIGNOL.

Femme, connais-tu la racine d'Amérique ?

GNAFRON.

Bien... (*Avec la voix de Madelon*). Qué que c'est que cette mère Ique ? Quéque cabaret où te veux aller soiffer avec des petits sujets comme toi !

GUIGNOL.

Femme, voilà la racine d'Amérique ! Petit balancement !

GNAFRON.

Bravo !... (*Avec la voix de Madelon*). Ah ! pillandre, v'l'à comme te me traites... Touche-moi donc, pendard, polisson !... Ici elle te donne une mornifle. (*Il lui donne un soufflet*).

GUIGNOL.

Faut pas te gêner.

GNAFRON.

Nous répétons avec les accessoires. Va donc.

GUIGNOL.

Voilà... Femme prends un peu de racine d'Amérique ! Grrrand balancement ! (*Il frappe Gnafron*).

GNAFRON.

Tape donc pas si fort... je suis pas Madelon pour de vrai.

GUIGNOL.

C'est pour te faire sentir comme ça m'est bien entré dans la tête.

GNAFRON.

Allons, si te frappes d'aplomb comme ça, t'es sûr de radoucir Madelon et de lui guérir ses nerfes... Mais la voilà, attention !

GUIGNOL.

Ma femme ! Ah diantre ! Si elle prenait à son tour cet éventail pour me rafraîchir.

GNAFRON.

Tais-toi donc, grand bête ! Te sais à présent les paroles et l'air de la danse... courage ! M. Mouton t'attend. Je me mets de côté... aux premières places... pour voir la comédie et le ballet. (*Il se place dans la coulisse*).

SCÈNE VI.

GUIGNOL, MADELON, GNAFRON, *caché*.

MADELON, *à la cantonnade*.

Merci, voisine! (*Entrant*). Ce que c'est que d'avoir affaire à des gens de la bonne société; l'épicière n'a pas voulu que je payassasse. (*Elle voit Guignol*). Ah! comment! Guignol ici, dans la rue! Je peux donc pas sortir un m'ment sans que te fasses des tiennes, gredin! Est-ce que ta place est ici? Ton ouvrage n'est pas faite, bien sûr... A la maison! vite!

GUIGNOL, *tremblant*.

Je sors, je vais me promener.

MADELON.

Te promener, pendard! sans moi? Où as-tu pris la permission?

GUIGNOL.

Femme, connais-tu la racine d'Amérique?

MADELON.

Qué que c'est que cette mère Ique? Dis-lui donc qu'elle vienne me parler ici!

GUIGNOL.

Femme, voilà la racine d'Amérique!

MADELON.

Ah scélérat! après toute la peine que je me suis donnée, te n'es pas encore corrigé... Te me menaces... Touche-moi donc, si te l'oses. (*Elle lui donne un soufflet*).

GUIGNOL.

Femme, prends un peu de racine d'Amérique. (*Il la frappe*).

MADELON.

A l'assassin!.. Au secours, au secours!.. Je prends mes crises, je prends mes crises. (*Elle tombe sur la rampe*).

GNAFRON, *sortant de sa cachette*.

Chapote, Guignol; va toujours. (*Il saute de joie*). La racine d'Amérique est fameuse pour les nerfes.

MADELON, *se relevant*.

Tu as là ton brigand de cousin pour t'appuyer... Attends, scélérat! (*Elle parvient à s'emparer du bâton et frappe Guignol*). Tiens, tiens!

GNAFRON.

Allons, Guignol, v'là le moment... Reprends l'éventail... T'es perdu, si c'est toi qui te laisses bassiner à la racine d'Amérique... Courage donc, grand canard!

GUIGNOL.

Femme, finis donc.

MADELON.

T'en as pas assez... Tiens, tiens!

GUIGNOL.

Ah! ça me chatouille trop!.. Te ne veux pas finir? (*Il reprend le bâton et la bat*).

GNAFRON.

Bravo! bravo!

MADELON.

Aïe! aïe! je me trouve mal, mes nerfes, mes nerfes!.. (*Elle tombe*).

GUIGNOL.

Tes nerfes te gênent pas pour me taper. (*Il continue*).

MADELON, *se relevant*.

Assez, assez, mon chéri, mon benjamin... ne chapote plus... je te laisserai sortir.

GNAFRON.

Ça marche, ça marche.

MADELON.

C'est vous, galopin, qui lui avez donné ce conseil... Je vous arrache un œil.

GNAFRON.

Guignol, elle me graffigne ; elle me crève un quinquet.

GUIGNOL, *la menaçant.*

Femme, veux-tu encore un peu de racine d'Amérique ?

MADELON.

Non, mon chéri; c'est fini, je suis tranquille.

GUIGNOL.

Il faut que j'aille voir mon ancien maître, M. Mouton, qui me fait demander.

MADELON.

Eh bien ! va... mais ne rentre pas tard.

GUIGNOL.

Ça me regarde... et c'est pas tout, Madelon... Te dois avoir d'argent, y m'en faut... Si M. Mouton me fait une politesse, faut que je puisse la lui rendre.

MADELON, *avec peine.*

Tiens, mon Guignol ; voilà cent sous.

GUIGNOL.

A présent, c'est moi qui dois être le maître dans la maison, comme de juste... Te feras le ménage, te balieras la chambre... Mon dîner sera toujours prêt quand je rentrerai ; t'auras soin du petit et de Minet...

MADELON.

Mais te sais bien que ça me fatigue... le médecin l'a dit.

GUIGNOL.

Femme, veux-tu encore un peu de racine d'Amérique ?

MADELON.

Non, non, mon bijou... je ferai le ménage... te seras content.

GNAFRON.

Douce comme un petit muton.

GUIGNOL.

Gnafron, c'est ben vrai qu'elle est marveilleuse cette racine d'Amérique... Je la prêterai dans le quartier.

GNAFRON.

Te peux la louer... on t'en donneras cher de location.

GUIGNOL, *à Madelon*.

Femme, nous allons trouver M. Mouton : rentre à la maison, et que tout soit prêt quand je reviendrai... Pas accéléré !

MADELON *entre, puis ressort*.

Ah ! gredin !

GUIGNOL, *la menaçant*.

Madelon !

MADELON.

Je rentre, je rentre.

SCÈNE VII.

Les Mêmes, M. MOUTON.

MOUTON.

Eh bien ! mes amis ; on est ici sous les armes.

GUIGNOL.

Ah ! M'sieu Mouton, votre racine d'Amérique est la huitième marveille du monde.

MOUTON.

Le remède est au moins à la portée de toutes les bourses.

MADELON.

Comment, c'est vous, Monsieur Mouton, qui m'avez changé mon mari comme ça ?

MOUTON.

Ne vous en plaignez pas, Madame Guignol. Rien ne va droit dans un ménage, quand ce n'est plus le maître qui commande... Et puis, croyez-moi, votre mari ne fera jamais mieux vos volontés que lorsqu'il croira faire les siennes... Mes amis, je viens vous chercher pour déjeuner avec moi... Vous ferez votre traité de paix le verre en main, et vous me donnerez des nouvelles du quartier.

GUIGNOL.

Volontiers, M'sieu Mouton... Allons, Gnafron, la petite chanson ! (*Ils s'en vont en chantant*) (1).

FIN DE LA RACINE MERVEILLEUSE.

---

(1) Peu de pièces ont été plus souvent jouées et plus applaudies au théâtre Guignol que ce petit tableau d'économie domestique. On doit le compter dans le répertoire de Mourguet grand-père; car si l'on n'est pas certain qu'il en soit l'auteur, on peut affirmer au moins qu'il l'a joué dans un texte fort rapproché de celui-ci, et l'on y retrouve toute sa manière. C'est là, au reste, un sujet qu'ont mis en scène les théâtres de tous les temps et de tous les peuples. Une farce du XV° siècle, la *Farce du Pont aux asnes*, donnait à nos aïeux, sous une forme également vive et originale, les mêmes leçons de politique conjugale. Dans cette pièce, un mari, dont la femme a un fort mauvais caractère et se refuse à faire le travail de la maison, va trouver un savant pour lui demander conseil sur la réformation de son ménage. A l'exposé détaillé de ses tribulations, messire Dominède répond constamment :

« *Vade tenés le Pont aux asgnes* ».

Le mari va au *Pont aux asgnes* : il y voit un bûcheron qui, après avoir vainement adressé à son âne les exhortations les plus engageantes, pour le décider à passer le pont, prend un bâton, et détermine promptement l'animal par ce nouveau moyen à franchir le passage. Le mari a compris le conseil de messire Dominède; il rentre chez lui et applique dans son ménage la doctrine du Pont aux asnes avec le plus brillant succès.

LE CHATEAU MYSTÉRIEUX

PIÈCE EN DEUX ACTES

LE CHATEAU MYSTÉRIEUX

PIÈCE EN DEUX ACTES

Le Marquis de SÉNANGES.
Léonce de SÉNANGES, son fils.
Alfred de SÉNANGES, son neveu.
GUIGNOL, domestique d'Alfred.

Le Comte de HAUTEPIERRE.
EDITH, sa fille.
ZISKA, négresse, suivante d'Edith.
ANTOINE, vieux domestique.

ACTE PREMIER.

Un village. — L'entrée du château de Sénanges.

SCÈNE PREMIÈRE.

LE MARQUIS, *seul*.

Comme les ans s'enfuient avec rapidité! Mon fils Léonce at-

Hautepierre... Etrange promesse que j'ai faite là!... Obligé de quitter la France, le comte a amassé une grande fortune aux colonies. Il en est revenu avec sa fille Edith, et comme il a été fort éprouvé, il est aussi fort bizarre... Sa fille, dont le visage est toujours couvert d'un voile épais, devait avoir dix-huit ans accomplis le jour où mon fils Léonce en aurait vingt-cinq. Il m'a fait jurer que nous les marierons, sans que ces jeunes gens se soient jamais vus, sans qu'ils se soient jamais parlé... J'ai dû promettre... Aux termes du testament de notre aïeul commun, il faut que tous les cent ans au moins un de Sénanges épouse une de Hautepierre; à défaut de quoi les deux terres et les deux châteaux vont à la branche collatérale. Le siècle s'est presque écoulé sans que l'union prescrite par notre aïeul ait eu lieu... Il fallait faire le bonheur de nos enfants, bon gré, mal gré... Les consulter, c'était s'exposer à tout perdre... Ils pouvaient se déplaire... Enfin, ma parole est donnée, et la promesse d'un gentilhomme ne doit jamais faillir.

SCÈNE II.

LE MARQUIS, LÉONCE.

LÉONCE.

Mon père, vous n'êtes pas encore équipé. Nous arriverons trop tard; la chasse sera commencée.

LE MARQUIS.

Cette partie de chasse n'est pas possible, Léonce. Vous avez aujourd'hui bien d'autres affaires; vous allez vous marier.

LÉONCE.

Me marier !

LE MARQUIS.

Aujourd'hui même.

LÉONCE.

Aujourd'hui ! et avec qui ?

LE MARQUIS.

Avec la fille de mon ami de Hautepierre.

LÉONCE.

Avec cette jeune fille dont personne n'a jamais vu le visage et qui habite ce château mystérieux où personne ne pénètre? Cela n'est pas possible.

LE MARQUIS.

Je l'ai promis.

LÉONCE.

Vous ne m'en avez jamais parlé.

LE MARQUIS.

Il était convenu que je ne vous en parlerais que le jour du mariage. La fille du comte ne doit elle-même être avertie que peu de temps avant cette union... Vous serez mariés, sans vous être jamais vus, sans vous être parlé jamais.

LÉONCE.

C'est quelque monstre. Je ne consentirai pas à un pareil hymen.

LE MARQUIS.

Voulez-vous, Léonce, que votre père soit félon à sa parole? Des raisons de famille rendent ce mariage nécessaire. Il faut qu'un de Sénanges épouse une de Hautepierre. Je suis certain de votre bonheur; le comte n'a que cette fille et une fortune de seize millions. Mais il doit vous suffire de savoir que votre refus n'est pas possible. Voulez-vous que notre nom soit déshonoré?

LÉONCE.

Songez-y, mon père... une jeune fille que je n'ai jamais vue, que vous ne connaissez pas davantage, dont personne n'a vu le visage, dont le caractère est également inconnu!... Est-il raisonnable que je m'engage à passer ma vie avec elle? Puis-je promettre de la rendre heureuse?

LE MARQUIS.

Il faut que cela soit, Léonce. Si vous refusez de dégager ma parole, je ne vous tiens plus pour mon fils, je vous chasse du château et ne vous revois de ma vie... Rentrons, Léonce; il faut que vous partiez sans retard pour Hautepierre. Je vais vous indiquer les moyens d'y pénétrer et de vous faire reconnaître. Vous ne seriez pas reçu sans cela... Venez. (*Il sort*).

LÉONCE.

Mon père!... Il ne veut rien entendre... impossible de le fléchir.. Ah! je ne puis me résoudre à un tel mariage. (*Il sort*).

SCÈNE III.

ALFRED, GUIGNOL.

GUIGNOL, *entrant après Alfred.*

Non, vrai, Maître! je peux pas aller plus loin, j'ai de gonfles aux pieds grosses comme de gobilles. Mes jambes flageolent (1), elles me rentrent dans le ventre. Après ça, elles peuvent bien y entrer, y a rien dedans. Voilà deux jours que nous avons rien mangé.

ALFRED.

Ne te plains pas; nous voici au gîte. Ce château que tu vois est celui de mon oncle, le marquis de Sénanges.

GUIGNOL.

Nous donnera-t-il à manger? Comme je croquerais bien une fricassée de boudins. (*Il dépose son sac sur la bande*). Allons, Azor, repose-toi là. Pauvre Azor! Il est comme mon ventre, y a pas grand'chose dedans.

ALFRED.

Mon oncle nous recevra bien... quoique je l'aie contraint, il y

---

(1) Mes jambes tremblent et fléchissent.

a deux ans, de me remettre tout mon patrimoine qu'il administrait comme mon tuteur. Hélas! ces 400,000 francs n'ont pas duré longtemps. Nous avons tout dévoré.

GUIGNOL.

Vous... avez tout dévoré; pas moi... C'est pas les gages que vous m'avez payés que vous ont ruiné. Vous me devez tout.

ALFRED.

Oui, oui... tu es un bon domestique.

GUIGNOL.

C'est vrai que vous n'avez pas tout mangé tout seul. Les amis vous y ont aidé... et vous en aviez une tapée dans ce temps-là... qui vous ont ben souhaité le bonsoir par la suite... Et le jeu... en a-t-il vu défiler des escalins (1) ce mami... Dix louis sur la noire! quinze sur la rouge!... Banco... je passe... je tiens... pata... Ça roulait bien... ça a si bien roulé que notre bourse est plate comme une bardane (2) et notre estomac itou (3)... Ah! comme j'avalerais un fromage blanc et une botte de petites raves!

ALFRED.

Sois tranquille... j'apaiserai mon oncle; il est si bon...

GUIGNOL.

Eh ben! entrons-nous ?... Je ne fais ni une ni deux; je cours à la cuisine et j'attrape une goutte de bouillon.

ALFRED.

Non, non; je n'ose pas me présenter ainsi à mon oncle... Il faut d'abord que je fasse appeler mon cousin Léonce... C'est un charmant garçon; nous avons été élevés ensemble... il parlera pour moi.

---

(1) Des *escalins*; de l'argent.
(2) *Bardane*; Punaise.
(3) *Itou*: aussi.

GUIGNOL.

Ah! maître; faites vite... mes yeux n'y voyent plus... Si quelqu'un m'apportait une bonne soupe mitonnée, je le coquerais sur les deux joués.

ALFRED.

Est-ce que j'ai mangé plus que toi, glouton ? Attends-moi.

GUIGNOL.

Maître, c'est pas moi qui demande, c'est mon ventre... Y a plus rien dans le garde-manger.

ALFRED.

Je reviens dans un instant. (*Il se dirige vers le château*).

SCÈNE IV.

GUIGNOL, *seul*.

Maître, maître! le voilà qui court comme un miron qui a pincé un morceau de boulli. Il est ben heureux de pouvoir courir... moi, mes picarlats (1) me portent plus. Qué différence de y a deux ans! j'étais gras dans ce temps-là comme une petite caille... Mon maître avait la bourse bien garnite... et la cuisine était chenuse... Et que j'étais faraud!.. un habit qu'avait de galons, un bugne (2) idem, et des bottes à revers jaunes... A présent, j'en connais d'autres revers, de toutes les couleurs... Ah! il fallait voir comme je parlais fort au monde... Mossieu le marquis y est pas. — Il n'y est pas? — Non, ganache, il y est pas. — Tenez, mon ami, prenez ce louis, et laissez-moi lui parler. — Et allez donc! Y en arrivait comme ça tous les jours des jaunets dans ma poche... Nous faisions des voyages dans tous les pays... avec une barline: clic, clac; ça marchait catégorichement... En Italie... Ah! une soupière de macaronis, comme je la trouverais

---

(1) Mes *picarlats*; mes jambes. — V. le *Portrait de l'oncle*, p. 89.
(2) *Bugne*; chapeau. — V. *Les Valets à la porte*, p. 217.

cannante à présent! moi qui y faisais la grimace contre, dans ce temps-là... Et en Allemagne... Je mangerais tout de même un plat de choucroûte, quoique je l'aime pas... C'est un pays qui me convient pas, l'Allemagne... Croiriez-vous que j'ai jamais pu leur z'y apprendre à parler français ? C'est là que nous avons fini... Un jour que nous étions aux eaux dans un endroit que le nom est en bad... Krackenbad... Roulenbad, je me souviens plus... mon maître me dit : Habille-moi et suis-moi à la maison de jeu ; je veux une dernière fois tenter la fortune. — Maître, vous allez perdre encore. — Obéis, et ne raisonne pas... Bon, je l'habille, je le suis... Nous allons dons une maison superbe ; de l'or, des tapis, des lustres partout. Mon maître me laisse dans une antichambre en me disant : Attends-moi... Je l'attends ; je regardais de temps en temps par la porte et j'entendais rouler les espinchaux (1) sur la table... Tout d'un coup, un tapage de diable... on criait, on se battait... Mon maître arrive tout effaré : — Guignol, j'ai tout perdu ; suis-moi, partons... Mais la garde était venue ; les portes étaient fermées ; on voulait arrêter tout le monde... Mon maître saute par une fenêtre, en me disant : Suis-moi... Comme c'était agriable, moi que connais pas le gymnase !.. Enfin, je me mets en peloton, je me lance, j'arrive en bas, patatras, dans un gaillot (2)... J'attrape un poisson dans mes souliers... je me relève tout trempe... et vite à l'hôtel... Nous faisons nos malles tout en cuchon (3) ; mon maître me dit : Suis-moi... et nous partons... Mais plus de barline... nous prenions la diligence, et puis quéques jours après les coucous... que ça vous sigrolle (4), ça vous sigrolle... Et puis la voiture Talon, Jarret et Cie... Voilà plus de douze jours que nous marchons... Y nous restait encore quéques sous... Dans une auberge, mon maître a trouvé un gone de mauvaise cale qui lui a proposé une partie d'écarté... C'est not' pauv' argent qu'a vite été mise à l'écart... Du depuis ce temps-là, toujours sur nos jambes et rien dans le ventre... Et puis c'est moi

---

(1) Les *espinchaux* ; l'argent.
(2) *Gaillot* ; bourbier.
(3) *Cuchon*, tas, amas.
(4) *Sigroler* ; secouer.

qui fait la lissive... Quand en route nous trouvons un ruisseau...
je me mets à genoux sur le bord... je gassouille (1) une chemise
dans l'eau... un caillou en guise de savon : zig, zig, pan, pan, pan...
voilà ma chemise lavée... Je la repasse avec un autre caillou qu'a
chauffé au soleil... voilà notre lusque... Mais c'est le manger qui
me gêne le plus... Et M. Alfred qui revient pas... Je vais me coucher, tant pis; je meurs d'énanition... Si y pouvait me tomber
deux aunes de boudin dans le bec. (*Il s'endort la tête appuyée sur son
sac; on l'entend murmurer*): Un bon sississon!.. une salade de dents
de lion!..

SCÈNE V.

LÉONCE, ALFRED, GUIGNOL, *endormi*.

*Pendant cette scène, Antoine se montre à deux ou trois reprises
et paraît écouter.*

ALFRED.

Oui, mon cher cousin, je suis ruiné et je n'ai plus d'espoir qu'en
toi. Il faut que tu me réconcilies avec ton père... Je suis déterminé
à mener une vie plus digne de mon nom... je travaillerai, je demanderai un emploi.

LÉONCE.

Je parlerai à mon père qui t'a toujours beaucoup aimé... Ne
sois pas inquiet... Ah! vois-tu, je voudrais être à ta place.

ALFRED.

Toi! je ne te comprends pas. Qu'est-ce donc qui te chagrine?

LÉONCE.

Mon père me marie à une jeune fille que je ne connais pas,
qu'il ne connaît pas lui-même, que personne n'a jamais vue et
que je ne dois voir qu'après la cérémonie.

---

(1) *Gassouiller*; agiter dans l'eau.

ALFRED.

Quelle bizarrerie !

LÉONCE.

C'est la fille de notre voisin de Hautepierre... elle est fort riche... Mais comment épouser une inconnue qui, dans sa maison même, est toujours couverte d'un voile ?

ALFRED.

Et ce mariage ?

LÉONCE.

Doit avoir lieu aujourd'hui même. Il faut qu'un de Sénanges épouse une de Hautepierre. Mon père a donné sa parole au comte... et tu sais s'il est intraitable sur sa parole... Si je refuse, il ne me pardonnera de sa vie... et je ne puis m'y résoudre... D'ailleurs, j'avais pensé à une autre union... La fille du marquis de Noiresterres, qui habite dans cette province, à quelques lieues d'ici...

ALFRED.

Ecoute, Léonce ; moi je n'ai rien à risquer. Veux-tu me céder ta place à Hautepierre ? Il y a là un imprévu qui me tente ; j'épouse les yeux fermés.

LÉONCE.

C'est une idée. Le comte ne m'a pas vu depuis mon enfance. D'ailleurs, nous sommes du même âge ; nous portons le même nom ; il n'aura pas à se plaindre. Mais mon père !..

ALFRED.

Si je me fais agréer à Hautepierre ; si le comte est satisfait, ton père aura dégagé sa parole... Au besoin, tu t'éloigneras pendant quelque temps, et je prends tout sur moi.

LÉONCE.

Tu as raison... et je suis disposé à me laisser persuader. Mon père a préparé une lettre d'introduction pour ce mystérieux Hautepierre, où l'on n'entre pas comme on veut. Je vais te la remettre avec l'indication du signal nécessaire pour te faire ouvrir les portes.

GUIGNOL, *se réveillant.*

Mais j'ai faim, moi?... Je veux manger.

LÉONCE.

Qu'est-ce?

ALFRED.

Ne fais pas attention, c'est mon domestique.

LÉONCE.

Il a faim... Toi aussi, sans doute, tu déjeunerais volontiers... je vais te faire servir au château.

ALFRED.

Non, non, il ne faut pas que mon oncle me voie ; cela pourrait tout gâter. D'ailleurs nous sortons de table.

GUIGNOL.

Nous en sommes sortis avant-hier... Maître, ayez compassion de moi.

LÉONCE.

Ce pauvre garçon... Que dit-il donc?

ALFRED.

N'y prends pas garde... C'est une monomanie de ce maraud de vouloir toujours manger... Nous sommes pressés.

LÉONCE.

Viens, mon cher Alfred... je vais te remettre à l'entrée du château la lettre de mon père. (*Ils sortent*).

SCÈNE VI.

GUIGNOL, *seul.*

Mais c'est affreux, c'est abominable ! Je n'ai pas une manamonie ; c'est bien la fringale qui me grabote l'estom... Je suis comme sur le rateau de la Méduse ; je deviendrai anthropopho-

que... Il s'en va encore ; il me laisse seul... Pauvre Guignol !
Qué coquin de sort ! Je m'en vais chercher des nids d'iziau ; je
boirai les œufs... Encore si j'avais un pot, je pourrais les manger
à la coque... Vaut mieux aller jusqu'à la porte du château ; je me
ferai donner un grognon de pain avec une pomme cuite.

SCÈNE VII.

ALFRED, GUIGNOL.

ALFRED.

Allons, Guignol, en route ! Vois-tu ce château sur la hauteur ?... c'est là que nous allons. En moins de deux heures, nous y serons arrivés.

GUIGNOL.

Deux heures ! mais, borgeois, vous n'y pensez pas... jamais je n'arriverai tout entier.

ALFRED.

Allons, suis-moi. (*Il sort*).

GUIGNOL.

Suis-moi... ça ne coûte rien à dire ; mais mes pauv's jambes, et mon pauv' estom... Maître, maître, doucement !... Il est déjà en avant. (*Il prend son sac*). Allons, Azor, viens ici. Du depuis que je te porte, si au moins tu pouvais un petit peu me porter. (*Il s'en va lentement*).

ACTE II.

Un grand salon au château de Hautepierre.

SCÈNE PREMIÈRE.

LE COMTE, ANTOINE.

LE COMTE.

Personne n'a paru, Antoine?

ANTOINE.

Personne ne s'est présenté encore à l'entrée de la première enceinte, et le signal convenu n'a pas été donné; mais j'ai aperçu au pied de la montagne deux étrangers qui se dirigent vers le château.

LE COMTE.

C'est Léonce... Dites à Mlle Edith de venir ici... je veux lui parler.

ANTOINE.

Monsieur le comte me permet-il de lui donner un avis? Je crains que Monsieur le comte ne soit trompé dans son attente.

LE COMTE.

Que voulez-vous dire, Antoine? Parlez.

ANTOINE.

J'ai passé ce matin près de la porte du château de Sénanges. M. Léonce était en conversation avec son jeune cousin M. Alfred... Monsieur le comte sait de qui je veux parler... celui qui a quitté le pays il y a deux ans. On parlait de Hautepierre. La confiance dont m'honore Monsieur le comte et mon dévouement sans bornes pour sa famille m'ont déterminé à prêter l'oreille à cette conversation. J'ai cru comprendre que ce n'est pas M. Léonce qui se présenterait aujourd'hui, mais son cousin M. Alfred.

LE COMTE.

Vous êtes un fidèle serviteur, Antoine... Eh bien! rien n'est changé à nos dispositions. Puisque le Ciel nous envoie Alfred, il faut le recevoir. Je le verrai... S'il ne me déplait pas, il épousera ma fille... Allez dire à Mlle Edith que je l'attends ici.

ANTOINE.

J'y vais, Monsieur le comte; tous vos ordres seront accomplis.

SCÈNE II

LE COMTE, *seul*.

Alfred porte le nom de Sénanges... Je me souviens de lui... il était fort bien; je le crois digne de ma fille... je le verrai d'ailleurs... Voici Edith. Pauvre enfant, elle est fort inquiète, et je sens combien son trouble va s'accroître... Elle connaît mes projets, mais elle ne sait pas encore qu'ils doivent s'accomplir aujourd'hui même. Allons, il le faut.

SCÈNE III.

LE COMTE, EDITH, *voilée*.

EDITH.

Vous m'avez demandée, mon père?

LE COMTE.

Mon enfant, c'est aujourd'hui que va se former l'union dont je t'ai entretenue. Dans quelques instants, celui qui doit être ton époux sera au château... Tu sais-ce que je t'ai recommandé.

EDITH.

Ainsi, mon père, tout cela est bien sérieux ! ce n'est pas une épreuve à laquelle vous avez voulu soumettre mon obéissance. Je dois épouser dans quelques instants un jeune homme que je n'ai jamais vu et auquel il m'est interdit de parler. Puis-je me promettre le bonheur d'une telle union ?... Ne repoussez pas ma demande, mon père ; permettez-moi d'avoir quelques minutes d'entretien avec ce jeune homme. Si je ne lui déplais pas, s'il y a quelque sympathie entre nous... je n'aurai plus aucune hésitation.

LE COMTE.

Mon enfant, ce que tu me demandes est absolument impossible... Ce n'est pas sans de graves motifs que j'ai pris la résolution qui doit avoir son accomplissement en ce jour ; le sort de deux familles en dépend. J'ai été fort malheureux ; ta mère que j'ai tendrement aimée, m'a été enlevée par la mort au moment même de ta naissance. J'ai bien vu des unions devenir funestes, dans lesquelles tout avait été prévu, tout arrangé ; dans lesquelles les futurs se convenaient à merveille... J'ai, au contraire, le ferme espoir que tu seras heureuse avec celui qui doit t'épouser... Aie confiance.

EDITH.

Mon père...

LE COMTE.

N'insiste pas... Ton bonheur dépend du soin avec lequel tu obéiras à toutes mes prescriptions... Toi et ta suivante Ziska, vous ne vous dévoilerez qu'après la cérémonie... A bientôt, mon enfant !... Aie confiance... (*Il sort*).

SCÈNE IV.

EDITH, puis ZISKA.

EDITH, *seule*.

Aie confiance, dit-il... J'ai confiance, et cependant je voudrais bien... (*Elle appelle*). Ziska ! Ziska !

ZISKA, *voilée (accent anglais)*.

Milady !

EDITH.

Tu m'aimes, Ziska ?

ZISKA.

Oh ! ma vie était à Milady... Milady si bonne pour pauvre Ziska !

EDITH.

Aujourd'hui... dans quelques instants, un jeune homme sera introduit dans ce salon... mon père veut que je l'épouse. Tâche de le voir, de lui parler avant la cérémonie. Tu me diras s'il est bien, s'il est distingué.

ZISKA.

Yes, Milady, yes.

EDITH.

S'il est hideux, grossier, déplaisant, je me jetterai aux pieds de mon père. Au besoin, je me réfugierai avec toi dans un couvent et j'implorerai mon pardon. (*On entend le son d'un cor*). Le voici, sans doute ; il entre au château. Viens, suis-moi dans mon appartement ; je vais te donner mes dernières instructions. (*Elles sortent.*

SCÈNE V.

ANTOINE, ALFRED, GUIGNOL.

ANTOINE, *introduisant Alfred et Guignol*.

Entrez, Messieurs, dans cette salle... M. le comte va y venir.

ALFRED.

Nous sommes à ses ordres.

ANTOINE.

Mais ces Messieurs viennent de fort loin; ils accepteront sans doute quelques rafraîchissements.

GUIGNOL.

Ah! maître, je n'ai plus que le souffle... mes jambes sont comme une patte à briquet (1), et je vois trente-six chandelles.

ALFRED.

J'ai un domestique qui a grand'faim... Vous m'obligeriez en lui donnant quelque chose à manger.

ANTOINE.

Tout est ici à votre disposition; je vais faire servir Monsieur dans la pièce voisine, et si son domestique veut me suivre à l'office...

GUIGNOL, *à Alfred.*

Ne me quittez pas, maître... La peur me prend dans ce château tout noir... et vrai, ça me coupe la faim.

ALFRED, *à part.*

Je suis presque fâché d'être venu, moi aussi; ce château est lugubre... Ces domestiques silencieux, ce mystère, tout me glace. Celui-ci a l'air d'un bonhomme; si je l'interrogeais?... (*A Antoine*). Dites-moi, mon brave, y a-t-il longtemps que vous êtes dans cette maison?

ANTOINE.

Monsieur, j'y suis venu au monde.

ALFRED.

Vous en connaissez tous les êtres et tous les habitants?

---

(1) *Patte*; morceau de linge, chiffon. — *Patte à briquet*; linge brûlé, qu'avant l'invention des allumettes chimiques on disposait dans une boîte pour recevoir et conserver les étincelles obtenues par le choc du silex et du briquet.

ANTOINE.

Oui, Monsieur.

ALFRED.

On parle dans tout le pays de la fille de M. le comte... quoique bien peu de personnes l'aient vue... mais vous qui la voyez tous les jours...

ANTOINE.

La fille de M. le comte ?... chut ! elle est toujours voilée ; personne ne l'a jamais vue ;... Cependant... (*Avec mystère*). Un jour... (*Alfred et Guignol se rapprochent*).

ALFRED.

Un jour ?

ANTOINE.

Un jour...

ALFRED.

Mon ami, comptez sur ma reconnaissance.

ANTOINE.

Un jour, dans le salon, Mademoiselle se regardait au miroir... J'entrais à ce moment ; je m'avance et je vois...

ALFRED.

Vous avez vu ?

ANTOINE.

J'ai vu son voile qu'elle a baissé avec précipitation, et qui était mouillé de ses larmes.

GUIGNOL, *à part*.

Ah ! vieil artet (1), je te connais à présent... Si nous n'avons jamais de renseignements que de çui-là, nous ne risquons rien de tenir nos lunettes bien essuyées.

ANTOINE.

Je vais faire servir Monsieur dans la pièce que voici (*Il montre dans la coulisse une pièce voisine et sort*).

---

(1) *Artet* ; fin, rusé.

SCÈNE VI.

ALFRED, GUIGNOL.

ALFRED.

Je suis aux regrets d'être venu ici... je vais chercher un moyen d'en sortir. Toi, Guignol, attends-moi; je reviens dans un instant. Mange en m'attendant... mais regarde autour de toi. Tâche d'apercevoir la fille du comte; tâche de faire parler les domestiques... De mon côté, je vais tout observer... et préparer notre fuite, car nous sommes, à coup sûr, tombés dans un guet-apens... Je n'ai pas appétit, je te l'assure... (*Avec un soupir*). Mange, Guignol, mange pour deux. (*Il sort*).

GUIGNOL, *avec un soupir*.

Oui, maître... je mangerai pour quatre.

SCÈNE VII.

GUIGNOL, puis ANTOINE.

GUIGNOL, *seul*.

Il m'abandonne encore... Je suis à la définition de mes jours, bien sûr. Je sais plus si c'est la faim ou la peur qui me creuse, mais j'irai pas comme ça jusqu'à la tombée de la nuit.

ANTOINE, *entrant*.

Mon ami, qu'est-ce que je vais vous faire servir ?

GUIGNOL.

Oh! vieux, pas tant de sarimonies... un morceau sur le pouce.

ANTOINE.

Voulez-vous du bœuf? du mouton? du veau ?

GUIGNOL.

J'ai pas de préférence; apportez de tout.

ANTOINE.

Aimez-vous les alouettes ?

GUIGNOL.

J'aime assez celles de Crémieu (1).

ANTOINE.

Je n'ai que des alouettes de ce pays.

GUIGNOL.

Sont-elles au moins grosses comme une bonne poularde ? Servez-m'en alors une demi-douzaine.

ANTOINE.

Une tranche de gigot ?

GUIGNOL.

Tout de même; mais une bonne tranche... Ne vous donnez pas la peine de la couper; faites voir le gigot.

ANTOINE.

Quelques feuilles de salade ?

GUIGNOL.

Oui, quéques feuilles de salade dans un grand saladier tout plein.

ANTOINE.

Et pour plat sucré ?... du pudding ?

GUIGNOL.

Du boudin! oui, une bonne fricassée, mais je tiens pas au sucre. Puis, si vous pouvez y ajouter pour dessert un paquet de couennes (2) et un fromage blanc, ça commencera à aller.

---

(1) Les dindons élevés aux environs de Crémieu ont une réputation assez étendue.
(2) Le paquet de couennes de porc est une des préparations que les charcutiers de Lyon débitent avec le plus de succès dans les quartiers populaires.

ANTOINE.

Et quel vin faut-il vous donner, mon ami ?

GUIGNOL, *à part.*

Je commence à me raccommoder avec ce vieux... il a une conversation qui me plaît... (*Haut*). Mais du bon, papa, du bon !...

ANTOINE.

Du rouge, ou du blanc ?

GUIGNOL.

Eh ben ! nous pourrions commencer par le rouge et finir par le blanc.

ANTOINE.

Nous avons du vin de Bordeaux.

GUIGNOL.

Du vin où y a de l'eau ! J'en veux pas.

ANTOINE.

Du vin de Tonnerre.

GUIGNOL.

Çui-là ferait trop de vacarme dans mon ventre.

ANTOINE.

Du vin de Châteauneuf.

GUIGNOL.

J'aimerais mieux qu'il soye vieux.

ANTOINE.

Voulez-vous du vin de Champagne ?

GUIGNOL.

Du vin de campagne ! Bien sûr que je veux pas de vin que se fait dans la boutique de l'espicier.

ANTOINE.

Vous ne voulez pas du vin du crû ?

GUIGNOL.

Te veux dire de vin de Brindas! Non, non; un bon Beaujolais... comme disait le père Berlingard quand il criait le vin du cabaretier. (*Il imite l'annonce du crieur*). On vous fait à savoir qu'y est arrivé hier-z-au soir, au cabaret du Canon d'or, une bareille de bon beaujolais à quatre sous le pot. Allez-y, allez-y ; on vient d'y mettre le robinet. — Puis il buvait à la bouteille qu'il avait à la main, et il criait : Ah ! qu'il est bon (1) !

ANTOINE.

Eh bien ! je vous ferai donner du Beaujolais... du Thorins ou du Fleury ?

GUIGNOL.

Mais dites donc, vieux, y me semble que nous pardons bien de temps en conversation. Vous me mettez au supplice de Cancale. Si vous me serviez votre vin de campagne ou du bord de l'eau, je vous dirais de suite çui-là que j'aime le mieux... quand je les aurais bus.

ANTOINE.

Vous avez raison, venez. (*Il sort*).

GUIGNOL.

Marchez devant, papa ; j'emboîte le pas jusqu'à l'office. Je crois que l'appétit me revient. (*Il va pour sortir*).

---

(1) Guignol décrit ici une scène dont les anciens quartiers de Lyon ont gardé le souvenir. Les cabaretiers avaient l'usage de faire crier leur vin. Le crieur portait avec lui dans sa tournée un échantillon de la marchandise ; il y tâtait fréquemment et notamment après chaque annonce. Il manifestait ensuite vivement sa satisfaction, et les jeunes gones du quartier, qui l'accompagnaient s'écriaient en chœur avec lui : Ah ! qu'il est bon ! — Voir, sur le père Berlingard, la note, p. 207, *le Marchand de picarlats*.

SCÈNE VIII.

GUIGNOL, ZISKA.

ZISKA.

Ce était sans doute le petit futur à Milady. (*A Guignol, qu'elle retient par le bras*). Good morning, sir !

GUIGNOL.

Que me veut cette étrangère qui se dit ma sœur ?... Elle a un accent provençal.

ZISKA.

Good morning !

GUIGNOL.

Vous voulez me donner une mornifle (1) ?

ZISKA.

No, no ; vos comprenez pas. Moa dire bonjour à vos.

GUIGNOL.

Ah ! c'est pas comme ça qu'on dit bonjour au monde.

ZISKA.

Comment dites-vos, vos ?

GUIGNOL.

Moi, je dis tout bonnement : Bonjour Madame ou Mam'zelle.

ZISKA.

Good, good ;.,. bonjour !... How do you do ?

GUIGNOL.

Vous avez quelque chose dans le dos ?

---

(1) *Mornifle ;* soufflet, taloche.

ZISKA.

No, je demandais à vos : Comment vos portez-vos ?

GUIGNOL.

Ah! nom d'un rat, dites-le donc. Je me porte pas mal... et vous ?... Qué drôle de conversation nous avons là!

ZISKA.

Milord!

GUIGNOL, *se retournant et appelant.*

Milord! milord! ici, ici!

ZISKA.

Que dites-vos ?

GUIGNOL.

Vous appelez votre chien, je crois ; je l'appelle aussi.

ZISKA.

No, milord ; ce était vos, milord. Ce était le nom des Messieurs dans le Angleterre.

GUIGNOL, *à part.*

Elle me prend pour un milord anglais !... ça se trouve bien ; moi qui ai pas le sou... Ah! elle me prend pour le bargeois ; elle a un voile sur le coquelichon ; c'est la demoiselle avec qui qu'on veut le marier. Si je pouvais voir par dessous le voile. (*Haut*). Douce colombe, accordez-moi la permission de mettre à vos pieds toutes mes salutances.

ZISKA, *à part.*

Ce était le domestique ; amuser moa. (*A Guignol*). You speak English ?

GUIGNOL.

Vous avez quéque chose qui vous pique ?

ZISKA.

Je demande à vos si vos parlez anglais.

GUIGNOL.

Je le parle un peu... en français.

ZISKA.

Vos être Français... Moa aimer beaucoup les Français.

GUIGNOL, *à part.*

Il faut un peu parler comme elle... Quand on est avec les étrangers... (*Haut*). Moa être Français de la rue Saint-Georges.

ZISKA.

Oh! good, good.

GUIGNOL, *à part.*

Elle parle toujours des gaudes (1), elle veut m'en faire manger... c'est une Bressanne; mais elle a un drôle d'accent. (*Haut*). Belle fiancée, mon estom me dit plus rien; ce était mon cœur seul qui parpite dans votre sociétance.

ZISKA.

Yes! vos, milord, être très gentil. Je aimerais boco vos pour mé mari.

GUIGNOL, *à part.*

Je lui plais; faut continuer la conversation. (*Haut*). Belle colombe, pourquoi vous porter comme ça une patte de mousseline sur votre figoure? Est-ce que vous craindre les coups de soleil?

ZISKA.

Ce était l'ordre de my father.

GUIGNOL.

Avant de nous unir, permettez à moa de jeter un œil sur cette charmante physiolomie qui doit embellir mon existence.

ZISKA.

No, no; ce était défendu par my father.

---

(1) *Gaudes*; bouillie de maïs fort en usage dans la Bresse et la Franche-Comté.

GUIGNOL.

Qu'est-ce qui a défendu ça !

ZISKA.

My father.

GUIGNOL.

Farceur ! Qué que c'est que ce farceur ?

ZISKA.

Ce était le papa de moa.

GUIGNOL.

Ah ! le vieux papa à vos... Mais puisque nous devons nous marier.

ZISKA.

Pas dire alors. Moa être belle, très-belle. (*Elle lève son voile*).

GUIGNOL.

Voyons. (*Il jette un cri et tombe sur la bande*). Qué que c'est que ça ? Un râcle-fourniau (1), un diable. Au secours ! à la garde ! à la garde !

ZISKA.

Allons à présent chercher à voir le maître. (*Elle s'enfuit en riant*).

SCÈNE IX.

GUIGNOL, ALFRED.

ALFRED.

Viens, Guignol ; fuyons. J'ai trouvé une fenêtre ; nous n'avons que vingt pieds à sauter.

GUIGNOL.

Oui, oui, borgeois, sauvons-nous. J'ai vu votre fiancée, allez.

---

(1) *Râcle-fourniau* ; ramoneur.

ALFRED.

Tu as vu son visage.

GUIGNOL.

Oui, c'est un monstre, un charbon de Rive-de-Gier. Elle a un museau noir comme la crémaillère et une trompe comme un éléphant.

ALFRED.

Je m'en doutais. Le comte, auquel j'ai parlé, ne me convient pas plus que sa fille; il a un aspect d'une sévérité !... On ne respire pas ici... Y vivre, c'est mourir à petit feu... Suis-moi sans délai.

GUIGNOL.

Je sais pas si j'en aurai la force... mais je veux bien m'en aller... Ah! j'ai pus faim à présent; ça m'a nourri de voir ce jus de réglisse noir. Pourvu que nous la rencontrions pas.

ALFRED.

Viens donc vite, bavard. (*Au moment où ils sortent, ils sont arrêtés par le comte*).

SCÈNE X.

Les Mêmes, LE COMTE.

LE COMTE.

Où allez-vous, Monsieur de Sénanges ? C'est de ce côté que nous vous attendons pour la cérémonie.

ALFRED.

Mais, Monsieur le comte.

LE COMTE.

Hésiteriez-vous, Monsieur? il est trop tard; j'ai votre parole... D'ailleurs, tout le monde m'obéit ici. (*Il l'entraîne*). Venez recevoir la main de ma fille. (*Ils sortent*).

SCÈNE XI.

GUIGNOL, *seul.*

Allons, voilà mon pauv' maître sacrifié. Il va donner sa main à ce fumeron; il va me revenir tout machuré... Nous voilà fermés pour le restant de nos jours dans ce château... Il y fait clair comme dans un four, et c'est gai comme la porte de la prison de Roanne (1). Nous avons eu une jolie idée d'y venir... Si je pouvais au moins retrouver ce vieux qui m'offrait à dîner tout à l'heure.

SCÈNE XII.

LE COMTE, EDITH, ALFRED, GUIGNOL.

LE COMTE.

Mes enfants, vous êtes maintenant unis. Monsieur de Sénanges, vous pouvez demander à votre femme de lever son voile.

ALFRED, *à part.*

Je ne suis pas pressé.

EDITH, *à part.*

Ziska ne m'a pas trompée; mon mari est charmant.

ALFRED, *à part.*

Ce que m'a dit Guignol n'est pas encourageant. Contempler un monstre... Je ne sais même que lui dire.

---

(1) Une maison de Lyon, qui au XIIIe siècle, appartenait à un chanoine nommé Giraud de Roanne, qui appartint plus tard aux dauphins de Viennois et enfin au roi, était devenue depuis longtemps le siège de la justice royale, lorsque, en 1784, la prison, qui en était une dépendance, fut reconstruite sur les plans de l'architecte Buguet. Cette prison avait sur la place de Roanne une façade et une porte basse d'un aspect lugubre, qui laissait une impression profonde. Aussi, jusqu'à ces dernières années, et lorsqu'on ne voyait plus aucun vestige de l'ancien bâtiment, la maison d'arrêt qui l'avait remplacé avait gardé le nom populaire de prison de Roanne.

EDITH, *à part.*

Ziska m'a dit qu'il était fort aimable; il n'y paraît guère.

ALFRED, *à Edith.*

Madame... il faut avouer que nos parents ont eu là une idée fort bizarre.., et ce mariage..,

EDITH.

Oh! Monsieur, je m'y suis opposée de toutes mes forces... mais des raisons de famille avaient déterminé mon père; c'est pour lui une question d'honneur; j'ai dû obéir... Si ce mariage doit faire votre malheur, Monsieur, les circonstances dans lesquelles il est contracté sont si étranges qu'il doit y avoir des moyens de le faire annuler... Reprenez votre liberté, Monsieur; j'irai, s'il le faut, finir mes jours dans un couvent. Je consens à tout plutôt qu'à vous voir malheureux.

ALFRED, *à part.*

Quelle douce voix! (*Haut*). Madame, ce n'est point à vous de vous excuser de ce qui s'est passé... J'ai moi-même un pardon à solliciter, et c'est votre bonheur qui seul en ce moment occupe ma pensée.

ÉDITH, *à part.*

Il s'exprime fort bien.

ALFRED.

L'ordre cruel qui cachait vos traits à tous les yeux est maintenant révoqué. Consentez, Madame, à lever votre voile.

GUIGNOL, *bas à Alfred.*

Maître, regardez pas; vous allez tomber à la renverse.

ALFRED.

Madame... (*Edith lève son voile*).

GUIGNOL.

Regardez pas, regardez pas. Ça sent déjà le roussi. (*Il se détourne et cache son visage sur la bande*).

ALFRED.

Qu'elle est belle!... Madame, quel bonheur est le mien! (*A Guignol*). Relève-toi donc, imbécile; vois comme ma femme est belle.

GUIGNOL.

Hein! que dit-il? Il a la barlue. (*Il se lève et regarde.*) Nom d'un rat, elle est chenuse; elle s'est débarbouillée.

ÉDITH.

Que veut-il dire ?

ALFRED.

Madame, mon domestique avait cru voir... Il m'avait dit...

SCÈNE XIII.

Les Mêmes, ZISKA.

ALFRED.

Ah! je comprends; voilà la personne qu'il avait vue.

GUIGNOL, *tremblant*.

Ah! voilà le fumeron! Approchez pas, approchez pas.

ZISKA.

Moa, très jolie, petit Français.

ALFRED.

N'aie pas peur, Guignol; c'est une très belle négresse.

GUIGNOL.

Elle est de quéque pays où ils ont l'accoutumance de se manger chacun à leur tour en boulli ou en rôti.

ÉDITH.

C'est ma suivante : elle a été élevée avec moi... Elle est douce et bonne.

ZISKA.

Moa, pas méchante.

GUIGNOL.

Oui, toa, pas méchante!... Elle a de dents blanches que me donnent la chair de poule.

LE COMTE.

Eh bien! mes enfants, m'en voulez-vous?

ALFRED.

Monsieur le comte, avant de me dire votre gendre, j'ai à obtenir un pardon que vous me refuserez peut-être... Je vous ai trompé; je ne suis pas le fils de M. le Marquis de Sénanges.

SCÈNE XIV.

Les Mêmes, ANTOINE, LE MARQUIS, LÉONCE.

ANTOINE, *annonçant*.

Monsieur le marquis et Monsieur le vicomte de Sénanges.

LE MARQUIS.

Mon ami, tu me vois au désespoir... Ce n'est pas mon fils qui s'est présenté ce matin à Hautepierre... mais je te l'amène... s'il en est temps encore.

LE COMTE.

Je sais tout... J'ai appris ce qui s'est passé entre ton fils et son cousin Alfred... mais j'ai tout accepté. Ce mariage était contre le gré de ton fils? Alfred porte le nom de Sénanges; je l'ai marié à Edith. Notre pacte a reçu son accomplissement, et aucun malheur ne menace plus nos familles... Voyons, mes enfants; ce qui s'est fait tout à l'heure peut encore se défaire. Consentez-vous de plein gré à cette union?

EDITH.

Oui, mon père.

ALFRED.

Je suis le plus heureux des hommes.

LE MARQUIS.

Mon ami, nous avions tout arrangé, tout combiné; nos mesures étaient bien prises, et rien ne pouvait faire échouer nos projets. Cependant la Providence en a autrement disposé.

LE COMTE.

Nous n'avons pas trop à nous plaindre. Mais je vois qu'il n'est guère sage de bâtir sur l'avenir et sur la volonté d'autrui, quand notre propre volonté est elle-même si incertaine.

EDITH.

Guignol, veux-tu épouser Ziska? Je lui donne vingt mille francs et un beau trousseau.

GUIGNOL.

Je demande à réfléchir... Si on pouvait un peu la passer à la lissive!...

LE COMTE.

Nos invités sont arrivés; on nous attend pour le repas de noce... Entrons au salon.

GUIGNOL.

Moi, je pense que je pourrai cette fois entrer à la cuisine.

FIN DU CHATEAU MYSTÉRIEUX.

LES CONSCRITS DE 1809

PIÈCE EN UN ACTE

LES
CONSCRITS DE 1809
𝒫IÈCE E𝒩 U𝒩 𝒜CTE

PIERRE-JEAN, filateur.	LE MARQUIS DE SAINT-REMY.
MARIE, sa fille.	GRIPARDIN, usurier.
JULIEN, \ ouvriers	UN SERGENT.
GUIGNOL, } chez Pierre-Jean.	LA MÈRE SIMONNE, ancienne cantinière.
GROS-PIERRE, /	OUVRIERS, CONSCRITS.

Une place publique de village. — La scène se passe dans un village du département de l'Isère, aux environs de Lyon.

❊

SCÈ𝒩E PREMIÈRE.

Avant le lever du rideau, roulement de tambour ; et, lorsque le rideau est levé, on entend battre le rappel dont les sons paraissent s'éloigner successivement jusqu'à ce que les personnages se montrent.

GROS-PIERRE, JULIEN, puis GUIGNOL,
ET D'AUTRES OUVRIERS.

GROS-PIERRE, *appelant.*

Guignol! Guignol! viens-tu au tirage?

GUIGNOL, *entrant.*

Moi! te sais bien qu'il y a un an que j'ai mis la main dans le pot à l'eau, nom d'un rat! Je vous laisse ça pour l'heure d'aujord'hui. Bonne chance, Gros-Pierre!

GROS-PIERRE.

Ah! moi, ça m'est égal, quoique ça soit qui arrive. Je suis sûr que je ferai un fameux troupier.

GUIGNOL.

Allons donc! tu n'as guère la capacité d'être soldat.

GROS-PIERRE.

Pourquoi ça?

GUIGNOL.

Ah! c'est qu'il faut tant de qualités?... Mon grand'père, qui avait fait la guerre dans les temps, disait qu'il fallait quatre choses pour faire un bon soldat :... la force d'un cheval... le courage d'un lion... le ventre d'une puce... et l'esprit d'un imbécile... Tu as bien quéques-unes de ces qualités-là, mais pas toutes... (*A Julien*). Et toi, Julien, tu es triste!

JULIEN, *avec un soupir.*

J'attends mon sort, mon brave Guignol; mais il m'en coûte de quitter mon village, mes amis, la maison de M. Pierre-Jean.

GUIGNOL.

Tâche de bien remuer, de bien graboter dans le benot (1) et d'arraper un bon mimero.

JULIEN.

Je l'espère, mon bon Guignol!

---

(1) *Benot;* diminutif de *benne;* vase de bois que les villageois emploient à divers usages.

SCÈNE II.

Les Mêmes, PIERRE-JEAN et MARIE.

PIERRE-JEAN.

Mes enfants, je donne congé aujourd'hui pour le tirage... et au retour, je paie à déjeuner à tout l'atelier. Ceux qui seront choisis par le sort pour servir leur pays seront les rois de la fête.

TOUS LES OUVRIERS.

Vive Monsieur Pierre-Jean !

GUIGNOL.

Vive Monsieur Pierre-Jean, le père des bons enfants, rantanplan !

PIERRE-JEAN.

Bien pour aujourd'hui ; mais demain il faudra crier un peu : Vive le travail !

GUIGNOL.

Le travail ! j'aime mieux crier : Vive la faignantise et le bon fricot !

PIERRE-JEAN.

Allons, mes enfants, je vais à la mairie avec vous. Marie, tu me retrouveras dans un instant à la maison.

TOUS LES OUVRIERS.

Adieu, mam'selle Marie.

MARIE.

Adieu, monsieur Julien.

SCÈNE III.

MARIE, GUIGNOL,

GUIGNOL, *à part.*

Qu'elle est cannante ! qu'elle est cannante, mam'zelle Marie ! Oh ! là là ! si j'osais... mais j'ose pas .. Mam'zelle !... Mais, non, j'ose pas! Parle-lui donc, grand lâche!.. Tu dis que tu es de la Croix-Rousse, et tu es si lâche que ça! (*Il se frappe la tête contre le pilier. — Haut*). Mam'zelle... qu'avez-vous donc?

MARIE.

Mais, je n'ai rien, Guignol. C'est toi qui as quelque chose.

GUIGNOL, *à part*.

Qu'elle est cannante! qu'elle est cannante!

MARIE.

Eh bien! tu as quelque chose à me dire et tu n'oses pas me parler.

GUIGNOL.

J'ose pas.

MARIE.

N'aie pas peur, je suis aujourd'hui dans un jour de préoccupation. Je ne puis pas travailler et j'ai le temps de t'écouter... Tu sais bien d'ailleurs que nous nous connaissons depuis longtemps et que je t'aime bien.

GUIGNOL, *se cognant contre le pilier*.

Allons, parle-lui donc, parle-lui donc... (*Brusquement*). Mam'zelle, et moi aussi!

MARIE.

Vraiment, Guignol?

GUIGNOL.

Vous vous souvenez bien, quand nous étions petits tous les deux, vous me pinciez, vous m'égratigniez.

MARIE.

Eh! oui.

GUIGNOL.

Vous me mettiez toujours les doigts dans les yeux, que vous disiez que ça semblait des gobilles d'agate.

MARIE.

Eh! oui.

GUIGNOL.

Eh bien, mam'zelle, si nous nous mariions ?

MARIE.

Me marier avec toi !... Tu es fou, Guignol.

GUIGNOL.

Mais vous disiez tout à l'heure que vous m'aimiez bien !

MARIE.

Je t'aime comme un ami d'enfance. Mais, pour t'épouser... non.

PIERRE-JEAN, *de l'intérieur*.

Marie ! Marie !

MARIE.

C'est mon père ! Guignol, ne lui parlez pas de cela : il ne plaisante pas. J'y vais vite, il va se fâcher.

GUIGNOL.

Un m'ment ! il peut bien attendre un peu, le vieux p'pa !

MARIE.

Non, non, laissez-moi partir... Tiens, vois-tu, Guignol, tu as l'air bête ! (*Elle sort*).

SCÈNE IV.

GUIGNOL, *seul*.

Hein ! j'en suis tout stupéfoque ! Elle m'aime bien, mais pas pour m'épouser !... qué que ça veut dire ça ? Après tout, je me marîerai avec une autre... Quand on est beau garçon et qu'on a de la comprenette (1) comme moi, on reste jamais dans l'embarras !... C'est égal, elle est joliment cannante, et ça me chiffonne d'être refusé

---

(1) *Comprenette*; intelligence, esprit.

de c'te manière... Pour me consoler, je vas voir ceux qui vont se faire pincer dans le benot. (*Il sort*).

※

SCÈNE V.

M. DE SAINT-RÉMY, *seul*.

Je suis complètement ruiné. Me voilà sans ressources, sans espoir. Mes créanciers sont à mes trousses. Cet affreux usurier de Gripardin ne me laisse pas un instant de répit... Il ne me reste plus qu'un seul moyen pour sortir de cette affreuse position... La fille de Pierre-Jean a, dit-on, 200,000 francs de dot. Je puis être sauvé. Mes nobles parents seront en émoi, ils diront que je trafique de leur nom; mais, bast! j'aurai la dot. Essayons une démarche; elle me réussira sans doute. On ignore encore l'état de mes affaires. Payons d'audace, et la fortune est encore à moi. (*Il frappe chez Pierre-Jean*).

※

SCÈNE VI.

M. DE SAINT-RÉMY, PIERRE-JEAN.

PIERRE-JEAN.

Monsieur de Saint-Rémy, j'ai l'honneur de vous saluer.

SAINT-RÉMY.

Bonjour, monsieur Pierre-Jean... j'ai à vous parler d'une affaire importante.

PIERRE-JEAN.

Je suis à vos ordres.

SAINT-RÉMY.

Vous avez une fille charmante.

PIERRE-JEAN.

Je le sais, monsieur.

SAINT-RÉMY.

Je n'en doute pas... On ne peut posséder un pareil trésor sans l'apprécier. Mais ce que vous ignorez encore, c'est que j'ai résolu de l'épouser... et je viens vous demander sa main.

PIERRE-JEAN.

Monsieur, votre recherche nous honore. Je ne dis pas non.

SAINT-RÉMY.

Vous me permettez d'espérer ?

PIERRE-JEAN.

Il faut que j'en parle à ma fille... Revenez, Monsieur.

SAINT-RÉMY.

Mais des motifs sérieux me forcent de presser la conclusion de cette affaire. Je voudrais avoir une réponse prochaine.

PIERRE-JEAN.

Comptez sur moi, Monsieur; je ferai mon possible.

SAINT-RÉMY.

Merci, Monsieur; je reviendrai bientôt connaître la réponse de votre charmante fille. (*Il sort*).

SCÈNE VII.

PIERRE-JEAN, *seul*.

Il est fort bien ce jeune homme. Il a un beau nom, une belle fortune. C'est un excellent parti, assurément. Quelle heureuse nouvelle je vais apprendre là à ma fille! (*Il appelle*). Marie! Marie!

SCÈNE VIII.

PIERRE-JEAN, MARIE.

MARIE, *de l'intérieur*.

Mon père !

PIERRE-JEAN.

Marie, viens ici.

MARIE, *entrant*.

Me voici, papa.

PIERRE-JEAN.

Oh ! Marie, comme tu me rappelles ta mère ! Quel âge as-tu ?

MARIE.

Mais, papa, vous le savez bien.

PIERRE-JEAN.

Non, je ne m'en souviens plus ; tu es jeune, tu as la mémoire plus fraîche que la mienne.

MARIE.

J'ai dix-neuf ans. Et vous, papa ?

PIERRE-JEAN.

J'ai soixante-sept ans. Je suis déjà vieux, comme tu le vois.

MARIE.

Oh ! papa, vous êtes jeune ; vous êtes bien conservé. Vous avez un bon estomac, vous lisez sans lunettes ; vous irez jusqu'à cent ans.

PIERRE-JEAN.

Tu me flattes. Je peux mourir d'un moment à l'autre.

MARIE.

Oh ! papa, ne parlez pas de cela.

PIERRE-JEAN.

Ce qui me fait de la peine, c'est de songer que je puis te laisser seule, sans guide. Que deviendrais-tu, pauvre enfant ?... Aussi, j'aurais envie de te marier.

MARIE.

Me marier ! mais c'est assez gentil.

PIERRE-JEAN.

Certainement. Cela te convient-il ?

MARIE.

Mais oui. On est grande dame ; on porte des châles, des dentelles ; et on mange des gâteaux tant qu'on veut. Puis, j'aurai des enfants, à mon tour.

PIERRE-JEAN.

Certainement.

MARIE.

Quel bonheur ! vous serez grand-papa. Vous les ferez danser sur vos genoux ; ils vous tireront par les cheveux ; ils vous caresseront. Et avec qui allez-vous me marier ?

PIERRE-JEAN.

Avec un jeune homme charmant. J'ai trouvé le parti qui te convient.

MARIE.

Est-ce votre contre-maître, M. Julien ?

PIERRE-JEAN.

Julien ! mais non. Est-ce que Julien pense à se marier ? Julien tire au sort aujourd'hui et il peut avoir un mauvais numéro.

MARIE.

Comment s'appelle donc ce futur ?

PIERRE-JEAN.

M. le marquis de Saint-Rémy.

MARIE, *à part*

Ciel!... (*Haut.*) Bon petit papa, nous verrons cela plus tard.

PIERRE-JEAN.

Marie, qu'est-ce que cela signifie ?

MARIE.

Ce n'est pas un marquis, c'est un simple paysan qui me convient pour mari. Un marquis ne voudra jamais d'une paysanne comme je suis.

PIERRE-JEAN.

Tu te trompes. M. de Saint-Rémy m'a demandé ta main... Sais-tu bien que je te donne 200,000 francs de dot, sans quitter prétentions ?

MARIE.

Non, non; un grand salon n'est pas fait pour moi.

PIERRE-JEAN.

Marie, écoute-moi... Quand on est mariée, on a des châles... des dentelles... des diamants.

MARIE.

N'est-on pas aussi jolie avec une simple fleur ?

PIERRE-JEAN

Toi qui voulais tout à l'heure que je sois grand-papa.

MARIE,

Oh! les enfants ne sont pas si gentils: ils crient, ils sont méchants, ils sont désobéissants. Je veux rester paysanne... Papa, je ne me marierai pas.

PIERRE-JEAN.

Tu veux donc devenir grondeuse, maniaque comme Mlle Perpétue... qui passe sa vie avec des chats... elle en a sept... et ses perroquets... elle en a treize... et un singe!

MARIE.

Je suis trop jeune; j'ai le temps. Nous parlerons de cela quand 'aurai quarante ans. (*Elle sort*).

SCÈNE IX.

PIERRE-JEAN, *seul*.

Ah! ces jeunes filles!.., Elles veulent se marier, elles ne veulent pas... on ne sait vraiment pas ce qu'elles veulent. Mais je viendrai certainement à bout de sa résistance. M. le Marquis de Saint-Rémy est une alliance fort honorable pour notre famille... Il faudra qu'elle l'épouse... La réflexion la rendra plus raisonnable... D'ailleurs, je veux qu'on m'obéisse... Il faut que j'aie une réponse favorable. (*Il sort*).

SCÈNE X.

GUIGNOL, *seul*.

Ce pauvre Julien n'a pas de chance! Il vient d'attraper le mimero 1... un mimero un, grand comme la jambe de notre âne... Qué guignon!... Il en est tout chagrin et ça me fait de peine!... Julien est un bon enfant... C'est encore le papa Pierre-Jean qui va pas être content... son contre-maître. (*Il appelle*). Monsieur Pierre-Jean! Monsieur Pierre-Jean!

SCÈNE XI.

GUIGNOL, MARIE.

MARIE.

Mon père est occupé. Que lui veux-tu, Guignol?

GUIGNOL.

Lui donner une vilaine nouvelle... Julien a tiré un mauvais mimero... le plus mauvais, le mimero un.

MARIE.

Quel malheur! (*Elle pleure*).

GUIGNOL.

Et il faut qu'il parte tout de suite... Le sergent les emmène aujourd'hui.

MARIE.

Oh! mon Dieu! mon Dieu! (*Elle sanglote et s'évanouit*).

GUIGNOL.

Mam'zelle! Mam'zelle! (*Il la soutient et cherche à la faire revenir*).

MARIE, *revenant à elle*.

Guignol, donne-moi ton bras pour rentrer chez mon père... je ne puis me soutenir.

GUIGNOL, *lui donnant le bras*.

Comme cette nouvelle vous a bouliversée, Mam'zelle! comme vous pleurez!

MARIE.

Ah! j'en mourrai! (*Elle entre chez son père*).

SCÈNE XII.

GUIGNOL, *seul*.

Tiens, tiens, tiens! les voilà tous en pleurs... (*Après un instant*). Ah! que je suis bête? Ah! que j'ai peu d'aime(1)! V'là pourquoi que Mam'zelle Marie ne veut pas de moi pour mari. C'est Julien qu'elle aime, c'est Julien qu'elle voudrait épouser. Et lui aussi; voilà pourquoi qu'il s'a arraché tout à l'heure une poignée de cheveux... C'est dommage qu'il parte, tout de même, pendant que d'autres, moi, par exemple, qui sont pas bons à grand'chose ici, et qui feraient un si bel effet sous l'habit mirlitaire... Mais, quand

---

(1) *Aime*, intelligence, jugement.

même Julien partirait pas, jamais le p'pa Pierre-Jean voudra lui donner sa fille... Bah! qui sait? il fait bien le méchant, il gongonne, il crie fort... mais y a encore bien des manières de le prendre... Si j'essayais! Il me traite des fois de faignant... Faisons-lui voir qu'on sait au moins rendre service aux amis. (*Il sort*).

SCÈNE XIII.

M. DE SAINT-RÉMY, *seul*.

Je suis dans une impatience ! je ne puis attendre plus longtemps la réponse de laquelle dépend mon sort... La nécessité me presse, et il faut absolument que j'épouse cette dot de 200,000 francs... Mais, voici cet usurier de Gripardin, mon persécuteur! que diable vient-il chercher ici ?

SCÈNE XIV.

GRIPARDIN, M. DE SAINT-RÉMY.

GRIPARDIN.

Monsieur le Marquis, j'ai l'honneur de vous présenter mes très-humbles hommages.

SAINT-RÉMY.

Malheureux! vous me poursuivez donc sans relâche! vous voulez me perdre!

GRIPARDIN.

Je viens voir, Monsieur le Marquis, si c'est aujourd'hui que vous me payez mes 5,000 francs.

SAINT-RÉMY.

Comment, 5,000 francs? c'est 3,000 francs que je vous dois.

GRIPARDIN.

3,000 francs de capital; mais il y a les intérêts, les intérêts des intérêts, l'assignation, le coût du jugement, la signification, etc., etc. Total : 5,000 francs.

SAINT-RÉMY.

Vous êtes un vrai coquin, Gripardin.

GRIPARDIN.

Vous voilà bien, Messieurs les emprunteurs ! Quand on a besoin de nous, nous sommes des anges, des sauveurs ; quand nous demandons ce qui nous est dû bien honnêtement, nous sommes des coquins !... Monsieur le Marquis, je suis un cultivateur à ma manière... Les paysans qui labourent la terre, et qui y sèment du blé veulent en tirer une récolte... Moi, je sème des pièces de cinq francs ; je veux qu'elles me rapportent une ample moisson.

SAINT-RÉMY.

C'est un bon moyen de s'enrichir, quand on réussit.

GRIPARDIN.

Je fais mes efforts pour y arriver.

SAINT-RÉMY.

Je suis complètement ruiné.. je ne vous paierai pas.

GRIPARDIN.

Alors vous irez en prison ; j'ai une prise de corps.

SAINT-RÉMY.

En prison ! vous n'oseriez pas.

GRIPARDIN.

Ah ! je n'oserais pas !... vous allez voir. (*Il fait un mouvement pour sortir*).

SAINT-RÉMY, *à part*.

Il en serait capable. (*Haut*). Un moment, Monsieur Gripardin.

GRIPARDIN.

Vous revenez à de meilleurs sentiments. Je comprends que vous préfériez le grand air et quelques pièces de cinq francs à la privation de la liberté... le bien le plus cher à l'homme.

SAINT-RÉMY.

Vous avez raison ; d'autant que je me marie.

GRIPARDIN.

Alors, c'est du temps que vous demandez ? On peut s'entendre... Et puis-je savoir qui Monsieur le Marquis veut honorer de son alliance ?

SAINT-RÉMY.

Ecoutez ; je vais tout vous dire... et aidez-moi. J'épouse une charmante jeune fille. Vous voyez d'ici la maison de son père.

GRIPARDIN.

Mademoiselle Pierre-Jean !.. Peste ! le père est riche.

SAINT-RÉMY.

Je reçois 200,000 francs de dot ; et je vous paie après mon mariage.

GRIPARDIN.

Mais, pour vous marier, vous n'avez pas le sou.

SAINT-RÉMY.

J'ai mes titres.

GRIPARDIN.

Les pièces de monnaie sont les titres d'aujourd'hui.

SAINT-RÉMY.

Je vous dis que j'épouse 200,000 francs de dot. Faites-moi une avance pour la corbeille.

GRIPARDIN.

Volontiers. Venez jusque chez moi. Je vous compte 7,000 fr. ; vous me faites une lettre de change de 10,000 ; et...

SAINT-RÉMY.

Misérable ! vous abusez de ma position pour me voler indignement.

GRIPARDIN.

Ah ! Monsieur le Marquis, vous prenez 200,000 francs au père Pierre-Jean ; je vous en demande 3,000, et vous criez !... Du reste, libre à vous ;... je sais ce que j'ai à faire... votre mariage manquera, et je vous envoie en prison.

SAINT-RÉMY.

Vous êtes irrésistible... Je consens à tout.

GRIPARDIN.

Allons, c'est entendu : vous aurez vos 7,000 francs aujourd'hui même ; venez. (*Politesses réciproques*). Monsieur, veuillez passer.

SAINT-RÉMY.

Monsieur Gripardin, après vous.

GRIPARDIN.

Oh ! Monsieur le Marquis, je ne me le permettrai pas... Votre famille, vos titres... je sais ce que je vous dois. (*A part*) et ce que vous me devez. (*Ils sortent ensemble*).

SCÈNE XV.

GUIGNOL, *qui a paru plusieurs fois au fond pendant la scène précédente et les a écoutés, sort de sa cachette et les suit des yeux.*

Nom d'un rat ! quel patrigot (1) j'apprends-là ! Eh ben ! ils ne risquent rien, les gones ! quelle salade de dents de lion je vais leur servir ! Attends, attends ! (*Il frappe chez Pierre-Jean*). Monsieur Jean-Pierre ! Monsieur Pierre-Jean !

---

(1) *Patrigot* ; affaire embrouillée, intrigue.

SCÈNE XVI.

GUIGNOL, PIERRE-JEAN.

PIERRE-JEAN.

Eh bien, Guignol, que viens-tu m'annoncer ? A-t-on achevé le tirage ?... Et Julien ?...

GUIGNOL.

Oh ! Julien ! il a eu beau graboter dans le pot à l'eau, il n'a tiré que le mimero un. Si y avait eu un zéro, il le gobait.

PIERRE-JEAN.

Pauvre garçon, cela me contrarie.

GUIGNOL.

Mais, dites donc, Monsieur Pierre-Jean ! Il court un bruit dans le village... Mam'zelle Marie va se marier, et avec qui donc ?

PIERRE-JEAN.

Ça ne te regarde pas.

GUIGNOL.

Ça me regarde pas !... On peut bien savoir.

PIERRE-JEAN.

Avec un jeune homme charmant.

GUIGNOL.

Oh ! les gendres sont toujours comme ça avant le contrat. Mais voyons voir si je le connais... Dites-moi son nom.

PIERRE-JEAN.

C'est le Marquis de Saint-Rémy.

GUIGNOL.

M. de Saint-Rémy ?... Tiens, vous donnez donc votre fille à un quéqu'un qui a pas le sou ?

PIERRE-JEAN.

Pas le sou ! son père lui a laissé 400,000 francs.

GUIGNOL.

Oui ; mais il lui a laissé aussi une corniole (1), et il a tout avalé.

PIERRE-JEAN.

Explique-toi : que veux-tu dire ?

GUIGNOL.

Oh ! c'est toute une histoire. Il y a un instant, je venais chez vous, et deux personnes causaient ici, M. de Saint-Rémy et le père Gripardin, ce vieux grippe-sou, vous savez, qui reste là-bas à la barrière de fer et qui fait des louis d'or avec des pièces de cent sous. Ils me voyaient pas et j'ai tout entendu. M. de Saint-Rémy disait qu'il pouvait pas le payer. L'autre menaçait de le faire mettre en prison, à quoi il répondait : N'en faites rien ; j'épouse la fille de Pierre-Jean et je vous paie : son père lui donne 200,000 francs... Si je me marie, vous comprenez ben que ce n'est pas pour cette grande dinde, mais pour ses écus.

PIERRE-JEAN.

Comment, il a appelé ma fille grande dinde ? elle qui a été élevée dans un pensionnat.

GUIGNOL.

Oh ! il a bien dit aussi que vous étiez un filou...

PIERRE-JEAN.

Un filou !

GUIGNOL.

Oui, un filou !... f, i, fi ; l', ou, lou ; filou.

PIERRE-JEAN.

Tout le monde sait comment j'ai gagné ma fortune.

---

(1) *Corniole ;* gosier.

GUIGNOL.

Il disait que vous l'aviez gagnée à la foire d'Empoigne.

PIERRE-JEAN.

Je l'ai gagnée à la sueur de mon front.

GUIGNOL.

C'est ben ce qu'il disait. Il racontait que vous aviez eu bien chaud pour la gagner... Il racontait comme ça qu'un jour, y a longtemps, en revenant de Saint-Laurent-de-Mure, vous aviez trouvé une valise sur la route, que vous l'aviez subtilisée et que vous ne l'aviez ouverte qu'à Monplaisir, où vous êtes arrivé en courant, tout trempe de transpiration... Voilà ce qu'il a dit !

PIERRE-JEAN.

Ce sont des contes que l'on fait ! je n'y fais pas attention.

GUIGNOL, *à part*.

Il se fâche pas ! (*Haut*). Il a dit ben autre chose.

PIERRE-JEAN.

Qu'a-t-il dit ?

GUIGNOL.

Il a dit que vous étiez un vieux melon.

PIERRE-JEAN, *irrité*.

Il a dit que j'étais un melon !

GUIGNOL.

Oui, oui, un melon : et pas rien un cavaillon, mais un melon de Villeurbanne, arrosé de l'eau du lac de Venissieux.

PIERRE-JEAN.

Ah ! il a dit que j'étais un vieux melon !

GUIGNOL.

Il s'est pas gêné, allez. Et il en a encore mis pardessus...

cocombre, cornichon, pas seulement bon à mettre en cantine.

PIERRE-JEAN.

Ah! il m'a traité de concombre! Eh bien, je vais lui parler; je vais lui porter ses chiffons et je lui ferai voir si je suis un melon, un concombre. (*Il sort*).

GUIGNOL.

Oui, allez, parlez lui. (*Seul*). Tout de même que la langue est un bon batillon (1)!... Ne le laissons pas refroidir : je l'ai pas mal commencé, je vas le finir. (*Il sort du même côté*).

SCÈNE XVII.

M. DE SAINT-RÉMY, *seul*.

Enfin, j'ai échappé à mon usurier, et je vais apprendre de M. Pierre-Jean la réponse qui doit me sauver... Il m'a donné une promesse. Quant à sa fille, elle aura été éblouie sans doute par l'éclat de mon nom et de mon rang... Je ne dois pas désespérer... Mais voici M. Pierre-Jean lui-même.

SCÈNE XVIII.

M. DE SAINT-RÉMY, PIERRE-JEAN.

SAINT-RÉMY.

Monsieur Pierre-Jean, je vous salue. Je venais chercher la réponse à laquelle mon cœur est si tendrement intéressé.

PIERRE-JEAN.

Oh! Monsieur, il n'y a rien qui presse. J'adore ma fille, et je ne veux pas qu'une funeste précipitation cause son malheur.

---

(1) *Batillon*; battoir, instrument avec lequel les lavandières frappent le linge.

SAINT-RÉMY.

Ce n'est pas là le langage que vous me teniez ce matin.

PIERRE-JEAN.

Depuis il m'est venu quelques scrupules.

SAINT-RÉMY.

Ma famille est des plus honorables.

PIERRE-JEAN.

Il ne s'agit pas de votre famille; mais de vous, Monsieur. On dit que vous êtes criblé de dettes.

SAINT-RÉMY.

Mensonges, que tout cela!

PIERRE-JEAN.

Je veux bien le croire... On dit notamment que vous venez de signer un billet de 10,000 francs à un certain Monsieur... dont le nom m'échappe.

GUIGNOL, *de la coulisse.*

Gripardin.

SAINT-RÉMY.

C'est faux, complètement faux.

PIERRE-JEAN.

Eh bien, nous allons nous rendre chez lui pour vous justifier tout à fait.

SAINT-RÉMY.

Tant que vous voudrez... Je ne le connais pas.

PIERRE-JEAN.

Suivez-moi donc, Monsieur.

SAINT-RÉMY.

Je suis à vous. (*A part*). Je suis perdu; il va tout apprendre.

c'est le moment de faire bonne contenance... Sauvons-nous. (*Il s'enfuit*).

SCÈNE XIX.
PIERRE-JEAN, GUIGNOL.

PIERRE-JEAN, *riant*.

Ah! ah! ah!... Eh bien, suis-je un melon?

GUIGNOL, *riant aussi*.

Ah! ah! ah! comme il court!... J'espère que vous lui avez parlé catégoriquement. Vous lui avez fait voir qu'une ganache et vous ça fait deux. Mais ce n'est pas tout. Pour bien finir, comme vous avez commencé, il vous reste une chose à faire.

PIERRE-JEAN.

Explique-toi. Que te faut-il encore?

GUIGNOL.

Ce qu'y me faut? Y faut marier votre fille avec quéqu'un qui l'aime, un brave jeune homme.

PIERRE-JEAN.

Avec qui?

GUIGNOL.

Je vas vous le dire.... mais c'est quéqu'un, par exemple, qui a un petit défaut.

PIERRE-JEAN.

Un défaut! il est ivrogne?

GUIGNOL.

Non, il ne boit jamais que de lait.

PIERRE-JEAN.

Est-il joueur?

GUIGNOL.

Il ne joue qu'à la main chaude.

PIERRE-JEAN.

Qu'a-t-il donc ?

GUIGNOL.

Ah ? voilà le défaut !... Il n'a pas le sou.

PIERRE-JEAN.

Et il est assez audacieux pour prétendre à la main de ma fille à qui je donne 200,000 francs, sans quitter prétentions !

GUIGNOL.

Il s'en contente.

PIERRE-JEAN.

Je le crois bien. Mais je ne veux pas d'un homme qui n'a pas le sou. Ça ne fait pas mon compte.

GUIGNOL.

Ça fait le sien. Vous les marierez en communauté.

PIERRE-JEAN.

Et ton protégé s'appelle... comment?

GUIGNOL.

Il ne s'appelle pas Comment.

PIERRE-JEAN.

C'est... qui ?

GUIGNOL.

Ce n'est pas Qui.

PIERRE-JEAN.

Quoi donc ?

GUIGNOL.

Ce n'est ni Qui, ni Quoi, ni Comment.

PIERRE-JEAN.

Dis-moi donc son nom, imbécile. Tu me fais languir avec tes bêtises.

GUIGNOL.

Je vas vous le dire. Vous me coupez toujours. C'est votre fils adoptif... Julien.

PIERRE-JEAN.

Julien! jamais!... moi qui l'ai élevé... Il serait assez ingrat pour prétendre à la main de ma fille!

GUIGNOL, *à part*.

Je vois que c'est le moment de faire marcher les sentiments. (*Haut*). C'est pas étonnant que ce jeune homme pense à votre fille. Ils se connaissent depuis tout petits. Il n'avait que sept mois, quand vous l'avez sauvé de cet incendie où son père et sa mère ont été brûlés... avec un coq. « Pauvre orphelin, que vous avez dit, je l'adopte. » Vous l'avez apporté à votre bonne femme Marianne qui nourrissait alors votre petite... Et vous avez dit : « Femme, voilà un surcroît de travail. » Ils ont été nourris du même lait ; ils ont grandi ensemble... et vous voulez qu'ils s'aiment pas !

PIERRE-JEAN.

C'est vrai! tu réveilles en moi bien des souvenirs... Ma pauvre Marianne Mais tu sais bien que ce que tu proposes est impossible. Julien a tiré un mauvais numéro.

GUIGNOL.

Y a un de ses camarades qui part à sa place.

PIERRE-JEAN.

Ce n'est pas possible. Un remplaçant ?... Qui est-ce qui le paie ?

GUIGNOL.

Personne.

PIERRE-JEAN.

Un remplaçant qui n'est pas payé ?... (*Guignol fait signe que oui*). Je voudrais bien savoir qui c'est.

GUIGNOL.

Devinez voir.

PIERRE-JEAN.

Est-ce Guillaume Chicot ?

GUIGNOL.

Bon ! vous ne savez donc pas qu'il est boiteux ? Il a une jambe de six pouces plus longue que l'autre... Pour lui battre la marche, il lui faudrait un tambour exprès.

PIERRE-JEAN.

Est-ce Jean Patachon ?

GUIGNOL.

Encore ! il est borgne : quand y aurait 20,000 hommes, il n'en verrait que 10,000

PIERRE-JEAN.

Est-ce Claude Mitouflet ?

GUIGNOL.

Vous l'avez donc jamais vu par dernier ? Il a sus le dos un agacin (1) qui pèse bien 18 livres.

PIERRE-JEAN.

Je ne peux pas deviner.

GUIGNOL.

Vous jetez votre langue aux chiens !... Voyons : le plus beau garçon, le plus beau danseur, et le plus bavard du village.

PIERRE-JEAN.

Oh ! le plus bavard, c'est toi. (*Guignol fait un signe d'assentiment*). Mais tu n'y penses pas, Guignol !... tu ne veux pas être militaire.

GUIGNOL.

Si, je veux être sordat. Je reviendrai général, caporal ; ça m'est égal. Je me sens un courage, que 20,000 Cosaques me font pas peur... Et vous donnerez votre fille à Julien ?

---

(1) *Agacin*; cor aux pieds.

PIERRE-JEAN.

Mais ma fille le voudra-t-elle pour mari?

GUIGNOL.

Père Pierre-Jean, je vous dis qu'elle le refusera pas.

PIERRE-JEAN.

Eh bien! nous verrons plus tard.

GUIGNOL.

Oh! plus tard!... Il faut voir tout de suite.. Ces enfants s'aiment... Quand vous vous êtes marié, votre pauvre défunte, qui était une si bonne femme, vous l'aimiez... Si on vous avait dit : Pati, pata... nous verrons plus tard...

PIERRE-JEAN.

Ma bonne Marianne !... Tiens, Guignol, tu es un enjôleur !... Je consens... Viens avec moi; nous causerons de ce mariage.

GUIGNOL, *à part.*

Qu'est-ce que je disais donc que j'allais me faire sordat ?... me voilà notaire à présent. (*Ils sortent*).

SCÈNE XX.

JULIEN, MARIE.

JULIEN, *entrant.*

Allons faire mes adieux à Mademoiselle Marie.

MARIE, *entrant.*

Mon pauvre Julien, il vous faut donc partir?

JULIEN.

Mademoiselle Marie, je pars le cœur brisé. Moi qui voulais demander votre main à Monsieur votre père.

MARIE.

Je le sais.

JULIEN.

Attendez-moi, Mademoiselle... Dans sept ans je reviendrai avec les épaulettes et la croix... peut-être.

MARIE.

Oui, Monsieur Julien : je serai heureuse et fière d'être votre femme. L'attente ne me paraîtra pas longue, en songeant à ce bonheur.

SCÈNE XXI.

LES MÊMES, PIERRE-JEAN, GUIGNOL.

PIERRE-JEAN, *sévèrement.*

Que faites-vous là ?

JULIEN.

Je venais faire mes adieux à Mademoiselle Marie.

MARIE.

Et moi, mon père, je lui promettais d'attendre, qu'il revint capitaine et avec la croix, pour l'épouser.

PIERRE-JEAN.

Qu'est-ce que j'apprends là ?... vous parlez de vous marier ! et sans ma permission !

GUIGNOL.

Ah ! c'est affreux, c'est incroyable !... ces enfants-là ont mérité une punition exemplaire.

PIERRE-JEAN.

Oui, exemplaire... Guignol a raison.

MARIE, *à Guignol.*

Méchant !

GUIGNOL.

Qu'est-ce qu'on pourrait bien leur faire pour les punir!... Ils veulent se marier dans sept ans; à votre place, je les marierais tout de suite.

MARIE.

Mon père!

PIERRE-JEAN.

Je ne me laisse pas attendrir; je suis fort en colère !... Mais Guignol est un homme de bon conseil. Embrassez-moi; je vous marie aujourd'hui.

MARIE ET JULIEN.

Oh! mon père! (*Ils l'embrassent*).

JULIEN.

Hélas! ma chère Marie, il faudra pourtant que je vous quitte... Il faut que j'aille rejoindre le régiment.

GUIGNOL.

Laisse, laisse... Tu ne sais donc pas! Y a quéqu'un qui part à ta place.

JULIEN.

A ma place?

PIERRE-JEAN.

Oui, un bon camarade, un ami... Tiens, embrasse-le aussi; c'est ce brave Guignol.

JULIEN.

Guignol! mais je ne veux pas que tu partes pour moi.

GUIGNOL.

Si si; je veux partir; je veux être sordat mirlitaire ; je veux aller à la bataille... Je me marie pas, moi... Et puis tu sais bien les qualités d'un bon sordat, il t'en manque à toi; moi, je crois que je les ai toutes.

JULIEN.

Mon brave camarade!.. . Eh bien ! j'ai 600 francs d'économies; accepte-les d'abord.

GUIGNOL.

Pas de ça, Julien, pas de ça.

JULIEN.

Tu les accepteras ; sinon, je pars.

GUIGNOL.

Eh bien, garde-les moi pour mon retour.

PIERRE-JEAN.

C'est moi qui me charge de lui. Pour commencer, puisque tu pars pour faire le bonheur de mes enfants, je t'enverrai 50 francs par mois.

GUIGNOL.

Tous les mois... toutes les semaines, si vous voulez!... (*A part*). Si ça continue, j'aurai bientôt autant de pécuniaux qu'un colonel.

PIERRE-JEAN.

Et à ton retour, tu trouveras toujours une place à la maison.

GUIGNOL.

Oh! ça, c'est pas de refus, surtout si je reviens avec un œil de plus et une jambe de moins. (*A Julien*). Ah! dis donc, Julien, j'ai à te demander quelque chose... Permets-moi d'embrasser ta femme.

JULIEN.

Je le veux bien.

MARIE.

Et moi aussi.

GUIGNOL, *à part*.

J'ose pas... Allons, ganache, embrasse-la donc! (*Il l'embrasse*).

MARIE.

Guignol, vous êtes un brave garçon.

GUIGNOL.

Allons, ce qu'elle me dit là, ça me donne de courage pour toute la prochaine campagne.

JULIEN.

Je veux au moins te faire un cadeau que tu ne refuseras pas... je te donne le sac de mon père qui a été sauvé de l'incendie et qui a été aux Pyramides.

GUIGNOL.

Ah! il a vu les Pyramides face à face, le sac du père Julien!

JULIEN.

Il te portera bonheur.

GUIGNOL.

Ces sacs-là, ça doit pas craindre les balles.

JULIEN.

Sans doute, il n'a jamais été tourné du côté de l'ennemi. Viens le chercher: il est chez la mère Simonne, l'ancienne vivandière. (*Ils entrent tous deux dans une maison voisine. — Les autres sortent*).

SCÈNE XXI.
Dans la coulisse.

GUIGNOL, La Mère SIMONNE.

GUIGNOL.

Mère Simonne, je viens chercher le sac de Julien. Je me suis enrôlé à sa place et je pars pour l'armée de la guerre.

MÈRE SIMONNE.

Le sac du père Julien! il est un peu dépillandré... Il faut que je le cherche et que j'y fasse un point... Ah! le voilà... attends moi-z-un moment.

GUIGNOL.

J'attends, j'attends, mère Simonne.

MÈRE SIMONNE.

Ah! ce sac me rappelle bien des souvenirs... poignants. Il me semble, en le rapetassant, que je suis encore dans cette satanée Egypte, où tant de braves sont restés.

GUIGNOL.

Il en est donc bien mort ?

MÈRE SIMONNE.

Des milliers de milliers, mon petit Guignol... Je vois encore le pauvre sergent Mitouflard, avalé par un cocodrille... même que cette vilaine bête me dévora l'orteil du pied gauche, en faisant un trou à mon bas... Il a croqué Mitouflard tout entier, en uniforme, avec son schako et ses bottes... Il en a eu une indigestion, le monstre !... Il a rendu le schako et les bottes ; mais (*elle sanglote*) il n'a pas rendu le pauvre Mitouflard.

GUIGNOL.

Allons, merci, mère Simonne ! au revoir !

SCÈNE XXIII.

GUIGNOL, *seul, le sac sur le dos, un schako, un énorme plumet. Il chante :*

AIR :

Mon pauv' Guignol, te v'là donc mirlitaire !
Le sac sur l' dos, te vas fair' ben du chemin.
Il t' faut quitter Venissieux, la Guillotière,
Le marché d' Vaise, la Croix-Rousse et Serin !
On ne sait pas ce qu'on attrape à la guerre,
Ton vieux Lyon, dis-moi : l' reverras-tu ?
Reviendras-tu du côté de Fourvière ?
Reviendras-tu du côté de St-Just ?

Allons ! allons ! du courage ! Nom d'un rat !

SCÈNE XXIV.

GUIGNOL, UN SERGENT, TROUPE DE CONSCRITS.
Roulement de tambour.

LE SERGENT.

Attention ! à gauche ! alignement !

GUIGNOL.

Dites donc, sergent ; où donc que c'est la gauche ?

LE SERGENT.

La gauche est l'opposé de la droite.

GUIGNOL.

Et où donc que c'est la droite ?

LE SERGENT.

La droite est l'opposé de la gauche. Ceci est un secret du commandement qu'on vous apprendra plus tard. Maintenant, attention ! A l'appel ! (*Il appelle successivement les conscrits qui répondent :* Présent!) Gros-Pierre !... Carabi !... Chausson !... Grataloup !... Guignol !..

GUIGNOL.

Présent ! présent ! présent !

LE SERGENT.

Je ne suis pas sourd. On ne répond qu'une fois.

GUIGNOL.

Vous êtes pas sourd, tant mieux pour vous ; mais moi, y a pas besoin que je soye muet.

LE SERGENT.

On ne raisonne pas sous les armes.

GUIGNOL, *à part.*

Ah ! s'il va être méchant, je lui fais prendre un bain, en passant le pont Morand.

UN CONSCRIT.

Allons, clampin, on ne doit pas répondre au sergent.

GUIGNOL.

Te m'appelles clampin, toi !... ah ! je te cogne le melon ! Te ne connais pas les Lyonnais de la Croix-Rousse.

LE SERGENT.

Allons ! la paix ! (*A part*). Je vois qu.'il faut les amadouer. (*Haut*).

Z'enfants, marchons comme il faut ! En passant à Vaise, je paie dix bouteilles de vin.

GUIGNOL.

S'il paye à boire, c'est un bon.

LE SERGENT.

Attention ! En avant, pas accéléré !

GUIGNOL.

Sergent, si vous vouliez vous contenter du pas ordinaire pour le moment... j'ai couru toute la journée et mes picarlats sont pas bien solides... je pourrai vous rattraper plus tard.

CHŒUR.

AIR.

En avant, dépêchons !
Il faut plier bagage !
Adieu, not' cher village !
P'têtre bien que nous reviendrons !

Le tambour bat la marche. — Ils défilent tous, Guignol le dernier, et font deux fois le tour du théâtre, en chantant avec accompagnement de tambour. — Pierre-Jean, Julien et Marie paraissent dans le fond et leur adressent des gestes d'adieu.

FIN DES CONSCRITS DE 1809 (1).

---

(1) On a joué en 1823 à la Porte-Saint-Martin, et en 1824 aux Variétés, un vaudeville de Merle, Simonnin et Ferdinand, intitulé : le Conscrit, dans lequel, au dire des contemporains, l'acteur Potier faisait verser bien des larmes mêlées de bons rires. La donnée de ce vaudeville est assez semblable à celle des Conscrits de 1809. Mais le titre qu'a toujours porté la pièce, jouée par Mourguet, et plusieurs de ses détails, prouvent qu'elle a été représentée à une date bien antérieure. Elle a, du reste, un cachet populaire qui la rend essentiellement différente de l'œuvre faite pour Paris.

MA PORTE D'ALLÉE

PIÈCE EN UN ACTE

MA PORTE D'ALLÉE

PIÈCE EN UN ACTE

❈

GUIGNOL, cordonnier.
GNAFRON, ami de Guignol.
CHALUMEAU, rentier.

DUPÉTRIN, garçon boulanger.
Mme SERINGUET, belle-mère de Guignol.
MADELON, femme de Guignol.

Une place publique. — A la droite du spectateur et au premier plan la maison qu'habite Guignol.

❈

SCÈNE PREMIÈRE.

GUIGNOL, GNAFRON.

On entend sonner minuit.

GNAFRON.

Allons, Guignol, plus qu'une bouteille! Le cabaret du père Chibroc est fermé, mais nous passerons par l'allée; y a toujours moyen de se faire reconnaître... Des pratiques comme nous... ça a des protections.

GUIGNOL.

Non, il est minuit sonné... j'ai promis, à partir du premier janvier, de rentrer de bonne heure.

GNAFRON.

Panosse, va!... Te ne viens pas? c'est décidé?

GUIGNOL.

Je me suis acheté une Conduite pour mes étrennes.

GNAFRON.

Oui, mais pour l'avoir meilleur marché, te l'as prise d'occasion; y a des feuillets déchirés... En attendant, faut pas qu'on dérange Mossieu.

GUIGNOL.

Non, non... j'allais de gaviole (1) hier en rentrant... je veux monter aujourd'hui mon escayer sans ziguezaguer.

GNAFRON.

Eh bien! adieu! mes compliments à ton épouse. Je trouverai bien quéques amis par là, et si tu me reviens, ingrat, compte sur ton pardon... Adieu, modèle des époux!

GUIGNOL.

Adieu, vénérable pochard!

GNAFRON.

Adieu, vertueux gilet de flanelle! (*Il sort*).

SCÈNE II.

GUIGNOL, *seul. Il va vers la porte.*

Allons! bon! me voilà frais! Qué polisson de guignon!... j'ai oublié ma loquetière (2)... je vas encore une fois, comme ils

---

(1) *De gaviole*; de travers.
(2) *Loquetière*; clé d'allée.

disent, perturber la tranquillité publoque. Voilà comment on se fait des mauvaises réputations qu'on mérite pas. Allons, faut réveiller Madelon. (*Il frappe six coups à la porte*). Ben sûr qu'elle va pas m'entendre... c'est son premier sommeil. C'est embêtant tout de même de demeurer au sixième au-dessus de l'entresol, dans une maison qui a pas de concierge. Je lui ai dit aussi au propriétaire : Je te dois deux termes; te ne verras la couleur de mes pécuniaux que quand te mettras un portier dans ton immeuble... Personne ne buge! repiquons! (*Il frappe plus fort*). C'te fois Madelon soupçonnera p't-être que c'est moi qui tape; ça fait déjà douze coups... J'aurais mieux aimé en boire six avec Gnafron. Je m'en vais le rejoindre, si quéque voisin me jette pas une loquetière par sa croisée... Rien! ni Madelon, ni voisin, ni voisine!... ils ont donc tous la tête sous le traversin!... J'aurai peut-être pas appuyé le marteau assez fort. (*Il frappe plus fort*). Tiens! j'entends une fenêtre qui s'ouvre, je vas enfin pouvoir rentrer sous le toit conjugal! (*On voit tomber le contenu d'un pot de chambre*). Ah! canaille!... ah! sampille!... c'est comme ça que te m'arranges!... tu inondes le monde! T'es ben heureux que je n'aye pas vu d'où ça sortait, grand filou!... je te descendrais tes vitres! Encore que ça sent pas la rose! brrrou!... que ça infeste!... Va-nus-pieds! propre à rien!... je t'en paierai des rafraîchissements de cette sampote (1)!.. Rouvre donc ta lucarne, que je la retrouve demain matin, grand lâche!... Ah! te n'aimes pas le bruit!... Ah! te veux qu'on te laisse dormir!... Je vas t'en faire du vacarme, gredin!... Te peux rejeter encore quéque chose!... (*Il frappe à coups redoublés*). Te veux des songes... te veux des rêves dorés, n'est-ce-pas?... Déclare-le, affreux gandou (2)! (*Il frappe encore*).

---

(1) *Sampote*; ancienne mesure des liquides dans le Lyonnais; pièce de vin de cent pots.
(2) *Gandou*; vidangeur.

SCÈNE III.

CHALUMEAU, GUIGNOL.

CHALUMEAU, *dans la coulisse.*

Merci! merci! merci! (*Entrant*). Jeune homme, je vous remercie bien.

GUIGNOL.

De quoi?

CHALUMEAU.

Je suis réveillé.

GUIGNOL.

Qué que ça me fait?

CHALUMEAU.

Je viens pour vous éviter la peine de continuer.

GUIGNOL.

De continuer quoi?

CHALUMEAU.

Mais de frapper donc; je vous ai entendu tout de suite.

GUIGNOL.

Qu'est-ce qu'il chante, çui-là?... qui êtes-vous?

CHALUMEAU.

Eh parbleu! je suis Chalumeau; vous devez bien le savoir.

GUIGNOL.

Je suis pas sorcier. D'où sortez-vous donc?

CHALUMEAU.

De là en face... Je vous suis bien obligé.

GUIGNOL.

Et de quoi?

CHALUMEAU.

D'avoir frappé.

GUIGNOL.

Où ça?

CHALUMEAU.

Mais, parbleu! à la porte.

GUIGNOL, *à part.*

Est-ce que ça serait lui qui m'a si bien fleuri?

CHALUMEAU.

J'avais tant peur de ne pas entendre là bas, sur mon derrière...

GUIGNOL, *à part.*

Son derrière!...

CHALUMEAU.

Parce que mes croisées donnent sur la cour.

GUIGNOL, *à part.*

Ah!... alors ce n'est pas mon fleuriste.

CHALUMEAU.

J'avais tant peur de manquer le bateau de six heures.

GUIGNOL.

Quelle heure croyez-vous donc qu'il est?

CHALUMEAU.

Mais approchant de cinq heures.

GUIGNOL.

Il n'est qu'une heure, pauvre vieux.

CHALUMEAU.

C'est bien un peu tôt.

GUIGNOL.

Mais que me veut-il? que me veut-il?

CHALUMEAU.

J'ai voulu dire un peu matin. Est-ce que vous avez déjà mis en levain?

GUIGNOL, *s'emportant.*

Qué que vous dites? c'est vous qui êtes dans le vin!

CHALUMEAU.

Je ne vous parle pas de vin; je vous parle de levain.

GUIGNOL.

Ah! ça, papa Chalumeau, avez-vous bientôt fini ces bêtises?

CHALUMEAU.

Vous n'êtes donc pas le garçon boulanger qui devait m'appeler en se levant?...

GUIGNOL.

Boulanger!... Regarde donc c'te touche, si ça ressemble à un mitron.

CHALUMEAU.

Je n'ai pas voulu vous offenser.

GUIGNOL.

Tenez, papa Chalumeau, vous avez l'air d'un bon enfant, et je vas vous donner un conseil. Si vous vous mettez en route, prenez un parepluie.

CHALUMEAU.

Est-ce qu'il pleuvra?

GUIGNOL.

Il a déjà plu... et une pluie grasse.. Tenez. sentez plutôt. (*Il s'approche*).

CHALUMEAU.

Ah! pouah!... (*Il éternue*). Atchi! atchi!...

GUIGNOL.

A vos souhaits!... Comment trouvez-vous le bullion?

CHALUMEAU.

Sapristi, quel tabac!:... Voulez-vous une éponge?

GUIGNOL.

Je préfère une trique!...

CHALUMEAU.

Pour vous nettoyer?

GUIGNOL.

Non, pour nettoyer quéqu'un... le premier qui me tombe sous la main.

CHALUMEAU.

Diable! qu'est-ce qui vous prend?

GUIGNOL.

Ça ne me prend pas... ça me reprend. C'est pourtant ma femme qui est cause que me voilà dans ce bel état.

CHALUMEAU.

Comment, c'est elle qui... *(Il éternue)*. Atchi! atchi!

GUIGNOL.

Pas directement; c'est un de par là-haut, du troisième ou du quatrième... Mais si ma femme m'avait ouvert plus tôt, vous ne seriez pas réveillé par le sicotti (1) que j'ai fait en chapotant ma porte, et je n'aurais pas sur moi ce bouquet de violettes qui vous fait tant éternuer.

CHALUMEAU.

C'est aussi l'air frais du matin.. Mais j'y songe; voulez-vous un peu vous abriter chez moi, pendant que je vais préparer ma valise?

GUIGNOL.

Merci de votre honnêteté! je donne trop d'odeur... *(A part)*. Ah! gredin! saligot! si je te tenais.

---

(1) *Siccotti*; tapage, vacarme.

CHALUMEAU.

Ça n'y fait rien, je suis enchanté d'avoir fait votre connaissance.

GUIGNOL.

Et moi aussi, papa Chalumeau... Si nous nous embrassions, avant de nous quitter ?

CHALUMEAU.

Non... pas pour aujourd'hui. Donnez-moi votre nom et votre adresse... à mon retour nous nous reverrons.

GUIGNOL.

Mon nom, Guignol; mon état, cordonnier en vieux; et tant qu'à mon adresse, voilà ma porte.

CHALUMEAU.

Et l'étage ?...

GUIGNOL.

Si on retourne jamais la maison sens dessus dessous, je me trouverai à la cave.

CHALUMEAU.

Ah ! farceur ! je comprends... Allons, adieu, Monsieur Guignol ; j'ai une peur de tous les diables de me rendormir.

GUIGNOL.

Oh ! si c'est ça qui vous inquiète, rentrez sans crainte... je vas recommencer mes chapotements. (*Avec colère*). J'en ai bien le droit, je paie mon loyer... ou à peu près... je suis marié légitimement... N'y a pas à dire, faut qu'on m'ouvre !...

CHALUMEAU.

Vous avez raison... Bonjour, au revoir ! (*En s'en allant*). Peut-on empester de la sorte !.

GUIGNOL.

Prenez garde à pas degringoler par vos édegrés, papa Chalumeau.

SCÈNE IV.

GUIGNOL, seul.

Oui, mettez-vous à la soûte, c'est prudent. Pour moi, ça m'est égal... un peu plus, un peu moins... Si on rejette, je baisserai la tête. En attendant, je vas recommencer mon charivari, jusqu'à ce que le poste en prenne les armes. Ils peuvent tous me pleuvoir dessus, à présent. (*Il frappe*). Toujours point de feu chez moi !

SCÈNE V.

GUIGNOL, DUPÉTRIN.

DUPÉTRIN, *entrant*.

Où dites-vous que le feu est ?

GUIGNOL.

Ça vous regarde pas. Etes-vous pompier ?

DUPÉTRIN.

Non ; mais c'est égal, je...

GUIGNOL.

Eh bien ! laissez-moi tranquille.

DUPÉTRIN.

Mais le bruit que vous faites me regarde ; vous me faites concurrence.

GUIGNOL.

Ah ! bah ! Est-ce que votre femme vous laisse aussi à la porte ?

DUPÉTRIN.

Il ne s'agit pas de femme, mais d'une pratique au patron que je viens réveiller. Je vais vous conter ça. (*Il s'approche et flaire*). Ah !

mais ne restons pas là. (*Il l'emmène à l'autre bout du théâtre*). Je viens réveiller un bourgeois.

GUIGNOL.

En frappant à son allée ?

DUPÉTRIN.

Juste... (*A part*). Mais c'est encore plus fort de ce côté-ci. (*Haut*). Venez donc par là... C'est un bourgeois qui veut se lever matin.

GUIGNOL.

Pour prendre le bateau de six heures ?

DUPÉTRIN.

Précisément. (*A part*). Sapristi ! mais ça sent de tous les côtés (1).

GUIGNOL.

Est-ce que vous avez envie de danser que vous bougez toujours ?

DUPÉTRIN.

Non, mais il y a là une odeur...

GUIGNOL.

Faites pas attention, je vous dirai ce que c'est... En tout cas, ne vous tourmentez plus de votre bourgeois ; j'ai fait votre ouvrage.

DUPÉTRIN.

Vous êtes sûr qu'il est réveillé ?

GUIGNOL.

J'y ai pris peine.

DUPÉTRIN.

Est-ce que vous seriez aussi garçon boulanger ?

---

(1) Il y a ici un souvenir et peut-être une imitation d'une pièce de Dorvigny, qui eut au siècle dernier un grand succès populaire, *Janot ou les battus paient l'amende*.

GUIGNOL.

Boulanger!... Si te disais garçon parfumeur, à la bonne heure; tiens, sens plutôt.

DUPÉTRIN, *éternuant.*

Atchi! atchi!... Ah! voilà donc ce que je sentais! Dites donc, parfumeur; il paraît que vous ne travaillez pas sur le jasmin?

GUIGNOL.

Si j'avais eu un parepluie, ça me serait pas arrivé; mais le parepluie aurait changé de couleur.

DUPÉTRIN.

Eh bien! si vous êtes marié, vous allez joliment embaumer votre ménage.

GUIGNOL, *avec rage.*

Oui, oui, je suis marié!...

DUPÉTRIN.

Alors je comprends que votre femme préfère vous laisser en plein air.

GUIGNOL.

Mais aussi, demain matin, je casse tout chez nous.

DUPÉTRIN.

Ça vous avancera bien; c'est vous qui payerez... Allons, bonjour! je rentre chez le patron; nous faisons encore des gâteaux aujourd'hui.

GUIGNOL.

Si tu veux de la vanille... faut pas te gêner.

DUPÉTRIN.

Merci!... ça donnerait trop de goût à nos gâteaux des rois.

GUIGNOL.

Des gâteaux des rois!...(*A part*). Ah! brigand!.. ah! canaille!.. ah! gredin!... ah! vaurien de Guignol!...

DUPÉTRIN.

Qué qui vous prend donc?

GUIGNOL.

Des gâteaux des rois!... Et moi qu'avais promis à ma femme d'aller la rejoindre aux Pierres-Plantées, chez ma belle-mère, pour tirer un pognon (1) en famille! C'est ce gueux de Gnafron que m'a fait oublier la consigne; ils vont me croire perdu, ils vont aller me faire crier.

DU PÉTRIN.

Bath!.., ça n'en vaut pas la peine...

GUIGNOL, *le menaçant*.

Te m'insultes, polisson!

DUPÉTRIN.

Doucement!... vous n'avez pas compris; je dis que c'est pas la peine de vous faire crier, puisque vous êtes tout trouvé.

GUIGNOL.

A la bonne heure, mitron Mais il me semble qu'y vient qué-qu'un de ce côté?

DUPÉTRIN.

Oui, oui, voilà deux femmes.

GUIGNOL.

Ma belle-mère et Madelon, sûr... Elles galopent à ma recherche.

DUPÉTRIN.

Y va y avoir des explications...

GUIGNOL.

Ah! y faut pas qu'on me cherche querelle... La main me démange.

---

(1) *Pognon, pogne*; sorte de gâteau en usage dans nos campagnes

DUPÉTRIN.

Adieu, voisin! (*A part*). Y aura des tapes... Je vais voir si le papa Chalumeau n'est pas rendormi et je reviens tout de suite... Ça sera drôle.

SCÈNE VI.

GUIGNOL, puis MADELON et Mme SERINGUET.

MADELON, *dans la coulisse, pleurant.*

Hi! hi! hi! hi! hi! hi!...

Mme SERINGUET, *dans la coulisse.*

T'as ben de la bonté, ma fille, de pleurer pour ce gueux-là; ben sûr qu'il n'en ferait pas tant pour toi, le sac à vin!

GUIGNOL.

C'est la voix de Mme Seringuet, ma douce belle-mère!... Elle parle jamais de moi qu'avec avantage. Comment vais-je me tirer de là ?... Faut que je leur conte quéque chose. (*Il se place à l'un des angles de la scène*).

Mme SERINGUET, *entrant.*

Je t'ai assez prévenue.., c'est pas faute d'avis, c'est bien contre mon gré... T'as voulu épouser ce vaurien, tant pire pour toi.

MADELON.

Mais où est-il donc, ce monstre ?.. Il lui sera arrivé quelque chose, bien sûr.

GUIGNOL, *s'avançant.*

Rien du tout, à moi, Madelon.

MADELON ET Mme SERINGUET, *ensemble*

Ah! te voilà, canaille! ivrogne! chenapan! gredin! pillandre!

MADELON, *très vite.*

C'est comme ça que t'es venu tirer un pognon en famille.. aux Pierres-Plantées, comme te l'avais promis... monstre!

Mme SERINGUET.

Il a bien préféré s'ivrogner à son aise avec cette sampille de Gnafron.

GUIGNOL.

Si vous me laissez pas parler, vous saurez rien du tout.

MADELON.

Parle donc, scélérat, et dépêche-toi.

Mme SERINGUET.

Oui, parle; abominable homme!

GUIGNOL, *très vite.*

Voici la chose : c'est ma pauvre petite filleule, la fille de l'oncle à mon grand-père... elle avait les yeux rouges, on a cru qu'il était entré quéque chose dans ses souliers ; on lui a fait boire du vulnéraire, ça s'est trouvé de l'eau de javelle... Voilà qu'on vient me chercher comme je partais pour te rejoindre. Le ventre du grand-père commençait à enfler... on fait venir le médecin... il lui pose un vésicatoire... Mais la Saône montait toujours; elle charriait des glaces... on battait la retraite... le vésicatoire n'a pas pris... Les voisins se sont amassés dans la rue... y en avait plus de trois mille... le commissaire est venu... il en a emmené sept à la cave... il m'a fallu faire ma déposition... et ça ma retardé jusqu'à présent.

Mme SERINGUET.

As-tu compris quéque chose, Madelon?

MADELON.

Oh! le brigand!... c'est une colle qu'il nous conte pour nous cajoler ; mais ça se passera pas ainsi.

SCÈNE VII.

Les Mêmes, DUPÉTRIN et CHALUMEAU
dans le fond.

Mme SERINGUET.

Non, ça ne se passera pas comme ça; c'est une horreur, une abomination; une conduite de cour d'assises. (*Elle menace Guignol.*)

GUIGNOL.

Si vous approchez, je griffe !...

CHALUMEAU ET DUPÉTRIN, *les excitant à se battre.*

Csit! csit!...

MADELON, *s'avançant vers Guignol.*

Ah! ciel! quelle odeur!... Mais d'où sors-tu, vilain malpropre?... Pouah! pouah!...

Mme SERINGUET.

Pouah! pouah!

GUIGNOL.

Oui, parlons-en... c'est en vous attendant qu'on m'a arrangé comme ça... C'est mon gâteau des rois... j'ai eu la fève.

MADELON.

C'est bien fait, vaurien.

Mme SERINGUET.

Il n'a que ce qu'il mérite.

GUIGNOL.

Ah! la moutarde me monte au nez.

Mme SERINGUET.

Elle est forte ta moutarde! elle est à l'estragon.

GUIGNOL.

Belle-maman, le temps est à l'orage... il a déjà plu... Il va pleuvoir autre chose !

MADELON.

Fais donc pas tant ton crâne.

GUIGNOL.

Madelon, t'as la loquetière, amène la vite.

MADELON.

Non !

Mme SERINGUET.

La donne pas, ma fille.

GUIGNOL.

La loquetière, ou je cogne !...

MADELON.

La voilà, garnement ! (*Elle la lui donne*).

Mme SERINGUET.

T'es ben trop bête, ma fille.

GUIGNOL, *qui est allé ouvrir la porte, revient vers Mme Seringuet et la pousse dans l'allée.*

Vous, belle-maman, filez devant.

Mme SERINGUET, *criant et disparaissant.*

Oh ! le scélérat ! le brigand ! A la garde ! à la garde !

GUIGNOL, *revenant vers Madelon.*

A ton tour, à présent ! (*Il veut la pousser, elle résiste*).

MADELON.

Non, je rentrerai pas comme ça... tiens ! (*Elle le prend aux cheveux. Ils se battent*). *Dupétrin et Chalumeau s'avancent.*

CHALUMEAU.

C'est indigne! battre ainsi sa femme... troubler tout le quartier... et encore répandre une pareille odeur!... C'est immoral!.. Vous allez venir au corps de garde...

DUPÉTRIN.

Oui, oui ;... au corps-de-garde !

GUIGNOL, *les frappant avec un bâton.*

De quoi vous mêlez-vous ? *(A Chalumeau)*. Toi, va prendre le bateau de six heures.

CHALUMEAU, *se sauvant.*

A l'assassin !...

GUIGNOL, *à Dupétrin.*

Toi, va faire tes gâteaux... Mets y cette prune.

DUPÉTRIN, *se sauvant.*

Au voleur !....

MADELON, *s'enfuit aussi en criant.*

A la garde ! à la garde !

SCÈNE VIII.

GUIGNOL, *seul.*

Eh bien! soyez donc gentil!... rentrez bien tranquillement chez vous avec des bonnes intentions!... Arrosé d'eau de senteur... et par-dessus traité de voleur, d'assassin!... Tout le quartier à mes trousses... Ça me serait pas arrivé, si j'avais continué à boire avec Gnafron... Ah! la vertu n'est pas récompensée... Allons, rentrons chez moi... pourvu que j'aie pas perdu la loquetière dans la bagarre.

SCÈNE IX.

GUIGNOL, GNAFRON, plusieurs amis, CHALUMEAU et DUPÉTRIN. *Ils sont tous armés de bâtons.*

GNAFRON, *entrant précipitamment.*

Où est-il ?... où est-il ?

GUIGNOL.

Tiens !... c'est Gnafron et les amis.

GNAFRON, *cherchant.*

Où est-il ?

GUIGNOL.

Qui donc ?

GNAFRON.

L'assassin ? le voleur ?

GUIGNOL.

Lequel ?

GNAFRON, *reconnaissant Guignol.*

Tiens ! c'est toi, mon vieux !... Pas encore couché !..

GUIGNOL.

Est-ce que vous faites patrouille ?

GNAFRON.

Voilà la chose... nous étions chez Chibroc, quand nous avons entendu crier : Au voleur ! à l'assassin ! Nous avons pris les armes et nous voilà.

GUIGNOL.

Ça n'est rien du tout... y a point d'assassin, je t'explicasserai ça ; mais, vois-tu, y m'est arrivé toutes sortes d'aventures c'te nuit... Pour le moment j'ai soif... Retournons chez Chibroc... je te conterai tout.

GNAFRON.

T'es toujours mon ami, Guignol... Embrasse-moi !

GUIGNOL, *se jetant dans ses bras.*

Oui, oui; je suis un vrai t'ami.

GNAFRON, *éternuant.*

Atchi! atchi!... Saperlotte, est-ce que te t'es enrôlé dans les porteurs de bennes (1) de nuit? Quel bouquet!...

GUIGNOL.

Est-ce que te crains cette odeur?

GNAFRON.

Bah! je suis pas bien difficile... T'as pris médecine?

GUIGNOL.

C'est un pot de basilic que m'a dégringolé sur la tête.

GNAFRON.

T'as toujours de la chance, toi. Credié, que t'es musqué!... Au premier abord, c'est un peu fort... mais on s'habitue vite...

GUIGNOL.

Le père Chibroc va nous sentir venir de loin... ça lui fera plaisir.

GNAFRON.

Ah! dis donc... t'as d'argent, Guignol?... parce que Chibroc est un malhonnête... il nous a mis à la porte, sous prétexte que nous avions pas le sou. (*On entend sonner six heures*).

CHALUMEAU.

Sapristi! il est six heures... j'ai manqué le bateau à vapeur.

GNAFRON.

Vous êtes donc là, papa Chalumeau. Voilà une lettre pour vous...

---

(1) *Benne*, grand vase de bois, employé à divers usages et notamment dans l'industrie nocturne qui fournit si souvent la matière des plaisanteries de Guignol.

c'est votre concierge qui buvait avec nous qui me l'a donnée... Y a deux jours qu'il l'a... mais comme il ne décesse pas de se boissonner... il l'avait oubliée... Il nous a chargé de vous la remettre... parce que le pauvre homme, voyez-vous, nous l'avons laissé sous la table chez Chibroc.

CHALUMEAU.

Donnez donc vite, père Gnafron. (*Il ouvre et lit*). Ah! quel bonheur! je ne pars plus! J'hérite de deux cent mille francs... je ne me sens pas de joie... Mes amis, je paie à boire à tout le monde... je paie à déjeuner... Bombance toute la journée... Suivez-moi! suivez-moi!...

TOUS.

Suivons-le!... suivons-le.

SCÈNE X.

LES MÊMES, MADELON.

MADELON.

Ah! te voilà, brigand!... Te n'es donc pas arrêté! Te n'es donc pas encore aux galères?

GUIGNOL.

Doucement, Madelon, j'ai pas tort... Je te conterai tout.

MADELON.

Je t'écoute plus... Y a trop longtemps que j'endure.

CHALUMEAU.

Madame Guignol, apaisez-vous... Je suis témoin que la conduite de votre mari a été cette nuit exemplaire... Je viens de l'inviter à déjeuner. Faites-moi le plaisir d'accepter aussi mon invitation.

MADELON.

A déjeuner!... Certainement, Mossieu... Vous êtes trop honnête!... J'accepte...

TOUS.

Bravo! bravo! à table!

Mme SERINGUET, *à la fenêtre.*

Eh bien! et moi! est-ce qu'on va me laisser là toute la semaine?

GUIGNOL.

Belle-maman... vous faites pas de mauvais sang... Nous allons déjeuner... Ayez soin du mioche... Nous rentrerons de bonne heure...

Mme SERINGUET, *de même.*

Madelon, tu vas avec ces vauriens!

MADELON.

La femme est obligée de suivre son mari, partout ousqu'il la mène... c'est dans le code...

Mme SERINGUET.

Mais, emmenez-moi au moins.

GUIGNOL.

Je peux pas vous ouvrir; j'ai perdu la loquetière.

Mme SERINGUET.

Mais c'est un scandale, une horreur!

TOUS.

Adieu, Madame Seringuet.

GUIGNOL.

Belle-maman, nous vous apporterons du dessert. (*Ils chantent tous*) :

> Flon, flon, flon;
> Vidons nos bouteilles.
> Flon, flon, flon;
> Vidons nos flacons.

GUIGNOL, *au public.*

AIR :

J' crois que j' ferai bien de changer de toilette ;
De m' savonner j' sens aussi le besoin ;
Et les parfums d'un' suav' cassolette
Ne seraient pas d' trop sur mon pourpoint.
Mais j' veux vous l' dire, Messieurs, en confidence,
Le succès s' rait mon meilleur dégraisseur.
Le succès seul a, dit-on, la puissance
De tout remettre en bonne odeur.

FIN DE MA PORTE D'ALLÉE (1).

---

(1) Un peu plus récente que la plupart des pièces de ce volume, *Ma Porte d'allée*, suivant la tradition du théâtre de Guignol, daterait des dernières années de la Restauration et serait l'œuvre de la collaboration d'artistes et de fonctionnaires de cette époque.

LES SOUTERRAINS

DU VIEUX CHATEAU

PIÈCE EN TROIS ACTES

LES SOUTERRAINS
DU VIEUX CHATEAU
PIÈCE EN TROIS ACTES

Le Comte de BEAUFORT.	BRAS DE FER,) faux monnayeurs.
ESTELLE, sa fille.	SACRIPANT,)
Victor de SIRVAL.	GUERPILLON,) paysans.
GUIGNOL, domestique de Victor.	BENEYTON,)
Le Chevalier de FOLLEMBUCHE.	Un Crieur public, dans la coulisse.
Le Baron de BLUMENSTEIN.	Paysans.

ACTE PREMIER.

Une place de village. — Sur l'un des côtés, l'entrée d'un château.

SCÈNE PREMIÈRE.

Au lever du rideau, on entend un roulement de tambour, puis la voix d'un crieur public.

On vous fait à savoir que haut et puissant seigneur Monseigneur le Comte de Beaufort, Rochefort, Montfort, Longepierre,

Combenoire et autres lieux, assure une somme de cent mille livres et la main de sa fille, Mademoiselle Estelle-Alexandrine-Hermengarde-Léopoldine-Raphaële de Beaufort, au brave qui consentira à passer une nuit entière dans les souterrains du vieux château, et qui fera à Monseigneur le récit fidèle de ce qu'il y aura observé... Allons, il ne s'agit pas ici d'avoir du bec, mais du cœur et du poignet. Allez-y donc! Tout est bon! *(Roulement de tambour dont le bruit va en s'éloignant).*

SCÈNE II.

LE COMTE, ESTELLE.

ESTELLE.

Mon père, avez-vous bien assez réfléchi à ce que je viens d'entendre?... Vous, si bon, si prudent!...

LE COMTE.

Je veux absolument, ma chère Estelle, éclaircir le mystère de ces souterrains. Depuis que mon bisaïeul a abandonné le vieux château pour venir habiter celui-ci, une vague terreur s'est répandue dans le pays... Il n'est sorte de contes qu'on ne débite... Il faut que cela finisse.

ESTELLE.

Vous allez, par l'appât des récompenses, conduire de braves gens dans ces souterrains, d'où il ne reviendront pas.

LE COMTE.

Il ne s'y passe rien de merveilleux, je te l'assure. La peur a fait toute leur renommée, et il suffira du courage d'un seul pour rendre la sécurité à toute la contrée.

ESTELLE.

Mon père, souvenez-vous de Pierre et de François.

LE COMTE.

Pierre et François étaient deux mauvais sujets qui avaient de bonnes raisons pour quitter ce pays et qui ont été bien aises de laisser croire qu'ils avaient trouvé la mort dans ces souterrains.

ESTELLE.

Mais vos promesses... la main de votre fille!

LE COMTE.

Oui, voilà ce qui t'inquiète et avec justice... Mais sois sans crainte, mon enfant; je ne te contraindrai jamais. J'ai promis ta main, afin de montrer quel prix j'attache à cette découverte... mais si celui qui réussira n'était pas digne de toi, je lui donnerais assez d'or pour qu'il renonçât à t'épouser contre ton gré.

ESTELLE.

Vous me rassurez, mon bon père... Mais je souhaite fort que personne ne s'expose à d'aussi redoutables dangers.

LE COMTE.

J'ai l'espoir, au contraire, que les prétendants seront nombreux... C'est un service que je veux rendre aux habitants de mes domaines... Viens, mon enfant; rentrons... et ne crains rien. (*Ils sortent*).

SCÈNE III.

LE CHEVALIER DE FOLLEMBUCHE, *seul.* — *Il bredouille.*

La fortune me sourit encore une fois... La traîtresse a bien souvent déjà fait briller à mes yeux ses illusions... et je n'ai réussi qu'à me ruiner... Ah! je suis à sec; je suis tout à fait à sec... Mais la publication que je viens d'entendre m'a rendu toute mon ardeur et mes espérances... Je ne tiens pas à la main de la belle Estelle... c'est aux cent mille livres que je tiens... Une nuit dans un souterrain est bientôt passée, et je raconterai au Comte tout ce qui me viendra à l'esprit... Avec ses cent mille livres, je jouerai encore une fois et je gagnerai mon million... Allons! Gaston de Follambuche! ton étoile brille aujourd'hui!... (*Il sonne au château*). Voici le Comte. (*Il salue*). Monsieur le Comte!

SCÈNE VI.

LE CHEVALIER, LE COMTE.

LE COMTE, *saluant*.

Monsieur de Follembuche !

LE CHEVALIER.

Monsieur le Comte, j'ai entendu la publication que vous avez fait faire ce matin. Je veux tenter l'aventure, et je viens vous demander de me donner les moyens de pénétrer dans le vieux château.

LE COMTE, *hésitant*.

Chevalier, je dois avant tout vous prévenir qu'il court de fort mauvais bruits sur ces souterrains.

LE CHEVALIER.

Je crois deviner, Monsieur le Comte, ce qui vous inquiète le plus. J'ai assez mauvaise renommée dans le pays, et vous craignez que je réussisse. Rassurez-vous, ce n'est pas à la main de Mademoiselle Estelle que j'aspire, je n'en veux qu'aux cent mille livres.

LE COMTE.

Nonobstant... réfléchissez avant de vous jeter dans cette entreprise.

LE CHEVALIER.

Oh ! je n'ai guère l'habitude de réfléchir... mais je suis persuadé que les bruits qui courent ne reposent sur rien de sérieux. L'imagination de nos paysans en a fait tous les frais.

LE COMTE.

Puisqu'il en est ainsi, Chevalier, veuillez m'attendre ici ; je reviens à l'instant. (*Il sort*).

LE CHEVALIER, *seul*.

Tout marche au gré de mes désirs.

LE COMTE, *revenant, et lui donnant un billet.*

Ce mot au concierge du vieux château. Il vous recevra et vous montrera l'entrée des souterrains. Bonne chance, Chevalier, et au revoir !... (*Il sort*).

LE CHEVALIER

Merci, Monsieur le Comte ! à demain ! (*seul*). Bravo, Gaston ! du courage ! vole à l'assaut de la fortune. (*Il sort*).

SCÈNE V.

LE BARON DE BLUMENSTEIN, *seul.* — *Vieux, accent allemand.*

Quel ponheur inesbéré ! mon gœur prûle dipuis plus de teux ans pour la fille du Comte de Beaufort, et che n'osais bas temanter sa main... Auchourt'hui je beux la gonguérir bar in acte de faleur... Estelle ! atorable Estelle ! Ti tevientras mon femme. Qu'est-ce qu'ine nuit bassée tans ces souterrains pour in bareil ponheur ? Che ne grois pas un mot de tout ce qu'on raborte. T'ailleurs, che suis couracheux ; che tois l'être ; ch'ai eu in oncle qui a été Feld-Maréchal. Che suis engore cheune... cinquante-neuf ans ; choli garçon, ch'ai in fortine assez ronde. Quand che serai gouronné par la fictoire, che ne buis manquer de blaire à la pelle Estelle. Allons ! heureux Friedrich de Blümenstein, brésente-toi. (*Il sonne*). Le Comte ! (*Il salue*). Monsir le Comte !

SCÈNE VI.

LE BARON, LE COMTE.

LE COMTE, *saluant.*

Ah !... Monsieur le baron de Blümenstein, que puis-je pour vous servir ?

LE BARON.

Mon gourache s'est enflammé ce matin, en ententant la buplication qui s'est faite bar fos ortres. Che veux basser la nuit tant les souterrains du fieux château.

LE COMTE.

Avez-vous bien réfléchi à cela, Baron ? Si l'on en croit les bruits qui circulent, il y a de grands dangers à courir. D'autre part, ces souterrains sont fort malsains... et à votre âge...

LE BARON.

Mais, Monsir le Comte, che suis cheune engore ; che suis prave ; ch'ai eu in oncle Feld-Maréchal et che n'ai bas d'infirmités (*Il tousse*). Quant aux pruits que la beur a brobagés, le mieux est de s'en assirer bar soi-même. Ce ne sont pas les cent mille lifres qui m'attirent. Che suis ébertiment amoureux de fotre atorable fille, et c'est elle que che feux gonguérir par ma prafoure.

LE COMTE.

Vous m'honorez beaucoup, Monsieur le Baron. Je n'ai plus aucune objection ; j'ai promis. Je suis à vous dans un instant. (*Il entre au château*).

LE BARON, *seul*.

La charmante Estelle sera paronne de Blümenstein.

LE COMTE, *revenant*

Ce billet au concierge du vieux château, et toutes les entrées vous seront montrées. Au revoir, Baron ! (*Il salue et rentre au château*).

LE BARON.

A temain, Monsir le Comte. (*Seul*). Friedrich, brends ton gœur de lion, et fas mériter celle que ti atores (*Il sort*).

SCÈNE VII.

VICTOR DE SIRVAL, GUIGNOL.

VICTOR.

Eh bien, Guignol, te plaira-t-il d'avancer ? Quelle patience j'ai avec toi !... Arriveras-tu enfin ?

GUIGNOL, *entrant après son maître*.

Oh ! je viens bien... Je peux pas aller plus doucement.

VICTOR.

Je m'en aperçois... Viens, car ma patience est à bout.

GUIGNOL.

Merci! si vous croyez qu'on va se presser pour marcher à la définition de ses jours!

VICTOR.

Poltron! De quoi as-tu peur?

GUIGNOL.

Moi, borgeois! j'ai peur que du danger. Je crains rien autre chose(1)... Voyons, petit maître, écoutez votre pauvre Guignol; y allez pas.

VICTOR.

Monsieur Guignol, faites-moi grâce de vos observations. Suivez-moi, ou restez, comme vous l'entendrez... mais taisez-vous

GUIGNOL.

Je dis plus rien... mais laissez-moi parler un petit peu. Quelle idée avez-vous donc de vouloir aller coucher dans ces souterrains qu'on dit tout pleins de bringands, de fantômes et de bêtes sauvages, qui croquent les particuliers, comme des petites saucisses? Faut ben avoir perdu la cocarde, pour avoir des idées comme ça.

VICTOR.

Tu crois à toutes les sottises que tu entends débiter.

GUIGNOL.

N'y allons pas! Je suis sûr qu'il nous arrivera quéque malheur. J'ai fait un mauvais rêve cette nuit; j'ai rêvé des iragnes (2). Tou-

---

(1) Guignol s'est souvenu ici d'une farce du XVe siècle qu'on a souvent, mais sans motifs suffisants, attribuée à Villon, la *Farce du franc archier de Baignolet*:

>Je ne craignoye que les dangiers.
>Moy, je n'avoye paour d'aultre chose,

(2) *Iragne*; araignée.

tes les fois que je vois en dormant de ces grandes pattes, je peux compter qu'y va me dégringoler quéque catastrophe sur le cotivet (1).

VICTOR.

Et moi aussi j'ai fait un songe, un songe bien doux. J'ai vu ma mère, à qui tu as juré de ne jamais me quitter, de me suivre partout sur terre et sur mer.

GUIGNOL.

Sur terre, oui ; mais pas dessous.

VICTOR.

Ecoute, Guignol, tu es pour moi comme un ami ; je veux bien te faire une confidence. Si je tiens tant à pénétrer dans ces souterrains, c'est que j'ai eu l'occasion de voir plusieurs fois, dans le salon d'une de ses tantes, Mademoiselle de Beaufort ; et l'épouser serait pour moi le plus grand des bonheurs. Je n'osais la demander à son père, parce que je suis sans fortune. Aussi, juge de ma joie, de mes transports, lorsque j'ai entendu ce matin cette publication qui me permet de faire preuve de mon courage et d'obtenir la main de celle que j'aime.

GUIGNOL.

Mais, borgeois, vous êtes jeune, joli garçon... y a pas besoin de tant de sarimonies. On va trouver le p'pa ; on lui dit : «Pauvre vieux, j'aime votre fille ; me voilà ! demandez-lui si je lui conviens. Si elle veut bien, donnez-moi-la en mariage, et donnez-nous aussi la corbeille, en y mettant pas mal d'escalins dedans, parce que je suis chargé d'argent, comme un crapaud de plumes. » S'il est pas enchanté de cette bonne franquette, c'est rien qu'un vieux grigou dont je veux pas pour mon beau-père.

VICTOR.

Mon pauvre Guignol, les choses ne se passent pas ainsi. Si je lui parlais de cette façon, le Comte me mettrait à la porte.

---

(1) *Le cotivet* ; la nuque.

GUIGNOL.

Eh bien, on revient tous les jours sigroler (1) sa sonnette, jusqu'à ce qu'il ait dit oui.

VICTOR.

Allons, je suis bien sot de te parler de cela. Est-ce que tu comprends rien aux choses de sentiment, aux grandes passions ?

GUIGNOL.

Oh! que si, M'sieur Victor! j'ai dû me marier une fois, c'était avec une tailleuse de Vaise. Notre mariage était déjà bien avancé... et je l'avais jamais vue qu'assise. Le jour du contrat, nous allons chez le notaire... je lui donne le bras naturellement... Voià que le long du chemin je sens que mon bras était sigogné (2). (*Il fait le mouvement d'une personne qui boîte fortement*); Ma future était toute bancane (3). J'ai dit : nous ne pourrons jamais marcher ensemble comme ça, et j'ai tout envoyé promener.

VICTOR.

Oh ! trêve à tes histoires, je t'en prie. Pour la dernière fois, je suis déterminé à tenter l'aventure à laquelle me convie la publication du Comte... Si tu ne veux pas me suivre, reste. Je te relève des promesses que tu as faites à ma mère.

GUIGNOL.

Mais, M'sieu Victor, je veux pas vous quitter.

VICTOR.

N'ai-je pas toujours été pour toi un bon maître ?

GUIGNOL.

Oh oui !... un peu vif cependant... Par ci, par-là quéques calottes... quéques coups de pied là où je m'assis...

---

(1) *Sigroler*; agiter.
(2) *Sigogner*; tirer en sens divers.
(3) *Bancane*; bancal, qui a les jambes torses.

VICTOR.

Le cœur n'y était pour rien.

GUIGNOL.

Mais le pied pour beaucoup... Point de gages.

VICTOR.

Tes gages !... Sois tranquille, ils courent toujours.

GUIGNOL.

Ils courent si bien que je peux jamais les rattraper... Ça ne fait rien ; je veux pas vous quitter.., Mais n'allez pas dans ces cavernes de bringands.

VICTOR.

Tais-toi, voici Monsieur le Comte de Beaufort. (*Il salue*).

SCÈNE VIII.

Les Mêmes, LE COMTE.

LE COMTE, *saluant*.

Monsieur de Sirval ! (*A part.*) En voilà un qui est jeune et qui paraît brave. Vient-t-il aussi pour le vieux château ?

VICTOR.

Monsieur le Comte, je désire avoir l'honneur de vous entretenir.

LE COMTE.

Je suis tout à vous. Est-ce au sujet de ma publication de ce matin ?

VICTOR.

Précisément ; je venais. .

GUIGNOL., *bas au Comte*.

L'écoutez pas, M'sieu... C'est mon maître... sa tête a déménagé... Il sort de l'Antiquaille ; je suis chargé de le remonter làhaut en fiacre... Il est bien malade, allez !

VICTOR.

Je vous prie de vouloir bien me donner le moyen de pénétrer dans les souterrains.

GUIGNOL, *bas au Comte.*

Il a un grillon dans sa boussole.

VICTOR.

Te tairas-tu, drôle !

LE COMTE.

Qu'est-ce que tout cela signifie ?

VICTOR.

Je n'entends pas bien ce que vous dit mon domestique, mais je le soupçonne. Ne faites aucun compte, je vous en prie, des sottises qu'il débite. C'est un brave garçon qui m'est dévoué ; mais il a peur pour lui et pour moi.

LE COMTE.

On ne doit pas lui en savoir mauvais gré.

VICTOR.

Je suis résolu malgré tous ses dires à passer la nuit prochaine dans les souterrains du vieux château.

LE COMTE.

Vous êtes jeune, Monsieur de Sirval. Vous savez tout ce qu'on raconte. Je serais désolé qu'il vous arrivât malheur.

GUIGNOL.

Bien sûr il nous arrivera quéque chose de pas drôle.

VICTOR.

Ma détermination est bien arrêtée. Vous avez, Monsieur le

Comte. mis à cette entreprise un prix qui donnerait de la force aux plus faibles.

LE COMTE.

Puisqu'il en est ainsi, je vais vous donner un mot pour mon concierge.

GUIGNOL.

Est-il ostiné à son mauvais sort!... Y faut donc aller se faire petafiner (1) là-dedans!... (*Au Comte*). Dites donc, M'sieu le Comte, puisque mon maître veut absolument y aller, j'y vais avec lui... Mais j'ai absolument que mes deux poings pour mè bûcher (2) avec les bringands que nous vons y trouver... Pourriez-vous pas me prêter des pistolets ou une trique ? Et puis, je voudrais pas mourir le ventre vide... Si vous pouviez, si vous plait, me faire donner quéques munitions de bouche.

VICTOR.

Pardonnez-lui, Monsieur le Comte; il est d'une indiscrétion...

LE COMTE.

Laissez, laissez; il a raison. On ne saurait trop se prémunir contre le danger. Suivez-moi, mon ami : je vais vous faire équiper suivant votre désir. (*Il sort*).

SCÈNE IX.

VICTOR, GUIGNOL.

VICTOR, *menaçant Guignol*

Tu ne pourras donc jamais retenir ta langue ?

GUIGNOL, *tendant le dos.*

Tapez, tapez, not'maître, tant que vous voudrez... Si je pouvais en être quitte pour quéques taloches, d'ici à demain !

---

(1) *Petafiner;* détruire mettre à mal.
(2) *Se bûcher;* se battre.

VICTOR.

Tu me suis dans les souterrains... Je te pardonne toutes tes sottises, à cause de ton dévouement.

GUIGNOL.

C'est parce que je vous aime, borgeois; et que je vous ai vu tout petit... Mais nous allons passer là-bas un fichu quart d'heure... Ah! j'aimerais mieux mourir tout de suite... Je vas chercher les provisions. (*Il sort*).

SCÈNE X.

VICTOR, LE COMTE.

LE COMTE.

Ce billet à mon concierge suffira. A demain, Monsieur de Sirval! je l'espère et je le souhaite de tout mon cœur.

VICTOR.

Vous êtes bien bon, Monsieur le Comte. A demain!

LE COMTE.

Monsieur de Sirval, que Dieu vous protège! Au revoir! (*Il sort*).

SCÈNE XI.

VICTOR, GUIGNOL, *entrant*.

Il a un sabre, des pistolets, une lanterne et une fourche à laquelle sont suspendus une marmite et des légumes.

GUIGNOL.

Partons, me voilà prêt.

VICTOR.

En te voyant ainsi équipé et armé de pied en cap, l'ennemi ne pourra tenir devant toi.

GUIGNOL.

Je pense bien. Aussi, j'ai pris de quoi me faire une goutte de bullion.

ACTE II.

Les souterrains. — Nuit.

SCÈNE PREMIÈRE.

BRAS-DE-FER, SACRIPANT.

BRAS-DE-FER.

Je suis inquiet... Cette satanée publication du vieux seigneur va nous amener, j'en suis sûr, un tas de flâneurs cette nuit... Il promet cent mille livres, c'est une somme... et sa fille est jolie... Tous les prétendants vont venir nous ennuyer!...

SACRIPANT.

Et nous sommes seuls!... C'est jour de foire au village voisin. La troupe est dehors pour écouler la fausse monnaie. Que faire, Bras-de-Fer?

BRAS-DE-FER.

Que veux-tu, Sacripant? Nous emploierons nos ruses de guerre habituelles... En avant les fantômes et les feux du Bengale!... Et puis, si ça ne suffit pas, il faudra bien avoir recours aux grands moyens... C'est ennuyeux; mais tant pis pour les entêtés qui l'auront voulu!... Allons! à notre poste! Toi, de ce côté; moi, de celui-ci. (*Ils sortent*).

SCÈNE II.

LE CHEVALIER DE FOLLEMBUCHE, puis LES FAUX MONNAYEURS.

LE CHEVALIER, *il tremble.*

Il fait noir et humide dans cette caverne... Je me sens mal à l'aise... Cent mille livres valent bien une mauvaise nuit... mais j'ai failli me casser le cou en descendant... et je commence à n'avoir plus autant d'entrain que ce matin... Poursuivons (*Feu à droite*). Ah ! (*Il recule. — Feu à gauche*). Au secours ! Au secours ! (*Tapage — cloche. — Les deux faux monnayeurs arrivent couverts de draps blancs en manière de fantômes et poussent des gémissements. — Le Chevalier s'enfuit en criant :*

Au secours ! Je suis perdu. (*Les faux monnayeurs s'éloignent en riant*).

SCÈNE III.

LE BARON DE BLUMENSTEIN, puis LES FAUX MONNAYEURS.

LE BARON *entre en chantant d'une voix un peu émue le chœur des chasseurs de* Robin des bois.

Chisqu'à brésent che n'ai rien fu de pien estraortinaire tans ces souterrains. Ils ont même in garagtère fantastique qui m'enchante... mais ils sont in peu himides. (*Il éternue*). Che fais boufoir rêfer à ma fiancée. (*Il éternue*). Quelle sera ma choie temain, quand che pourrai lui donner la preuve de ma prafoure. (*Il éternue*). Cette himidité amollit mon courache. (*Feu à droite.*) Peste ! qu'est-ce que c'est que ça ?... Che suis prave ; ch'ai eu un oncle Feld-Maréchal. (*Feu à gauche*). Ah ! je voudrais bien retroufer l'entrée. (*Même jeu qu'à la scène précédente. Le Baron s'enfuit en criant :*

Au segours ! au segours !

BRAS-DE-FER, *riant.*

Comme il court, le pauvre grison ! Si tous sont aussi solides que ces deux-là, nous en serons bientôt délivrés. (*Les bandits sortent*).

SCÈNE IV.

VICTOR, GUIGNOL.

VICTOR.

Allons, mon garçon, un peu de courage!

GUIGNOL.

J'en ai ben trop de courage, borgeois. Si j'en avais pas tant, je serais pas ici: je serais dans mon lit à dormir... et j'aurais pas tant peur... Laissez-moi me débarrasser de tout ce bataclan.

VICTOR.

Tu vois bien, poltron, que nous n'avons rencontré personne.

GUIGNOL.

C'est vrai; mais nous sommes pas encore à demain matin... Et puis, avez-vous pas vu ces grandes chaudières, ces marteaux gros comme ma tête, ces fours, ces enclumes?... Ah! borgeois! ils vont nous faire rôtir... et moi, on va me mettre en daube... avec une pastonnade (1).

VICTOR, *qui a tout examiné autour de lui.*

Tiens regarde!

GUIGNOL, *effrayé.*

Hein! qu'est-ce que c'est?... Notre dernier quart-d'heure est arrivé?

VICTOR.

Non... je te fais voir dans ce couloir un banc de pierre sur lequel nous pouvons nous reposer. Je vais y prendre place et songer à celle que j'aime.

---

(1) *Pastonnade;* carotte, racine jaune.

GUIGNOL.

Vous voulez dormir ?

VICTOR.

Sans doute... Si tu veux faire comme moi.

GUIGNOL.

Non, non, j'aime mieux mourir les yeux ouverts.

VICTOR.

Prends ta lanterne, et examinons d'abord le couloir... Passe devant.

GUIGNOL.

Oh! borgeois, pardon!... je sais trop mon devoir... Le domestique marche pas devant le maître.

VICTOR.

Tu as raison. C'est à moi de marcher le premier au danger. Allons!

GUIGNOL.

Allons!... Ah! ah! (*Il suit son maître en tremblant, tourne sur lui-même et entre enfin avec Victor dans le couloir.*)

VICTOR, *dans la coulisse.*

A-t-il peur, ce pauvre Guignol ?

GUIGNOL, *de même.*

Là... Dormez bien, not' maître ; mais ne dormez que d'un œil, et jetez l'autre de compassion sur votre pauvre domestique.

VICTOR, *de même.*

Sois tranquille... au moindre danger, appelle-moi et je serai à l'instant même à tes côtés. (*Il bâille*). Bonsoir, Guignol ! (*Guignol rentre*).

SCÈNE V.

GUIGNOL, seul.

Le voilà endormi... C'est ben le cas de me faire une goutte de bullion ; je me sens l'estomac creuse... Mais ous-que je pendrai ma marmite ? (*On voit descendre un crochet*). Tiens, voilà une crémaillère. (*Il va chercher sa marmite et l'accroche*) J'y ai mis de l'eau... Mes légumes à présent ! (*Il les apporte successivement et les met dans la marmite qui parfois remonte, disparait et revient après un instant.*) Ah ben oui! et le feu pour faire cuire tout ça ?... Comment que je m'en vais en faire ? J'ai point apporté de briquet. (*Une flamme s'élève autour de la marmite*). Tiens, tiens, qué drôle d'endroit tout de même !... Si on pouvait avoir ça sur la place de la Trinité... feu à volonté... ça serait cannant pour se faire sa cuisine... C'est p't'-être ici un terrain tout en allumettes chimiques ; rien qu'en marchant dessus, pst... sans éclat et sans bruit... Pourvu que la marmite pète pas... elle est solide... Allons, ça cuit tout seul... Brûle, brûle, m'amie; ça va me faire une soupe chenuse (1). (*Il baille*). Mais j'ai les yeux plus gros que les genoux... Si je faisais comme mon maître ... si je me berçais, pendant que la soupe cuit... (*Il se couche sur la rampe en chantonnant : No, no, l'enfant do. — On entend des hurlements. — Un papillon ou un oiseau de nuit vient chatouiller Guignol; il le poursuit sans pouvoir l'atteindre. — Lorsqu'il se recouche, un serpent parait sur la rampe et s'approche de lui. — Il se réveille.*) Oh! la vilaine bête ! atatends! (*Il saisit le serpent après quelques efforts et le plonge dans la marmite.*) Hardi, Denis ! dans la marmite, vieux ! ça me fera du bullion d'anguille. Si mon maître était là, pour le coup, il ne dirait pas que je suis poltron... Mais la soupe doit-être bien avancée... Voyons voir un peu... Ah! nom d'un rat ! qu'y a-t-y là dedans ? mes carottes ont germé; elles ont des cornes. (*Il tire de la marmite un diablotin qu'il porte sur la rampe*). Ah ! ça buge, ça buge... (*Le diablotin le saisit à bras le corps*). Au secours! à moi, maître ! (*Bruit. — Un fantôme survient, et avec le diablotin fait danser Guignol*). Au secours!

---

(1) *Chenu, chenuse*; délicieux.

p'tit maître! à moi! (*Guignol s'échappe et court vers son maître. — Le diablotin et le fantôme s'éloignent. — Guignol et Victor rentrent.*)

SCÈNE VI.

VICTOR, GUIGNOL.

VICTOR.

Qu'as-tu donc à crier ainsi? Je ne vois rien; je n'entends que toi.

GUIGNOL.

Ah! borgeois! est-ce que je suis pas mort? Tâtez-moi donc, s'y vous plaît... Des poreaux et des carottes que dansent, des serpents à sonnettes, des fantômes... On m'a fait danser un rigodon...

VICTOR.

Pur effet de ton imagination... Tu t'es endormi, et la peur t'a donné le cauchemar.

GUIGNOL.

Sauvons-nous vite... Je leur laisse ma soupe.

VICTOR.

Vois, nous sommes bien seuls. De quoi as-tu peur? Mais, attends!... j'entends des pas. (*Il écoute et regarde dans la coulisse*). J'entrevois deux hommes dans l'ombre... Ils se dirigent de ce côté... Viens; retirons-nous dans le couloir... nous apprendrons peut-être quelque chose. (*Ils sortent*).

SCÈNE VII.

BRAS-DE-FER, SACRIPANT.

BRAS-DE-FER.

Où sont-ils?... Est-ce que nous ne pourrons pas nous débarrasser de ces deux obstinés? Le domestique est en déroute; mais le maitre rôde encore par là... Ah! s'ils ne partent pas bientôt!....

SACRIPANT.

Et les camarades qui ne sont pas encore de retour! Nous ne sommes toujours que deux.

BRAS-DE-FER.

Leur monnaie doit être toute écoulée à la foire... Ils se sont attardés dans les cabarets et nous laissent dans la peine.

SACRIPANT.

Assez comme ça des bagatelles de la porte... Nous sommes en danger... Il faut recourir aux grands moyens.

BRAS-DE-FER.

Je me charge du jeune homme... il est maigrelet.

SACRIPANT.

Et moi du camard... Ah! il a voulu voir et entendre ce qui se passe ici... mon sabre lui allongera les oreilles et mon pistolet lui enverra de la poudre aux yeux, pour lui éclaircir la vue. (*Ils s'éloignent*).

SCÈNE VIII,

VICTOR, GUIGNOL.

VICTOR.

Je comprends tout maintenant... ces faux monnayeurs avaient là un refuge commode pour leurs méfaits... et ils répandaient eux-mêmes, dans le pays, ces bruits de revenants, de fantômes, qui effrayaient les habitants.

GUIGNOL, *tremblant*.

Avez-vous entendu, borgeois? Il veut m'éclaircir la vue avec son pistolet.

VICTOR.

Mais tu l'as bien entendu aussi... ils ne sont que deux. Sois donc brave une fois en ta vie... La partie est égale. Qu'est-ce que cela pour des hommes de cœur?

GUIGNOL.

C'est vrai; ils ne sont que deux... Ah! ils ne sont que deux! Ça commence à viendre, borgeois... Ah! ils ne sont que deux! Bringands, coquins, scélérats! Faire de la monnaie en argent qui n'est pas bonne!... Un gone (1) comme moi, un gone de la Croix-Rousse n'a pas peur de grands pillereaux comme vous... Ah! ils ne sont que deux! Y ne faut pas croire qu'avec vos grandes mustaches et vos bonnets à poil, vous me donnerez la colique... J'ai pas besoin qu'on m'éclaircisse la vue; entends-tu, capon?.. Ah! ils ne sont que deux! De quel côté sont-ils, petit maître?

VICTOR.

De celui-ci.

GUIGNOL.

Eh ben! allons de cui-là... pour prendre nos armes.

VICTOR.

Je t'abandonne, si tu trembles encore.

GUIGNOL.

Non, non; je vous suis, petit maître... je m'attache à vos pas. (*Ils sortent.*)

SCÈNE IX.

(*On entend des coups de feu et le choc des armes blanches. — Un bandit vient tomber mort sur la rampe. — Guignol entre tenant au bout de sa fourche l'autre bandit qu'il jette aussi sur la rampe. — Victor entre après lui*).

GUIGNOL.

Ah! canailles, bringands!... Je te tiens à présent.. Vas-tu m'al-

---

(1) *Gone*; garçon, fils. — V. *les Couverts volés*. p. 16.

longer les oreilles?... Dis-moi donc quéque chose, gone de malheur!... Il ne buge plus... C'est moi que je suis Guignol, ce camard que te disais tout à l'heure que te t'en chargeais... Espliquons-nous un petit peu... Ah! maître, voyez-vous, à présent je me sens gonfle de courage... quarante comme ça me feraient pas peur.

VICTOR.

Allons! tu t'es bien conduit... Partons, maintenant; allons au château de Monsieur le Comte.

GUIGNOL.

Au château de Monsieur le Comte! (*Il met sur son épaule la fourche et le corps du bandit. — Ils sortent*).

ACTE III.

La place du village.

SCÈNE PREMIÈRE.

GUERPILLON, BENEYTON, AUTRES PAYSANS.

BENEYTON.

Dis donc, Guerpillon; il paraît que Guignol en a tué douze de sa main, sans compter ceux que le maître a définis.

GUERPILLON.

On pouvait ben en avoir peur de ces souterrains, pisqu'y avait une bande.

BENEYTON.

C'est égal; je croyais pas que Guignol aurait eu tant de nerf que ça.

GUERPILLON.

Ça a dû être joli, tout de même... Comme à la guerre! pif! paf!

BENEYTON.

Tiens; voilà tous les jeunes gens du pays. On apporte Guignol en triomphe.

SCÈNE II.

Les Mêmes, GUIGNOL, *porté en triomphe.*
Musique.

TOUS.

Vive Guignol !

GUIGNOL.

Mais oui, z'enfants, c'est comme ça qu'on se muche.

GUERPILLON.

Chignol, combien donc qu'y en avait pour de vrai ?

GUIGNOL.

Y en avait des mille et des mille... Te serais mort de peur, toi, Beneyton, et toi aussi, Guerpillon, si t'avais vu ce combat, tant seulement d'en haut du clocher de Fourvière... Mon maître en avait ben huit cents pour sa part... Tous les autres étaient après moi et voulaient pas me lâcher... Ah ! j'aurais mieux aimé avoir à traverser le Rhône à la nage au-dessus de Saint-Clair... Y en avait un grand qui avait plus de sept pieds. Je l'ai terrassé quatre fois ; il se relevait toujours... C'est là que nous avons appris qu'ils volaient le monde, qu'ils fabricassaient la monnaie fausse et qu'ils s'habillaient en fantômes, en bêtes, en serpents, pour vous faire peur... Et vous croyiez tout ça, vous autres ! Moi, je me suis pas laissé boucher l'œil... Pif ! paf ! pouf ! on n'a entendu que ça toute la nuit... Le combat a été des plus ospiniâtres... Enfin, nous leur z'avons fait à tous mordre la poussière... Nous leur z'avons enlevé tous leurs canons...

BENEYTON.

Ils avaient des canons !

GUIGNOL.

Leurs canons de fusil et de pistolet... Et nous sommes sortis triomphants de ces épouvantables souterrains... Grâce à nous deux, à notre courage, à notre énergie, à notre sang-froid, le pays est à jamais délivré de ces infâmes malfacteurs... Voilà! voilà! voilà!

TOUS.

Vive Guignol! vive Guignol!

※

SCÈNE III.

Les Mêmes, LE COMTE, ESTELLE.

LE COMTE.

Mes enfants, la tranquillité est rendue au pays, grâce aux deux héros de cette nuit. On vient d'arrêter à l'instant même le reste de la troupe des faux monnayeurs, et tous subiront la juste peine de leurs forfaits.

※

SCÈNE IV.

Les Mêmes, VICTOR.

LES PAYSANS.

Vive Monsieur Victor!

LE COMTE.

Venez, Monsieur de Sirval, recevoir les félicitations de ces braves gens et les compliments qu'ils vont vous adresser pour votre mariage. La main de ma fille est à vous.

VICTOR.

Je ne veux l'accepter que du plein gré de Mademoiselle.

ESTELLE.

J'obéis très volontiers à mon père, Monsieur.

VICTOR.

Mademoiselle, je suis le plus heureux des hommes.

LE COMTE.

Allons; c'est fête aujourd'hui au château et au village. (*A Guignol*). Quant à toi, mon brave, qui as eu une si belle conduite...

GUIGNOL.

Ah! M'sieu le Comte, une semblable affaire n'est que de la gnognotte pour des hommes de cœur.

LE COMTE.

Voilà une bourse pour t'amuser avec tes amis.

ESTELLE.

Il ne nous quittera plus, n'est-ce pas, Monsieur de Sirval, puisqu'il vous a suivi dans le danger?

VICTOR.

Certainement... Mais aujourd'hui, Guignol, tu as congé pour te reposer de tes fatigues.

LE COMTE.

Mes enfants, venez tous au château... On vous donnera à boire... et Guignol vous racontera ses exploits.

LES PAYSANS.

Vive Monsieur le Comte! vive Monsieur Victor! vive Guignol!

GUIGNOL, *au public*.

COUPLET.

AIR : *Au temps heureux de la chevalerie.*

Hier encore, poltron comme un lièvre,
Je ressautais toujours au moindre bruit;
Un' larmise me donnait la fièvre;
Mais y a z'un fier changement aujourd'hui.
Faites l'épreuv', Messieurs, de mon courage;
Battez des mains, riez de tout vot' cœur,
Applaudissez, criez, faites tapage!
Je vous réponds que j'n'aurai pas peur.

FIN DES SOUTERRAINS DU VIEUX CHATEAU (1).

---

(1) Après les *Frères Coq*, il n'y a pas au répertoire Guignol de pièce plus sûrement attribuée à Mourguet grand-père que *les Souterrains du vieux château*. Plusieurs amateurs se rappellent encore la lui avoir vu jouer à Lyon; elle porte nettement l'empreinte de son temps et de sa manière. Il est manifeste, toutefois, que depuis elle a été fort modifiée, et Vuillerme réclame une large part dans la rédaction actuelle.

TABLE

	Pages.
INTRODUCTION	v
LES COUVERTS VOLÉS, pièce en deux actes	3
LE POT DE CONFITURES, pièce en un acte	37
LES FRÈRES COQ, pièce en un acte	55
LE PORTRAIT DE L'ONCLE, pièce en un acte	89
LE DUEL, pièce en un acte	113
LE MARCHAND DE VEAUX, pièce en un acte	137
UN DENTISTE, fantaisie en un acte	159
LE MARCHAND DE PICARLATS, pièce en deux tableaux	189
LES VALETS A LA PORTE, pièce en un acte	211
LE DÉMÉNAGEMENT, fantaisie en un acte	241
LE TESTAMENT, pièce en un acte	265
LE MARCHAND D'AIGUILLES, pièce en deux actes	295
LES VOLEURS VOLÉS, pièce en un acte	329
TU CHANTERAS, TU NE CHANTERAS PAS, pochade en un acte	355
L'ENROLEMENT, pièce en un acte	371
LA RACINE MERVEILLEUSE, pièce en un acte	391
LE CHATEAU MYSTÉRIEUX, pièce en deux actes	409
LES CONSCRITS DE 1809, pièce en un acte	443
MA PORTE D'ALLÉE, pièce en un acte	479
LES SOUTERRAINS DU VIEUX CHATEAU, pièce en trois actes	503

VERS
DE
GUIGNOL

EXTRAIT DE LA PARODIE

DE LA

DAME BLANCHE

Jouée au Théâtre-Guignol du Gymnase

PAR

P. ROUSSET

Prix : **25** centimes

PREMIER ACTE
SCÉNE II

GUIGNOL

(Chantant sur l'air des *Pompiers*)

Ah ! que c'est canant d'être militaire,
C'est, parole d'honneur, le plus chenu métier ;
On embrasse d'abord la fille et la mère,
Et puis le mari vous invite encore à trinquer.

ENSEMBLE

Zim ma ï la, zim ma ï la, etc.

DEUXIÈME ACTE

SCÈNE IV

Guignol.

(Resté seul dans l'obscurité invite la Dame Blanche à se montrer)

Me voilà mon *belin*, je t'attends mon *boson*,
Si tu ne venais pas, tu n'aurais pas raison,
Viens, ma petite braise, après toi je roucoule
Comme un tendre poulot qui demande sa poule.

(Se retournant du côte opposé)

Petit fenon chéri que *grolasse*-tu donc,
Est-ce que par hasard tu me ferais faux-bond !
Dame Blanche, ô ma belle, entends comme je miaule,
Un minet au printemps jouerait pas mieux son rôle.

(Etonné que la Dame Blanche ne se montre pas)

Le sexe féminin est incompréhensible,
Le plus malin s'y perd comme en lisant la Bible :
Délicate et mignonne, la femme a pourtant,
Pour aplatir un homme, un chic très épatant ;
Quand on les aime trop ces dames font leur poire.
Un amoureux transi n'est qu'une balançoire ;
Si l'on n'est pas galant elles vous font des yeux
Comme des pistolets, tant ils sont furieux ;
Aujourd'hui leur humeur est gentille et folâtre,
Demain vous les verrez bassin comme un emplâtre,
On en voit, par moment, ma parole d'honneur,
Qu'il faudrait *chapoter* pour faire leur bonheur.

Très souvent la migraine aussi les importune,
Quelquefois c'est les nerfs. d'autrefois c'est la lune,
Les unes c'est le vent, les autres les brouillards
Qui viennent tour à tour gâter les épinards ;
Eh bien ! malgré cela s'il fallait qu'on nous ôte,
Comme au grand père Adam, à chacun une côte,
Nous n'hésiterions pas, je parie un canon,
De nous faire endormir pour avoir un fenon.

Guignol

(Faisant son lit et parlant à sa paillasse)

Ce n'est pas un sommier, ce n'est qu'une paillasse,
Ah je ne voudrais pas ma chère être à ta place
Car tu mets sur la paille un tas de malheureux,
Et tu passe ta vie à t'écraser pour eux.

(Il apporte son matelas)

Ce pauvre matelas ressemble une galette,
Il est tendre et mollet comme un clou de charrette ;
On n'est pas très certain d'y goûter le repos,
Mais au moins on est sûr de s'écorcher le dos.

(Il apporte son traversin)

Mais c'est un casse-tête, en voilà du duvet !
Quand on a *roupillé* sur un pareil chevet
On peut, le lendemain du beau jour de ses noces
Dire en se réveillant qu'on s'est bien fait de bosses.

(Il apporte ses draps)

Voilà *bin* un drap blanc qui n'a pas l'air bien noir,
Mais je suis pas tranquille et je voudrais savoir

Si le dernier coucheur était propre ou bien sale ?
Ça serait *rigolo* si j'attrapais la gale !

(Il apporte la couverture)

Dans cette couverture on y tient garnison !
Je sens par tout le corps une démangeaison
Qui me fait supposer que plus d'une gourmande
S'abreuve de mon sang et mange de ma viande !

(Il va chercher son bonnet de nuit, puis il se couche et s'endort,
il se réveille au moment où la Dame Blanche apparaît).

VERS
DE
GUIGNOL

EXTRAIT DE LA PARODIE
DES
DRAGONS DE VILLARS

Jouée au Théâtre-Guignol du Gymnase

PAR

P. ROUSSET

Prix : **25** centimes

PREMIER ACTE

SCÈNE IV

Guignol

(A Rose Friquet)

Tu rigoles de ça ! eh bien ! je peux te dire
Qu'il faut que tu sois bien bête pour en rire !
Je me désespérais vois-tu pour tout de bon.
Je priais le bon Dieu, je priais mon patron,
J'arrachais mes cheveux, je mordais ma casquette,
Je me tirais le nez, je me cognais la tête,

Je cherchais de partout, mais je ne trouvais rien,
Je criais comme un veau, je jappais comme un chien !

(Rose fait connaître a Guignol qu'elle sait que des fugitifs
se cachent dans le pays).

GUIGNOL
(Avec prière)

Garde moi ce secret, n'en dit jamais un mot,
N'en parle pas du tout, pas même à ton sabot ;
Ça *t'écrabouillerait* ta pauvre conscience,
Car tu dévoilerais toute la *manigance* ;
Personne doit savoir dans quel *potin* je suis,
Si tu me trahissais nous serions tous cuits !
Tu ferais un péché, si t'éventais la mèche,
Plus gros qu'un grand pécheur n'en commet quand
(il pèche.
Tu sais que le bon Dieu nous dit dans l'évangile
Qu'il faut donner son pain, son fromage et son huile
A ceux qu'ont le chagrin de n'être pas veinards,
Tous les vieux orphelins et les jeunes vieillards !
Si pour eux, dans ton cœur, t'as de la *pitoyance*,
Si de voir leur guignon, ça te crève la panse,
Ne dis rien de tout ça, n'en ouvre pas le bec,
Mords ta langue plutôt que de parler avec.

TROISIÈME ACTE
SCÈNE V

Rose à *Guignol*.

Moi ! jolie ! eh bien ! mon ami, c'est la première nouvelle
qu'on m'en donne.

GUIGNOL
(Avec joie)

Alors tant mieux pour moi ! j'adore ta binette,
Je n'ai jamais rien vu de si beau, de si chouette,
Je passerais ma vie à regarder tes yeux !
Je voudrais par moment les manger tous les deux.

ROSE

Serait-il vrai que vous pensez à moi quelquefois?

GUIGNOL
(Avec tendresse)

Mais je ne fais que ça, j'y pense à tout moment !
Ta chèvre me procure un doux frissonnement,
Et quand je vois ta main lui caresser la tête
Je demande au bon Dieu de me changer en bête !

ROSE

Tu es le seul ami que mon cœur désire.

GUIGNOL
(Hors de lui)

Assez ! n'en dit pas plus ! la moitié me suffit.
J'en perdrais le sommeil et même l'appétit !
Je suis bin si content que mon cœur en *piétine;*
Tout le long de mon dos la sueur *dégouline.*

DEUXIÈME ACTE
SCÈNE VI

GUIGNOL
(Aux paysans, avec désespoir)

Quand un guignon tombe sur vous,
Quand les taupes mangent vos choux,

Quand votre vache a la colique,
Quand vous noyez votre bourrique,
Quand vous perdez votre couteau,
Quand le loup vous étrangle un veau,
Quand vous faites un mauvais rêve,
Quand toute la volaille crève,
Quand la grêle a tout ravagé,
Quand votre corps est dérangé,
Quand le feu prend dans vos cambuses,
Quand l'eau déborde vos écluses,
On dit après chaque malheur
Que la Friquet en est l'auteur ;
Eh bien ! moi je viens vous dire
Que la Friquet a bien fait pire !
Elle a trahi, m'entendez-vous ?
Trahi, vendu pour quelques sous,
Aux soldats, la nuit dernière,
Ceux qui fuyaient vers la frontière !
Comme Judas elle a livré
Les proscrits qu'elle avait juré
De conduire à la délivrance,
Ça fend le cœur quand on y pense !

(Il s'affaisse désespéré)

En vente au THÉATRE-GUIGNOL du GYMNASE
Quai Saint-Antoine.

8130 — Imp. L. Delaroche et Cie, 10, place de la Charité, Lyon.

www.ingramcontent.com/pod-product-compliance
Lightning Source LLC
Chambersburg PA
CBHW070836230426
43667CB00011B/1823